中国社会科学院老学者文库

《资本论》教学与研究述要

李成勋 ◎ 著

中国社会科学出版社

图书在版编目（CIP）数据

《资本论》教学与研究述要／李成勋著． -- 北京：中国社会科学出版社，2025.7． --（中国社会科学院老学者文库）． -- ISBN 978-7-5227-4849-8

Ⅰ．A811.23

中国国家版本馆 CIP 数据核字第 2025RK8611 号

出 版 人	季为民	
责任编辑	王　曦	
责任校对	阎红蕾	
责任印制	戴　宽	

出　　版	中国社会科学出版社	
社　　址	北京鼓楼西大街甲 158 号	
邮　　编	100720	
网　　址	http://www.csspw.cn	
发 行 部	010-84083685	
门 市 部	010-84029450	
经　　销	新华书店及其他书店	

印　　刷	北京明恒达印务有限公司	
装　　订	廊坊市广阳区广增装订厂	
版　　次	2025 年 7 月第 1 版	
印　　次	2025 年 7 月第 1 次印刷	

开　　本	710×1000　1/16	
印　　张	21.5	
字　　数	282 千字	
定　　价	129.00 元	

凡购买中国社会科学出版社图书，如有质量问题请与本社营销中心联系调换
电话：010-84083683
版权所有　侵权必究

代序 《资本论》给了我们什么？

2018年，是伟大的全世界无产阶级革命导师马克思诞生200周年。在1818年以来的200年的漫长过程中，马克思只享受了65年的人生岁月。65年中，他花费了40年的光阴主要用于研究和撰写《资本论》这部科学巨著。自《资本论》第一卷于1867年问世以后，资产阶级反对它，广大劳动人民和一切进步人士学习它、赞扬它，而且越来越多的人认同它、理解它，把它称为"工人阶级的圣经"，把马克思誉为全世界千年的伟大思想家。那么，马克思的这部伟大著作《资本论》到底给了我们什么？换言之，也就是我们应该从《资本论》极其艰辛的创作历程中学习些什么？本书拟将我的一些粗浅认识汇报给大家，以求指教。

一 《资本论》给了我们认识资本主义经济本质及其发展规律的理论武器

人类历史从封建社会进入资本主义社会以后，生产力得到了解放，经济社会迅速发展。正如马克思和恩格斯在《共产党宣言》中所说："资产阶级在它的不到一百年的阶级统治中所创造的生产力，比过去一切世代创造的全部生产力还要多，还要大。自然力的征服，机器的采用，化学在工业和农业中的应用，轮船的行驶，铁路的通行，电报的使用，整个整个大陆的开垦，河川的通航，仿佛用法术从地下呼唤出来的大量人口——过去哪一个世纪料想到在社会劳动里蕴藏有这样的生产力呢？"[①] 但是，随着资本主义的发展，其内在的基本矛盾即生产力和生产关系的矛盾，具体表现为生产的社会性和占有的私人性的矛盾日益尖锐；资本主义生产无限扩大的趋势和广大劳动群众有支付能力的需求日益狭小的矛盾不断强化；单个企业经营有组织和社会生产无政府状态的矛盾也更加突出。于是从1825年开始资本主义国家周期性地爆发经济危机。直到目前，西方主要资本主义国家仍然经受着金融和经济危机这一顽疾的困扰。

资本主义国家经济矛盾的发展，激化了阶级之间的对抗。随着资本积累的发展，在资产阶级一方是财富的积累，资本越来越集中在少数人手中；在无产阶级一方则是贫困的积累，失业和饥饿伴随着越来越多的劳苦大众。于是，从19世纪三四十年代起，工人运动蓬勃兴起。1831年和1834年法国里昂工人首先起义；1836—1848年，英国工人阶级又爆发了宪章运动；到了1844年，德国西里西亚纺织工人起义。这三大工人运动是无产阶级作为独立政治力量开展独立政治运动的突出表现。

随着工人运动的发展，形形色色的社会主义思潮在社会上广泛流传，但工人运动越是向前发展，就越是暴露这些社会主义学说的虚弱和荒谬。如果以这些社会主义学说为指导，非但不能把工人运动引向胜利，还很可能把工人群众英勇斗争的革命成果白白葬送。而传统的资产阶级经济学说，又在宣扬资本主义生产关系的永恒性，用物与物的关系来掩盖资本主义不合理的人与人的关系。可见，工人运动的蓬勃发展迫切要求有一种崭新的科学的革命的理论来武装他们的头脑。马克思就是在这样的时代背景下，肩负着无产阶级求解放的阶级使命来创作《资本论》的。

马克思在《资本论》中从解剖资本主义经济细胞商品的内在

---

① 《马克思恩格斯文集》第二卷，人民出版社2009年版，第36页。

矛盾开始，建立了科学的劳动价值理论、剩余价值理论、资本积累理论、资本流通和再生产理论、平均利润和生产价格理论，以及商业资本、借贷资本和地租理论，充分揭露了资产阶级和无产阶级之间剥削与被剥削、奴役与被奴役的关系，证明了资本主义的历史暂时性，预示着资本主义必然灭亡的客观规律。

马克思在《资本论》中明确指出："资本的垄断成了与这种垄断一起并在这种垄断之下繁盛起来的生产方式的桎梏。生产资料的集中和劳动的社会化，达到了同它们的资本主义外壳不能相容的地步。这个外壳就要炸毁了。资本主义私有制的丧钟就要响了。剥夺者就要被剥夺了。"①

马克思这个著名的科学论断，是我们认识资本主义必然灭亡历史趋势的指路明灯，它给作为资本主义制度掘墓人的全世界无产阶级以极大的鼓舞，从而使全世界劳动人民更紧密地团结起来。

还应该说明，在《资本论》里马克思阐述的资本主义本质及其发展规律的理论中，有许多部分如资本循环与周转以及社会资本再生产等，如果抽去其资本主义生产关系的属性，就其物质运动本身而言，在以生产资料公有制为基础的社会里，也是完全适用的。

二 《资本论》给了我们追梦未来社会的远大理想

旧世界必然也必须彻底砸烂，新世界必将应运而生，这是不可抗拒的人类社会的发展规律。但是，马克思是个彻底的唯物主义者，他不像空想社会主义者那样，把未来社会构想得天花乱坠。马克思在《资本论》中对未来社会的论述并不详尽，只是在十分必要的地方指出未来社会发展的大方向。当然，有了这个大方向，对我们来说已经是一种很好的享受了。

---

① 《资本论》第一卷，人民出版社2004年版，第874页。

马克思在《资本论》中明确指出:"从资本主义生产方式产生的资本主义占有方式,从而资本主义的私有制,是对个人的、以自己劳动为基础的私有制的第一个否定。但资本主义生产由于自然过程的必然性,造成了对自身的否定。这是否定的否定。这种否定不是重新建立私有制,而是在资本主义时代的成就的基础上,也就是说,在协作和对土地及靠劳动本身生产的生产资料的共同占有的基础上,重新建立个人所有制。"① 马克思的这段话清楚地告诉我们,在消灭资本主义私有制之后,未来社会将建立在生产资料公有制的基础上。生产资料公有制就是未来社会最主要最基本的特征。重新建立的个人所有制只是生活资料的占有形式。

马克思说过:"设想有一个自由人联合体,他们用公共的生产资料进行劳动,并且自觉地把他们许多个人劳动力当作一个社会劳动力来使用。"② 这就告诉我们未来社会的社会组织形式就是"自由人联合体"。既然人们是自由的,相互之间必然是平等的,而且对社会众多的个人劳动力将由社会统一协调,有组织地进行生产活动。

马克思在《资本论》中还写道:"我们假定,每个生产者在生活资料中得到的份额是由他的劳动时间决定的。这样,劳动时间就会起双重作用。劳动时间的社会的有计划的分配,调节着各种劳动职能同各种需要的适当的比例。另一方面,劳动时间又是计量生产者在共同劳动中个人所占份额的尺度,因而也是计量生产者在共同产品的个人可消费部分中所占份额的尺度。"③ 这就是说,在未来社会,劳动时间一方面要按比例地分配到国民经济各个部门,以便有计划地进行生产;另一方面每个人付出的劳动时间又是分配个人消费品的依据。这应是对个人消费资料实行"按

---

① 《资本论》第一卷,人民出版社 2004 年版,第 874 页。
② 《资本论》第一卷,人民出版社 2004 年版,第 96 页。
③ 《资本论》第一卷,人民出版社 2004 年版,第 96 页。

劳分配"的原则。

在《资本论》中，马克思还写道："……发展社会生产力，去创造生产的物质条件；而只有这样的条件，才能为一个更高级的、以每一个个人的全面而自由的发展为基本原则的社会形式建立现实基础。"[①] 这表明，未来社会的成员将不受旧的分工的约束，而可以自由地选择工作。他们不是把工作作为谋生的手段，而是作为乐生的要素。这就意味着这时的人们将得到全面而自由的发展。即未来社会的成员既能从事脑力劳动，又能从事体力劳动；既能从事简单劳动，又能从事复杂劳动；既能从事这一专业的劳动，又能从事那一专业的劳动。这就是说，在未来，社会成员得到全面而自由的发展，将成为一种基本原则，并成为一种自然而然的常态。

从以上马克思的多方面的论断来看，未来社会将不同于人类历史上已经出现过的任何一种社会形态，而是一个建立在生产资料公有制基础上的、国民经济有计划按比例发展的、生活资料合理分配的、社会成员能够自由选择职业的无限美好的共产主义社会。这样的社会制度该多么令人向往啊！我们为实现如此理想的社会制度而奋斗该是多么值得自豪啊！

三 《资本论》给了我们科学的研究方法

古语云："工欲善其事，必先利其器。"就是说，要想做成一种器物，必须先有锐利的工具。换句话说，要想成功地研究经济问题，就必须有科学的研究方法。马克思能够成功地创作《资本论》这部科学巨著，同他掌握了科学的研究方法是分不开的。

提到《资本论》的研究方法，人们首先容易想到"抽象法"。这并不错，但我认为首先应该提到的是历史唯物主义和辩证唯物

---

① 《资本论》第一卷，人民出版社2004年版，第683页。

主义。它们既是世界观又是方法论。马克思在《资本论》的前身《政治经济学批判》序言中写道:"社会的物质生产力发展到一定阶段,便同它们一直在其中运动的现存生产关系或财产关系(这只是生产关系的法律用语)发生矛盾。于是这些关系便由生产力的发展形式变成生产力的桎梏。那时社会革命的时代就到来了。随着经济基础的变更,全部庞大的上层建筑也或慢或快地发生变革。"[1] 马克思正是运用了这种科学的唯物史观,又凭借在伦敦这个观察资本主义社会最方便的地点,对资本主义生产关系作了深刻的系统的剖析,写出了《资本论》这部伟大的著作。

马克思在对资本主义生产关系进行具体分析时,成功地运用了抽象分析方法。他说:"分析经济形式,既不能用显微镜,也不能用化学试剂。二者都必须用抽象力来代替。"[2] 马克思正是运用这种抽象法完成了对资本主义经济从特殊到一般、从具体到抽象、从现象到本质的分析,揭示了资产阶级与雇佣工人之间剥削和被剥削、奴役和被奴役的关系,揭示了资本主义制度的剥削本质,阐明了资本主义社会从发生、发展到必然灭亡的规律。

马克思认为,在研究社会经济现象时只掌握研究的方法还不够,还必须懂得叙述的方法。他说:"叙述方法必须与研究方法不同。研究必须充分地占有材料,分析它的各种发展形式,探寻这些形式的内在联系。只有这项工作完成以后,现实的运动才能适当地叙述出来。"[3] 但是,要将已经认识了的事物的本质叙述清楚,就要运用从抽象到具体、从一般到特殊和从本质到现象的叙述方法。马克思在《资本论》第三卷中就是运用了层层"转化"的阐述方法,即由剩余价值转化为利润、由利润转化为平均利润、由商品价值转化为生产价格等一系列叙述方法,才把剩余价值在

---

[1] 《马克思恩格斯文集》第二卷,人民出版社2009年版,第591—592页。
[2] 《资本论》第一卷,人民出版社2004年版,第8页。
[3] 《资本论》第一卷,人民出版社2004年版,第21—22页。

各个剥削集团之间的瓜分问题揭示清楚。

论述《资本论》的研究方法，还有一个逻辑的方法与历史的方法相统一的问题需要阐明。简单说，逻辑方法就是分析、综合、归纳、演绎和推理、判断等逻辑思维方法。所谓历史方法，就是遵循历史的进程来探寻事物发展规律的一种方法。例如，《资本论》首先分析商品，进而分析货币，然后又分析资本，等等。这一逻辑分析的顺序和历史发展的进程是相一致的。历史上，原始社会末期出现了商品；商品交换有了相当发展以后，又出现了货币；到了封建社会末期，货币才开始转化为资本。可见，《资本论》的逻辑分析顺序是和历史发展的进程相一致的。其一致性的原因就在于历史的发展是有规律的，而反映历史发展规律的逻辑思维，必然和历史发展的进程相一致。当然在历史发展进程中还会出现一些偶然现象。

此外，马克思在《资本论》研究中，还运用了定性分析与定量分析相结合的方法。上述《资本论》研究中所运用的各种方法，具有一定的普适性，在研究社会主义经济问题时也是可以借鉴的。

四 《资本论》给了我们无畏的批判精神和创新精神

马克思早在19世纪40年代初就在自己的文章中表示要"对现存的一切进行无情的批判"[①]。马克思为创立无产阶级政治经济学用毕生精力所撰写的《资本论》，起初就定名为"政治经济学批判"，到了1862年在起草第二稿过程中才改名为《资本论》，并以"政治经济学批判"为副标题。可见，马克思创作《资本论》始终不忘坚持批判精神。

批判精神就是一种斗争精神、一种革命精神，同时也是一种创新精神。因为不破不立。只有彻底批判了不科学、反科学的错

---

① 《列宁选集》第二卷，人民出版社1972年版，第577页。

误理论，才能建立起科学的完善的新理论。在马克思这里批判和创新是紧密结合在一起的、不可分割的。马克思批判了资产阶级古典经济学中有关劳动价值论不彻底、不完善的成分，从而创立了科学的劳动价值理论；马克思批判地填补了资产阶级古典经济学中只有利润、利息、地租等有关剩余价值现象形态的概念，才提出了剩余价值一般的概念，成功地创立了剩余价值理论；马克思批判了资产阶级庸俗经济学中的"节欲说"谬论，才创立了资本积累理论，如此等等。就这样，马克思边破边立、破中有立，最终完成了创建无产阶级政治经济学的历史任务，从此，全世界无产阶级有了翻身求解放的理论武器。马克思曾经严厉地宣称，《资本论》"无疑是向资产者（包括土地所有者在内）脑袋发射的最厉害的炮弹"[1]。它是"最后在理论方面给资产阶级一个使它永远翻不了身的打击"。[2] 政治经济学是一门阶级性和党性很强的学科，因此，在它的建立、发展和运用中，都必须坚持党性原则，而不同的经济理论和不同的经济学人也都各有自己的党性。《资本论》作为体现无产阶级根本利益的科学巨著，对它的传播和运用就必须坚持无产阶级的立场、观点和方法，必须坚持对非马克思主义和反马克思主义理论的批判。放弃了批判精神，《资本论》就没有活力和生命力，也就难以创新、难以发展。

五 《资本论》给了我们战胜一切困难的拼搏精神

在创作《资本论》的漫长岁月，马克思并不是在平静的环境里和优裕的生活条件下度过的。他面临的困难并非仅表现在必须想方设法去搜集和挖掘大量的材料和伏案写作上，而是有"政治迫害""贫穷困扰""疾病缠身"三座大山压在他的头上。

马克思遭到政治迫害是势所必然的。因为他要通过《资本论》

---

[1] 《马克思恩格斯全集》第三十一卷，人民出版社1972年版，第542—543页。
[2] 《马克思恩格斯全集》第三十一卷，人民出版社1972年版，第425页。

的写作，在一个人剥削人的社会里去探求消灭剥削的真理；在一个人压迫人的制度里去寻找走向平等的道路。他在资本主义的上升时期就宣判了资本主义的死刑，他必须向整个旧世界宣战，和一切传统观念彻底决裂。他还要在批判旧世界的同时，发现一个新世界。因此，他必然会遇到形形色色的敌人的反对，而当时阶级力量的对比对马克思又是十分不利的。恩格斯说过："马克思是当代最遭嫉恨和最受诬蔑的人。各国政府——无论是专制政府或共和政府，都驱逐他；资产者——无论保守派或极端民主派，都竞相诽谤他，诅咒他。他对这一切毫不在意，把它们当做蛛丝一样轻轻拂去，只是在万不得已时才给以回敬。"[①]

早在 1843 年 3 月，马克思主编的《莱茵报》因为经常发表不合反动政府口味的文章而被查封。1843 年秋，马克思被迫来到巴黎。在这里他的革命活动又触怒了反动派，1845 年，被视为危险的革命家的马克思被逐出了巴黎，被迫移居比利时的布鲁塞尔。1847 年春，马克思和恩格斯参加了秘密革命团体"共产主义者同盟"，并出席了这年 11 月在伦敦举行的同盟第二次代表大会，而且受大会的委托，由他俩起草了伟大的历史文献《共产党宣言》。1848 年二月革命爆发时，马克思曾捐款武装布鲁塞尔工人，并和恩格斯一起参加了布鲁塞尔民主协会的活动。3 月 3 日比利时反动警察逮捕了马克思，对他进行了 18 个小时的监禁。之后他们全家被迫离开比利时，又一次移居巴黎。1848 年三月革命爆发后，马克思和恩格斯前往德国参加革命，并在科伦发行了《新莱茵报》，马克思任主编。革命失败后，反动当局又借口马克思 1848 年 11 月 18 日曾参加起草民主主义者区域委员会的呼吁书而指控他煽动叛乱。1849 年 5 月 16 日，德国当局又对马克思发出了驱逐出境的反动命令。接着，马克思被迫第三次来到巴黎。到巴黎后不久，

[①] 《马克思恩格斯选集》第三卷，人民出版社 2012 年版，第 1003—1004 页。

马克思第三次遭到法国政府驱逐。偌大的欧洲大陆竟没有马克思的安身之所。1849年8月26日,他只得渡海迁居伦敦。

除了来自反动政府的迫害,资产阶级及其御用文人对马克思的攻击和诽谤,也从来没有停止过。他们黑心用尽、花招施绝,一个个像疯狗一样向马克思扑来,马克思却始终岿然不动,只是把它们当作落在衣服上的灰尘一样轻轻地掸去!

马克思定居伦敦以后,政治处境似乎安定了一些,然而贫困和疾病,又折磨着这位在坎坷道路上前进的伟大的无产阶级革命家。

马克思在伦敦的30多年生活中,贫困和疾病总是伴随着他,有时候穷得靠典当和拍卖衣物维持生活。1850年4月,马克思由于付不起房租,家具被查封,全家只好暂居旅馆。1851年10月,马克思为写作《揭露科伦共产党人事件》,竟把上衣当了买稿纸。这一年马克思添了一个女儿,名叫马克思·弗兰契斯卡,一岁多就死于疾病。当她活着的时候,家里连给她买摇床的钱都没有,在她死了以后,连埋葬的费用都拿不出,最后还是向法国的流亡者借钱才勉强买了一副小棺材埋葬。1853年8月18日,马克思在致恩格斯的信中写道:"我现在不仅象通常一样处境困难,而且更糟的是我的妻子以为能及时拿到钱,给各种债主说定了还债的日期,所以这些狗现在简直是包围了我的家。……为了弄到几文钱,把我四分之三的时间都用在奔走上了。"[①] 马克思在写作《政治经济学批判》时,曾经打趣到,未必有一位作者在这样极度缺少货币的情况下来研究货币理论。1859年,当他把《政治经济学批判》这本书写好以后,竟没有钱买邮票把书寄出去。到了19世纪60年代初,由于美国南北战争,马克思停止了多年来固定为美国《纽约每日论坛报》撰稿的工作,这就使他的生活处境更加艰

---

① 《马克思恩格斯全集》第二十八卷,人民出版社1973年版,第280页。

难了。

物质生活的窘迫，丝毫没有动摇过马克思的坚强革命意志，虽然他完全有可能不失尊严地获得一官半职以安度此生，但是，他坚定地表示，不管遇到何等困苦，他都要朝着既定的目标前进，而不让资产阶级社会把他变成一架赚钱的机器。

马克思经常在自己难以度日的情况下，还把大部分十分微薄的收入，赠给其他从事革命斗争而生活更为艰苦的同志。这种深厚的无产阶级感情是何等的高尚！

由于长期过度劳累和生活的艰辛，马克思身患多种疾病。从19世纪50年代开始，有时就因肝病发作而不得不停止工作。到了他生命的最后十年，病情越来越严重。列宁说过："在第一国际中的紧张工作和更加紧张的理论研究，完全损坏了马克思的健康。尽管如此，他还是收集大量新资料，学习好几种语言（例如俄文），继续进行改造政治经济学和完成《资本论》的工作。"[1] 他不仅患有脑病、肋膜炎、肝病，还有眼病，加上长期不愈的失眠症以及随时发作的痈，他的身体极度衰弱，但他仍然不顾同志们的劝阻，加倍努力地坚持研究和撰写《资本论》。他语重心长地说过："因为我一直在坟墓的边缘徘徊。因此，我不得不利用我还能工作的每时每刻来完成我的著作，为了它，我已经牺牲了我的健康、幸福和家庭。"[2]

在马克思身患重病而不得不卧床休养的时候，他也从不间断看书学习。1864年夏，马克思有一段时间因病完全不能工作，他就利用躺在床上的时间阅读了大量有关自然科学的书籍。在马克思看来，工作才是最大的愉快，如果让他过着悠闲的生活，哪怕是因病也是决不愿意的。马克思在一次给恩格斯的信中说，他正在图书馆埋头读书，突然"两眼发黑，头痛得要命，胸部闷得

---

[1] 《列宁选集》第二卷，人民出版社1972年版，第579页。
[2] 《马克思恩格斯书信选集》，人民出版社1962年版，第197页。

慌"。接着他写道："照我的情况来看，本来应当把一切工作和思考都丢开一些时候；但是，这对我来说，即使有钱去游荡，也是办不到的。"①

马克思就是这样在反动政府的迫害下，在各式敌人的咒骂和诋毁声中，在贫病交加的情况下，为着无产阶级和全人类的彻底解放，为了提供摧毁资本主义的巨型炸弹，以大无畏的革命精神，挺立不拔，向着既定的目标昂首阔步地前进的。他在《政治经济学批判》序言的末尾曾经向读者庄严地宣告："在科学的入口处，正象在地狱的入口处一样，必须提出这样的要求：'这里必须根绝一切犹豫；这里任何怯懦都无济于事。'"② 13 世纪意大利著名诗人但丁说过："走你的路，让人们去说罢！"马克思在书中把这句话借用来回敬那些残暴的迫害者和无耻的诽谤者。

六 《资本论》给了我们高尚的伟大的友谊

在历史上的各个时期，都有过为人们所传颂的友谊，然而那些友谊都不能和无产阶级的伟大革命导师马克思和恩格斯之间的友谊相比。他们的感情和理想，他们的理论研究和革命斗争是完全交融的。马克思在充满着艰难险阻的不平坦的道路上，在不断遭到政治迫害和贫病折磨的险恶环境里，能够经常得到恩格斯的最真挚的友谊和最无私的援助，这是多么可贵啊！

《资本论》这部光辉的科学巨著，在马克思主义两位奠基人那种无与伦比的友谊联盟中占有极重要的地位。马克思是《资本论》的创作者，恩格斯则是《资本论》的创作协助者和传播者。没有恩格斯的无私支持和理论研究上的合作，《资本论》的问世和发挥其划时代的作用是不可想象的。

列宁说过："贫困简直要置马克思和他的一家于死地。如果不

---

① 《马克思恩格斯全集》第三十二卷，人民出版社 1974 年版，第 51 页。
② 《马克思恩格斯选集》第二卷，人民出版社 1972 年版，第 85 页。

是恩格斯经常在经济上舍己援助，马克思不但不能写成《资本论》，而且定会死于贫困。"① 恩格斯常常在他的亲密战友生活遇到危机之时雪中送炭。马克思对恩格斯这种无私的援助无限感激而又异常不安。他在1867年5月7日写给恩格斯的信中说："没有你，我永远不能完成这部著作。坦白地向你说，我的良心经常象被梦魔压着一样感到沉重，因为你的卓越才能主要是为了我才浪费在经商上面，才让它们荒废，而且还要分担我的一切琐碎的忧患。"②

恩格斯对《资本论》的贡献是多方面的，除了在经济上支持马克思的写作，还为《资本论》这座科学大厦的建造提供了各种精确的经济资料。由于恩格斯长期生活在曼彻斯特这座工业大城市，本人又有经营企业的实践经验，他对资本主义经济的运营过程了如指掌。在《资本论》的写作中，马克思经常向他请教有关经济活动的一些细节和具体数据。例如，资本周转及其在各个不同部门的特点，还有资本周转速度对利润和价格的影响，等等。恩格斯在1865年至1866年曾经仔细观察过英国及有关国家棉业危机的状况，并写成相关说明材料，这些材料后来在《资本论》中被运用。

更重要的是恩格斯还直接参与了《资本论》的创作。例如，《资本论》第三卷第4章"周转对利润率的影响"，就是恩格斯根据马克思留下的标题代笔完成的，至于他对个别段落的增补，在《资本论》第二卷、第三卷里更是屡见不鲜。根据我的统计，恩格斯在《资本论》正文中所作的增补有122处之多，共37600余言（按中译文计算）。恩格斯在《资本论》中加写的脚注共90个，其中由他单独作注的72个，补加在马克思原注上的18个。两项合计，增写脚注文字13000字有余。恩格斯临逝世前两个多月，

---

① 《列宁选集》第二卷，人民出版社1972年版，第578页。
② 《马克思恩格斯全集》第三十一卷，人民出版社1972年版，第301页。

强忍病痛，还为《资本论》写了两篇增补论文：《价值规律和利润率》《交易所》，批判了资产阶级学者对《资本论》的攻击，捍卫了《资本论》的理论体系。

1867年9月14日，《资本论》第一卷出版了，这是国际工人运动中的一个重大事情，也是马克思和恩格斯亲密友谊的象征。在正式出版的前夕，1867年8月16日，当马克思校完最后一个印张，于凌晨两点写信给恩格斯说："这样，这一卷就完成了。其所以能够如此，我只有感谢你！没有你为我作的牺牲，我是决不可能完成这三卷书的巨大工作的。我满怀感激的心情拥抱你！"①

《资本论》第一卷出版以后，恩格斯为了它在全世界的广泛传播而不遗余力。他早就预料到资产阶级会以沉默来抵消《资本论》出版后产生的影响。为了粉碎这个阴谋，恩格斯以最巧妙的笔法大力宣传《资本论》第一卷出版这一重大信息。由于恩格斯的倡导和推动，到1868年7月，至少有15家德文报刊发表了宣传《资本论》的文章，还有更多的媒体登载了《资本论》的序言和广告。从此，《资本论》在全世界传播开来，资产阶级以沉默来扼杀《资本论》的阴谋被粉碎了。

马克思逝世以后，恩格斯为《资本论》的再版和翻译不遗余力，整理、编纂和出版以后各卷的任务就更为艰巨，因为马克思留下的是第二卷、第三卷的初稿甚至是草稿，不少章节残缺不全。经过恩格斯的辛勤劳动，第二卷于1885年出版了；又经过9年之久的编纂，第三卷于1894年面世。

列宁有一段名言："恩格斯出版了《资本论》第二卷和第三卷，就是替他的天才的朋友建立了一座庄严宏伟的纪念碑，在这座纪念碑上，他无意中也把自己的名字不可磨灭地铭刻上去了。"的确，这两卷《资本论》是马克思和恩格斯两人的著作。古老的

---

① 《马克思恩格斯全集》第三十一卷，人民出版社1972年版，第329页。

传说中有各种非常动人的友谊的故事。欧洲无产阶级可以说,它的科学是由两位学者和战士创造的,他们的关系超过了古人关于人类友谊的一切最动人的传说。"①

结束语

由上可见,马克思的影响人类命运的伟大科学巨著——《资本论》给了我们的不仅是这部经典的文本本身,还包括《资本论》创作全过程中激动人心的点点滴滴。

《资本论》给予我们认识资本主义经济制度本质和资本主义经济发展规律的理论,使我们确信资本主义绝不是一种永恒的制度,资本主义私有制的丧钟就要响了,它必然走向消亡;同时,它也使我们懂得社会主义和共产主义的胜利是不可阻挡的历史潮流。这是《资本论》给予我们最厚重最有价值的理论财富。但是,我们学习《资本论》能够获得的绝不限于这些,同样十分宝贵的还有研究社会经济现象的方法论。因为没有科学的方法,就得不到科学的理论。

还要认识到,《资本论》是在资产阶级经济学的氛围里破土而出的,它没有自己的土壤,它要发展就必须培植自己的土壤。因此,创作《资本论》、运用《资本论》和发展《资本论》,都必须破旧才能立新,必须有批判精神,离开了对各种论调的经济学的批判,就不可能有《资本论》。所以,可以说整部《资本论》就是一部"批判经济学"。

《资本论》是马克思在遭受政治迫害、贫穷困扰和疾病缠身等多重压力下奋力写成的。没有一种不屈不挠的拼搏精神是难以成功的。因此,可以说《资本论》就是奋力拼搏的产物。

《资本论》的作者是马克思,但如果只是马克思一个人孤军奋

---

① 《列宁选集》第一卷,人民出版社 1972 年版,第 92—93 页。

战，则是很难完成的。恩格斯的倾力支持和合作研究是《资本论》能够最终问世的十分重要的因素。因此，可以说《资本论》是马克思和恩格斯伟大友谊的结晶。

总之，《资本论》博大精深，它是百科全书式的伟大著作，它的创作过程又是那样丰富感人，它给予我们的和我们应该从它那里获得的是多方面的，既有理论又有方法，既有知识又有精神，既有学术又有文化。应该说，它给予我们的最核心的东西就是无产阶级的立场、观点、方法和阶级感情。这是一辈子最有用的东西。

在新时代新征程中，在我们倾力打造中国特色社会主义政治经济学的奋斗中，学习和借鉴《资本论》及其创作经历所包含的理论、经验和方法是至关重要的，这是每一个理论工作者都不能漠然置之的。

李成勋

（原载《当代经济研究》2018 年第 9 期）

目　　录

第一章　《资本论》研读导论 …………………………………（1）
　一　《资本论》是全世界工人阶级的圣经 ……………………（1）
　二　《资本论》创作的时代背景 ………………………………（2）
　三　《资本论》的创作过程 ……………………………………（12）
　四　《资本论》的传播 …………………………………………（13）
　五　《资本论》研究的对象和方法 ……………………………（14）
　六　《资本论》的理论梗概 ……………………………………（16）
　七　学习和研究《资本论》的重大意义 ………………………（26）

第二章　《资本论》第一卷第一篇"商品和货币"
　　　　教学大纲 ……………………………………………（31）
　第一节　《资本论》第一卷概述及第一篇学习提示 ………（31）
　第二节　《资本论》第一卷第一篇基本原理 ………………（32）
　第三节　需要研究的若干问题 ………………………………（44）

第三章　《资本论》第一卷第二篇"货币转化为资本"
　　　　教学大纲 ……………………………………………（49）
　第一节　《资本论》第一卷第二篇学习提示 ………………（49）
　第二节　《资本论》第一卷第二篇基本原理 ………………（50）
　第三节　需要研究的若干问题 ………………………………（56）

第四章　《资本论》第一卷第三篇"绝对剩余价值的生产"教学大纲 …… （60）
  第一节　《资本论》第一卷第三篇学习提示 …………… （60）
  第二节　《资本论》第一卷第三篇基本原理 …………… （63）
  第三节　需要研究的若干问题 …………………………… （70）

第五章　《资本论》第一卷第四篇"相对剩余价值的生产"教学大纲 ……………………………………………………… （75）
  第一节　《资本论》第一卷第四篇学习提示 …………… （75）
  第二节　《资本论》第一卷第四篇基本原理 …………… （77）
  第三节　需要研究的若干问题 …………………………… （87）

第六章　《资本论》第一卷第五篇"绝对剩余价值和相对剩余价值的生产"教学大纲 ………………………………… （90）
  第一节　《资本论》第一卷第五篇学习提示 …………… （90）
  第二节　《资本论》第一卷第五篇基本原理 …………… （91）
  第三节　需要研究的若干问题 …………………………… （97）

第七章　《资本论》第一卷第六篇"工资"教学大纲 …… （100）
  第一节　《资本论》第一卷第六篇学习提示 …………… （100）
  第二节　《资本论》第一卷第六篇基本原理 …………… （102）
  第三节　需要研究的若干问题 …………………………… （110）

第八章　《资本论》第一卷第七篇"资本的积累过程"教学大纲 …………………………………………………… （111）
  第一节　《资本论》第一卷第七篇学习提示 …………… （111）
  第二节　《资本论》第一卷第七篇基本原理 …………… （113）
  第三节　需要研究的若干问题 …………………………… （127）

第九章 《资本论》第二卷第一篇"资本形态变化及其循环"教学大纲 …………………………………………………………（130）

  第一节 《资本论》第二卷概述 …………………………………（130）
  第二节 《资本论》第二卷第一篇学习提示 …………………（136）
  第三节 《资本论》第二卷第一篇基本原理 …………………（137）
  第四节 需要研究的若干问题 …………………………………（146）

第十章 《资本论》第二卷第二篇"资本周转"教学大纲 …………………………………………………………………（147）

  第一节 《资本论》第二卷第二篇学习提示 …………………（147）
  第二节 《资本论》第二卷第二篇基本原理 …………………（150）
  第三节 需要研究的若干问题 …………………………………（158）

第十一章 《资本论》第二卷第三篇"社会总资本的再生产和流通"教学大纲 ……………………………………（160）

  第一节 《资本论》第二卷第三篇学习提示 …………………（160）
  第二节 《资本论》第二卷第三篇基本原理 …………………（165）
  第三节 需要研究的若干问题 …………………………………（169）

第十二章 《资本论》第三卷第一篇"剩余价值转化为利润和剩余价值率转化为利润率"教学大纲 ………（173）

  第一节 《资本论》第三卷概述 …………………………………（173）
  第二节 《资本论》第三卷第一篇学习提示 …………………（179）
  第三节 《资本论》第三卷第一篇基本原理 …………………（180）
  第四节 需要研究的若干问题 …………………………………（185）

第十三章 《资本论》第三卷第二篇"利润转化为平均利润"教学大纲 ……………………………………………（188）

  第一节 《资本论》第三卷第二篇学习提示 …………………（188）

第二节　《资本论》第三卷第二篇基本原理 …………（190）
　　第三节　需要研究的若干问题 ……………………………（198）

第十四章　《资本论》第三卷第三篇"利润率趋向下降的规律"
　　　　　　教学大纲 …………………………………………（202）
　　第一节　《资本论》第三卷第三篇学习提示 ……………（202）
　　第二节　《资本论》第三卷第三篇基本原理 ……………（204）
　　第三节　需要研究的若干问题 ……………………………（211）

第十五章　《资本论》第三卷第四篇"商品资本和货币资本
　　　　　　转化为商品经营资本和货币经营资本（商人资本）"
　　　　　　教学大纲 …………………………………………（214）
　　第一节　《资本论》第三卷第四篇学习提示 ……………（214）
　　第二节　《资本论》第三卷第四篇基本原理 ……………（216）
　　第三节　需要研究的若干问题 ……………………………（228）

第十六章　《资本论》第三卷第五篇"利润分为利息和企业主
　　　　　　收入。生息资本"教学大纲 ……………………（234）
　　第一节　《资本论》第三卷第五篇学习提示 ……………（234）
　　第二节　《资本论》第三卷第五篇基本原理 ……………（237）
　　第三节　需要研究的若干问题 ……………………………（247）

第十七章　《资本论》第三卷第六篇"超额利润转化为地租"
　　　　　　教学大纲 …………………………………………（254）
　　第一节　《资本论》第三卷第六篇学习提示 ……………（254）
　　第二节　《资本论》第三卷第六篇基本原理 ……………（257）
　　第三节　需要研究的若干问题 ……………………………（263）

第十八章 《资本论》第三卷第七篇"各种收入及其源泉"教学大纲 ………………………………………… (272)
  第一节 《资本论》第三卷第七篇学习提示 ………… (272)
  第二节 《资本论》第三卷第七篇基本原理 ………… (274)
  第三节 需要研究的若干问题 ………………………… (283)

附录 《资本论》名句、名段集录 ……………………… (287)

后　记 ……………………………………………………… (317)

第一章

《资本论》研读导论

1872年马克思在《资本论》第一卷"法文版序言和跋"中写道:"在科学上没有平坦的大道,只有不畏劳苦沿着陡峭山路攀登的人,才有希望达到光辉的顶点。"① 马克思为了全人类的彻底解放,花费40年的心血撰写出这部马克思主义的科学巨著,具有重大的理论价值和实践意义。今天我们有机会学习和研究这一经典之作,既是我们的责任,也是我们的荣幸。我们应该不畏劳苦,潜心研读这部百科全书式的鸿篇大作。

一 《资本论》是全世界工人阶级的圣经

我的家中有三部"圣经"。

一部是中国天主教主教团2009年2月印制的大家都常听说的那本"圣经"。这部《圣经》的前言中写道:《圣经》是一部在天主圣神默示下写成的圣书,天主的话是圣教会及信友的生命泉源,是不可缺少的精神食粮,愿神长教友在圣教会的训导下,虔诚地、认真地阅读、默想《圣经》,聆听基督的圣训,在爱主爱人的道路上不断圣化自己,为主作证。看来这部《圣经》是信徒们的《圣经》,不是一般人的"圣经"。我根本不相信天主的存在,所以也不信奉这部"圣经",但我不排斥别人信奉它。

一部是西安交通大学雷原教授于2010年出版的《中国人的圣

---

① 《资本论》第一卷,人民出版社2004年版,第24页。

经：〈论语〉》①。《论语》是两千多年前记录孔子和他的弟子谈话内容的汇编,是世界闻名的儒家经典。我幼年时期,家长为避免我到日伪官办的学校接受奴化教育,让我到民间私塾读书。在那里我对《论语》可以倒背如流。《论语》里所讲的"学而时习之""民无信不立""使民以时""仁者爱人""己所不欲,勿施于人""子不语怪、力、乱、神""和为贵"等,我至今记忆犹新。应该说,这是传统文化中的精华,当然《论语》中也有些糟粕。把它看作中国人特别是当代中国人的"圣经"是过分的,但是,对它加以批判地继承还是完全应该的。

一部就是马克思的《资本论》这部"工人阶级的圣经"。这是我们应该真正把它看作"圣经"的伟大科学巨著。恩格斯1886年在他写的《资本论》"英文版序言"中说过:"《资本论》在大陆上常常被称为'工人阶级的圣经'。任何一个熟悉工人运动的人都不会否认:本书所作的结论日益成为伟大的工人阶级运动的基本原则,不仅在德国和瑞士是这样,而且在法国,在荷兰和比利时,在美国,甚至在意大利和西班牙也是这样;各地的工人阶级都越来越把这些结论看成是对自己的状况和自己的期望所作的最真切的表述。"②《资本论》在当时还被称为"社会主义的圣经"和"共产主义的圣经"③,因此,我们应该真诚地把《资本论》当作工人阶级的也就是我们自己的"圣经"来学习和运用。

二 《资本论》创作的时代背景

(一) 19 世纪中叶资本主义大工业的迅速发展

在 19 世纪中叶,英国是最发达的资本主义国家。英国的近代史就是一部最典型的资本主义生产关系发展史。马克思对英国的

---

① 雷原:《〈论语〉——中国人的圣经》,北京大学出版社 2008 年版。
② 《资本论》第一卷,人民出版社 2004 年版,第 34 页。
③ 《资本论》第一卷,人民出版社 2004 年版,第 900 页注 47。

社会和经济状况进行了深入的调查和研究。恩格斯在《资本论》"英文版序言"中说过："这个人的全部理论是他毕生研究英国的经济史和经济状况的结果。"① 英国还保存了大量有关经济发展的文字材料，这对于马克思进行理论研究提供了很好的条件。马克思在《〈政治经济学批判〉序言》中说过："英国博物馆中堆积着政治经济学史的大量资料，伦敦对于考察资产阶级社会是一个方便的地点。"② 因此，我们要了解《资本论》问世的社会历史背景，就应该着重考察英国的情况。由于英国、法国和德国三国的社会发展有着密切的联系，这三个国家的工人运动也一直是相互联系相互影响的。所以，我们在研究《资本论》的社会历史背景时，应该把视野放得更宽广些。

英国资产阶级革命发生于17世纪40年代。从18世纪60年代起，英国开始了产业革命，在短短的历史时期内，各个生产部门和整个社会面貌发生了根本的变化，机器大工业普遍代替了手工业生产，从而使资本主义生产方式在整个社会经济中获得了最后的决定性胜利。到了19世纪30年代至40年代，英国主要工业部门都已采用机器生产，特别是在纺织业中，大机器生产已占主要地位。1830年手工织布机还比机器织布机多两倍，而20年后，手工织布机就全部被机器织布机代替了。1837—1847年，煤的开采量增加了47%，生铁冶炼增加了67%，造船增加了23%。1836年，铁路长度只有251千米，12年后即1848年，就增加到8203千米。在这一时期，英国已经有了真正的机器制造业，也就是说，已经不是用手工而是用机器来制造机器了。19世纪50年代以后，英国已经赢得了"世界工厂"的称号。

法国的资产阶级革命发生于18世纪80年代末，晚于英国140多年，但革命的进展要比英国彻底得多、迅速得多。1830年，法

---

① 《资本论》第一卷，人民出版社2004年版，第35页。
② 《马克思恩格斯选集》第二卷，人民出版社1972年版，第84页。

国工业中使用的蒸汽机共有 625 台；到了 1847 年，就增加到 4853 台。1831 年，煤的开采量是 176 万吨；1847 年，就提高到 515.3 万吨。铁路长度在 1836 年只有 141 千米，而到 1848 年就扩建至 2207 千米了。

德国的资产阶级革命发生于 19 世纪 40 年代，比英国晚 200 年，比法国晚 60 年。所以，德国资本主义大工业的发展水平在当时较英国、法国为低。但由于德国在 1834 年成立了关税同盟，把原来分散的、各自独立的国内各邦关税区结合成为一个经济区域，形成了一个统一的民族市场，这就促进了工业生产的发展。例如，在德国最大的邦即普鲁士的厂矿中，使用的蒸汽机在 1826 年为 58 台，1847 年增加到 1100 多台；1834—1838 年，在萨克森出现了 40 个较大的纺织厂；1835 年，德国的第一条铁路正式通车，10 年以后，铁路长度延伸到 1000 多千米。革命导师马克思和恩格斯的故乡莱茵省，是德国经济发展最先进的省份。一方面是因为这里交通发达、矿藏丰富；另一方面是由于这里与法国为邻，并且长期处于法国的管辖之下，它经历了 18 世纪末法国资产阶级大革命，从那时起这里就已经消灭了封建制度。

资本主义机器大工业的建立和发展，强有力地瓦解着封建主义社会遗留下来的狭小的、分散的、落后的经济制度，使社会生产力水平大大提高，社会经济面貌焕然一新。正像马克思和恩格斯在《共产党宣言》里指出的："资产阶级在它的不到一百年的阶级统治中所创造的生产力，比过去一切世代创造的全部生产力还要多，还要大。自然力的征服，机器的采用，化学在工业和农业中的应用，轮船的行驶，铁路的通行，电报的使用，整个整个大陆的开垦，河川的通航，仿佛用法术从地下呼唤出来的大量人口——过去哪一个世纪料想到在社会劳动里蕴藏有这样的生产力呢?"①

与此同时,随着资本主义大工业的迅速发展,资本主义制度固有的矛盾也日益显露。生产社会化的程度大大提高了,成千上万的工人在一个企业里共同劳动,一个企业的原材料的取得和产品的销售,发生着日益广泛的社会联系,但是,资本越来越集中在少数人手中。所以,生产的社会性和占有的私人性这一资本主义社会的基本矛盾越来越尖锐了。在这一基本矛盾的基础上,资本主义生产无限扩大的趋势和广大劳动群众有支付能力的消费需求相对狭小之间的矛盾也日益尖锐;单个企业生产的有组织性和社会生产的无政府状态之间的矛盾也更加突出。这一切就使资本主义社会不可避免地爆发周期性的生产过剩的经济危机。到了19世纪40年代,经济危机已经爆发过三次,第一次发生在1825年,以后在1836年和1847年又各发生了一次。经济危机期间,商品积压,生产下降,工厂倒闭,工人失业,甚至生产设备大批遭到破坏,充分暴露了资本主义制度存在不治之症。

资本主义大工业的发展和资本主义内在矛盾的尖锐化,扩大了人们的视野,打破了人们对资本主义制度的迷信,这就为马克思写作《资本论》,揭示资本主义经济内在矛盾及其运动的客观规律提供了现实可能性。

(二) 工人运动的蓬勃兴起

资本主义机器大工业的建立和发展,一方面大大提高了社会生产力,使社会经济得到了迅猛的发展;另一方面也形成了真正的近代无产阶级,造就了资本主义制度的掘墓人,加剧了无产阶级和资产阶级的矛盾和斗争。

资本主义机器大工业的发展,摧毁了小手工业生产,使大批小手工业者和个体农民破产,加入了产业工人的队伍。产业革命

---

① 《马克思恩格斯文集》第二卷,人民出版社2009年版,第36页。

使工业和农业彻底分离，使劳动者和生产资料彻底分离。过去手工工场工人大多数还拥有小块耕地和某些手工工具，现在完全变成了除自己的双手以外一无所有的真正的无产阶级，而且由于机器的推广和分工的发展，工人的劳动已经失去了任何独立的性质，他们变成了机器的单纯的附属品。因此，恩格斯指出："产业革命的最重要的产物是英国无产阶级。"①

无产阶级是最受剥削和压迫，也是最有纪律、最有前途因而最革命的阶级。马克思和恩格斯在《共产党宣言》中指出："在当前同资产阶级对立的一切阶级中，只有无产阶级是真正革命的阶级。其余的阶级都随着大工业的发展而日趋没落和灭亡，无产阶级却是大工业本身的产物。"②

在资本主义经济的发展中，随着资本积累的不断扩大，无产阶级日益贫困化，特别是在经济危机时期，资产阶级为了摆脱危机带来的损失，越发加紧对工人的剥削和压迫，无产阶级就越来越降低到奴隶般的地位。哪里有压迫，哪里就有反抗。马克思和恩格斯曾经说过："无产阶级，现今社会的最下层，如果不炸毁构成官方社会的整个上层，就不能抬起头来，挺起胸来。"③ 但是，无产阶级并不是一开始就意识到自己的历史使命，它同资产阶级的斗争，经历了不同的发展阶段，有着不同的斗争水平。

在无产阶级与资产阶级做斗争的最初阶段，资本主义发展尚处在工场手工业时期，社会主要矛盾还是资产阶级和人民大众同封建统治阶级的矛盾，社会斗争的主要任务是消灭封建制度，为资本主义的发展排除障碍。这时，无产阶级还没有从一般劳动群众中分离出来，人数也不多，他们同资产阶级的利益对立也还不突出。因此，无产阶级还不能作为一支独立的政治力量来进行革

---

① 《马克思恩格斯全集》第二卷，人民出版社1957年版，第296页。
② 《资本论》第一卷，人民出版社2004年版，第875页。
③ 《马克思恩格斯选集》第一卷，人民出版社1972年版，第262页。

命，而只是充当资产阶级反对封建势力的同盟军，17世纪英国资产阶级革命和18世纪法国资产阶级革命时就是这样。

当英、法等国开始产业革命，逐步过渡到机器大生产以后，无产阶级同资产阶级的斗争进入了一个新的阶段。机器是一种新的强大的生产力因素，但是机器的资本主义使用，却意味着工人受剥削的加重，意味着失业和贫困。所以，这时无产阶级和资产阶级的矛盾已经突出起来并且日益尖锐。但是，他们之间的斗争在开始时还不表现为一个阶级反对另一个阶级的斗争，而只是个别工人或者某一部分工人反对直接压迫他们的个别资本家的斗争；同时，这种斗争还不是把矛头直接指向资本主义生产关系，而只是指向机器本身。无产阶级的这种自发的斗争，突出地表现在19世纪初英国爆发的鲁德运动。工人奈得·鲁德是捣毁自己使用的机器的第一人。马克思在《资本论》里曾经指出："工人要学会把机器和机器的资本主义应用区别开来，从而学会把自己的攻击从物质生产资料本身转向物质生产资料的社会使用形式，是需要时间和经验的。"①

到了19世纪三四十年代，也就是到了马克思写作《资本论》的前夕，无产阶级反对资产阶级的斗争进入了一个更高的阶段。这时资本主义已经获得了高度的发展，资产阶级不仅掌握了政权，而且通过产业革命巩固了自己在政治上和经济上的统治。随着资本主义社会基本矛盾的尖锐化，资本主义社会的主要矛盾即无产阶级与资产阶级的矛盾也日益加剧。与此同时，机器大工业的发展加强了工人阶级的组织性；交通运输业的发达把各地区的工人联系了起来；长期的斗争实践，也使工人懂得并且开始建立各种形式的组织。于是无产阶级开始作为一个独立的政治力量登上了历史舞台，开展着独立的政治运动来反对资产阶级的统治，这是

---

① 《资本论》第一卷，人民出版社2004年版，第493页。

无产阶级斗争新阶段的突出标志。1831年和1834年法国的里昂工人起义，1836—1848年英国的宪章运动，还有1844年德国的西里西亚织工起义，这三大工人运动是无产阶级作为独立政治力量开展独立政治运动的典型例证。

三大工人运动表明了19世纪30年代至40年代无产阶级的斗争水平达到了一个新的高度。首先，表现在工人的斗争矛头已经不是指向机器，而是明确地指向了资产阶级。其次，工人的斗争已经提出了政权问题。如里昂工人起义时就提出了争取民主共和国的口号，并且在告市民书中宣布：里昂将成立普选的初级代表大会，听取本省人民的要求，并将组织一个新的公民保安团。还有，在斗争中工人还提出了推翻私有制的问题。例如，西里西亚织工起义时，在他们高唱的自己编写的革命歌曲中，就毫不含糊地宣布他们反对私有制社会。特别是在英国的宪章运动中，工人成立了"全国宪章派协会"，恩格斯称赞它是"近代第一个工人政党"。①

19世纪30年代至40年代工人运动的历史清楚地表明，无产阶级和资产阶级的矛盾是不可调和的，无产阶级只有拿起武器推翻资产阶级的反动统治，消灭资本主义私有制，才能获得彻底的解放；同时，还表明无产阶级完全有力量完成埋葬资本主义制度的历史使命。工人运动的历史还突出地表明，无产阶级的革命斗争要取得胜利，必须有一种科学的革命理论来作指导，盲目的自发的斗争是不可能取得最后胜利的，即使暂时胜利了，也不可能巩固。

19世纪中叶，形形色色的社会主义思潮在工人运动中广泛流行。这些社会主义者站在不同的立场上，对资本主义制度进行了不同程度的揭露和批判，并且描述了他们对未来社会的种种设想，

---

① 《马克思恩格斯选集》第三卷，人民出版社1972年版，第397页。

提出了实现这些设想的各种方案。这些社会主义思想成果，虽然在一定时期和一定程度上曾经对工人运动产生过积极的影响，但是，由于这些社会主义者缺乏鲜明的无产阶级立场和科学的共产主义世界观，他们的理论有着不可克服的缺陷。工人运动越是向前发展，就越是暴露他们的理论的虚弱和荒谬。如果以这些空想的社会主义学说为指导，不但不能把工人运动引向胜利，而且常常由于受它们的影响和干扰，工人群众英勇斗争的革命成果被白白葬送。可见，工人运动的蓬勃发展迫切要求有一种崭新的真正的革命理论来武装无产阶级。《资本论》的写作和无产阶级政治经济学的创立，就这样历史地提到了马克思的面前。

（三）英国古典政治经济学和马克思的《资本论》

无产阶级独立地登上政治舞台并且同资产阶级进行了长期的英勇斗争，是马克思的《资本论》产生的阶级基础；人类历史积累起来的积极的思想成果，是马克思的《资本论》产生的理论来源。

恩格斯说过，马克思主义"和任何新的学说一样，它必须首先从已有的思想材料出发，虽然它的根源深藏在经济的事实中"[1]。这就是说，马克思主义包括它的政治经济学绝不是离开世界文明发展大道而凭空产生的。系统地体现在《资本论》中的马克思主义政治经济学理论，就是在批判地吸收了英国古典政治经济学的思想材料的基础上，对资本主义经济进行深刻探讨而形成的。

在世界历史上，英国长期是资本主义经济最发达的国家，英国也成为资产阶级政治经济学的故乡。英国古典政治经济学产生于17世纪下半叶资产阶级革命时期，完成于产业革命后的19世纪初，这是英国资本主义发展中的上升时期，它代表着新兴的资

---

[1] 《马克思恩格斯选集》第三卷，人民出版社1972年版，第56页。

产阶级的利益。它是在反对封建制度的斗争中产生的，因而包含有科学的成分，在历史上曾起过一定的进步作用。但它毕竟是一种剥削阶级的意识形态，带有不可避免的阶级局限性，这就是它的庸俗成分的由来。

英国古典政治经济学是由威廉·配第（1623—1687年）创始，由亚当·斯密（1723—1790年）发展，而由大卫·李嘉图（1772—1823年）完成的。英国古典政治经济学的主要贡献是奠定了劳动价值论的基础，不自觉地发现了剩余价值的存在和社会各阶级经济利益的对立。马克思在《资本论》中批判地继承的正是这些科学成分。英国古典政治经济学在劳动价值论方面的积极成果，主要是区分了商品使用价值和交换价值，认为劳动是价值的唯一源泉，提出了商品价值量决定于生产商品所耗费的必要劳动量。可是他们并没有真正探讨创造价值的劳动的性质。马克思在《资本论》中指出："古典政治经济学在任何地方也没有明确地和十分有意识地把表现为价值的劳动同表现为产品使用价值的劳动区分开。"① 并且，他们没有分析价值形式，没有揭示价值和价值形式的社会历史性质。这是由他们的资产阶级立场决定的。在他们看来，商品、货币、资本这些东西都是自然的、永恒的东西，如果分析价值形式的发展，就暴露了商品价值这个东西不是从来就有和可以永远存在下去的，它只是人类历史上一定阶段的产物；价值是这样，资本就更是这样。这种结论对资产阶级显然是不利的。

马克思吸收了英国古典政治经济学有关劳动价值论的科学成分，批判了它的错误所在，论证了它所没有论证过的问题，特别是"凡是资产阶级经济学家看到物与物之间的关系的地方（商品交换商品），马克思都揭示了人与人之间的关系"②。这样，马克

---

① 《资本论》第一卷，人民出版社2004年版，第98页。
② 《列宁选集》第二卷，人民出版社1972年版，第444页。

思就建立了完整的科学的劳动价值论。

英国古典政治经济学还肯定了剩余价值的存在，认为剩余价值是生产资料所有者无偿占有的那部分劳动产品的价值。但是，他们这些正确的见解常常同错误的和荒谬的观点相交织，他们没有也不可能理解剩余价值的本质，更没有把剩余价值理论作为全部政治经济学的基础。马克思尖锐地指出："所有经济学家都犯了一个错误：他们不是就剩余价值的纯粹形式，不是就剩余价值本身，而是就利润和地租这些特殊形式来考察剩余价值。"①

英国古典政治经济学的杰出代表李嘉图从劳动决定价值出发，看到了资本主义社会阶级利益的对立，认为工人的工资越高，资本家的利润就越低，反过来也一样。他还说明了利润和地租的对立，也就是说他看到了农业资本家和土地所有者之间的对立。但是，他把资本主义社会的阶级对立看作永恒的。马克思在《资本论》中指出："英国古典政治经济学……它的最后的伟大的代表李嘉图，终于有意识地把阶级利益的对立、工资和利润的对立、利润和地租的对立当作他的研究的出发点，因为他天真地把这种对立看作社会的自然规律。这样，资产阶级的经济科学也就达到了它的不可逾越的界限。"②

马克思在批判英国古典政治经济学的基础上，创立了剩余价值理论，并且以剩余价值理论为基础，阐发了关于资本积累的学说，还科学地解决了社会资本再生产这个极为复杂的问题，进而又揭露了剩余价值怎样在各个资本主义剥削集团之间分配。这样，马克思通过《资本论》的写作就创立了以剩余价值理论为中心的政治经济学的完整体系，从此，真正科学的无产阶级政治经济学诞生了。

---

① 《马克思恩格斯全集》第二十六卷第一册，人民出版社1972年版，第7页。
② 《资本论》第一卷，人民出版社2004年版，第16页。

三 《资本论》的创作过程

《资本论》适应全世界工人阶级革命斗争的需要，是马克思毕生研究的成果和最主要的著作。为这部著作他花费了 40 年的时间。

1843 年年底，马克思在巴黎开始研究政治经济学，目的是写一部批判现存制度和资产阶级政治经济学的巨著。19 世纪 40 年代，马克思的研究成果主要有《1844 年经济学哲学手稿》《德意志意识形态》《哲学的贫困》《雇佣劳动与资本》，以及和恩格斯共同完成的《共产党宣言》等。

1849 年 8 月，马克思迁居伦敦，这个地方更有利于他对资本主义经济制度的研究，他在此收集了方方面面的资料。1857 年 7 月至 1858 年 6 月，马克思写了约 50 个印张的手稿。这实际上就是《资本论》的第一份草稿。在这时他制订了六分册的研究和写作计划。这六分册包括资本（包括一些绪论性的章节）、土地所有制、雇佣劳动、国家、国际贸易、世界市场。其中，第一册又分为四篇：资本一般、竞争、信用、股份资本。而第一篇又分为三部分：资本的生产过程，资本的流通过程，两者的统一或资本和利润、利息。这一划分成为后来《资本论》结构的雏形。

《政治经济学批判》第一分册，只包括商品和货币两章。1861 年 8 月，马克思开始写第二分册，到 1862 年 12 月，书名叫《资本论》，"政治经济学批判"作为副标题。到 1863 年年中，马克思又写成了另一手稿，共 23 个笔记本，200 个印张。其中有一半（第 6—18 本）是阐述经济学说史的。1861—1863 年的整个手稿被看作《资本论》第二稿。1863 年 8 月至 1865 年年底，马克思完成了三卷《资本论》详加琢磨的稿本。这就是第三稿。1867 年 9 月，《资本论》第一卷经过马克思仔细推敲后正式出版。马克思逝世后，由恩格斯对马克思手稿进行编纂和梳理，于 1885 年出版了《资本论》第二卷，1894 年出版了《资本论》第三卷。《资本论》第四卷以"剩余价值理论"为书名，更晚些时候才陆续出版。

《资本论》中译本各卷的篇幅如表 1-1 所示。

表 1-1 《资本论》中译本各卷篇幅   单位：页

卷	页数（含注释）	页数（不含注释）
第一卷	1127	887
第二卷	672	590
第三卷	1190	1030
小计	2989	2507
第四卷（一）	496	448
第四卷（二）	715	676
第四卷（三）	711	600
小计	1922	1724
总计	4911	4231

注：前三卷依人民出版社 2004 年版计算；第四卷第一册依《马克思恩格斯全集》第二十六卷第一册，人民出版社 1972 年版计算；第四卷第二册依《马克思恩格斯全集》第二十六卷第二册，人民出版社 1973 年版计算；第四卷第三册依《马克思恩格斯全集》第二十六卷第三册，人民出版社 1974 年版计算。雄文四卷，总计约 400 万字。

四 《资本论》的传播

《资本论》作为第一部全世界工人阶级的"圣经"出版后，迅速得到广泛传播。1872 年第一个外文版——俄文版出版。1872—1875 年法文版出版。1887 年，英文版出版。与此同时，德文版第一卷还在不断再版。1890 年德文第四版出版时，恩格斯根据马克思生前的意旨对正文的脚注作了最后的校订。以后各地译本主要以德文第四版为依据。

《资本论》出版后在中国也得到迅速传播。第一个在报刊上介绍马克思与《资本论》的是朱执信。这位中国国民党党员于1906年在《民报》第2号上以"德意志社会革命家小传"为题用了3000多字的篇幅介绍了马克思的《资本论》。

《资本论》在中国出版的概况如下：

（1）最早的中译本是1930年3月上海昆仑书店出版的《资本论》第一卷第一分册。译者是陈启修。

（2）潘冬舟翻译了《资本论》第一卷第二分册，1932年8月北平东亚书局出版，内容包括第一卷第二、第三篇。

（3）吴半农译本，1934年5月由上海商务印书馆出版，内容包括《资本论》第一卷第一、第二篇。

（4）侯外庐、王思华合译本，由世界名著译社于1936年6月出版。内容包括《资本论》第一卷全卷。

（5）郭大力、王亚南合译本，分别于1938年8月和9月由读书生活出版社出版。内容包括《资本论》全三卷。

中华人民共和国成立后出版的《资本论》都是由中央编译局翻译和校订的。截至目前，已先后出了五版：1953年版、1963—1966年版、1972—1975年版、2004年版和2018年的纪念版。

《资本论》的版本学同样很重要，因为版本的更替同内容的修订相关。第一卷德文有四版，另有法文版和英文版；第二卷，德文有两版；第三卷德文有一版；共有8个珍本（估计第二卷的第二版因无大改，故未算入。中国社会科学院马克思主义研究院存有3个珍本）。

五 《资本论》研究的对象和方法

马克思在《资本论》第一卷序言中说："我要在本书研究的，是资本主义生产方式以及和它相适应的生产关系和交换关系。"[①]

[①] 《资本论》第一卷，人民出版社2004年版，第8页。

又说："本书的最终目的就是揭示现代社会的经济运动规律。"①

马克思在《资本论》第一卷序言中还说过："分析经济形式，既不能用显微镜，也不能用化学试剂。二者都必须用抽象力来代替。而对资产阶级社会说来，劳动产品的商品形式，或者商品的价值形式，就是经济的细胞形式。在浅薄的人看来，分析这种形式好像是斤斤于一些琐事。这的确是琐事，但这是显微解剖学所要做的那种琐事。"②

彼得堡的《欧洲通讯》上发表过一篇专评《资本论》方法的文章。作者是伊·考夫曼，文章的标题是《卡尔·马克思的政治经济学批判的观点》。文中说马克思的"研究方法是严格的实在论的，而叙述方法不幸是德国辩证法的"③。他又写道："在马克思看来，只有一件事情是重要的，那就是发现他所研究的那些现象的规律。……最重要的是这些现象变化的规律。"④

马克思说："他（考夫曼——引者注）所描述的不正是辩证方法吗？"⑤考夫曼曾说过："决不能把他（马克思——引者注）称为唯心主义者。"⑥

马克思强调："我的辩证方法，从根本上来说，不仅和黑格尔的辩证方法不同，而且和它截然相反。在黑格尔看来，思维过程……是现实事物的创造主，……我的看法则相反，观念的东西不外是移入人的头脑并在人的头脑中改造过的物质的东西而已。"⑦马克思还指出叙述的方法和研究的方法不同。他说："研究必须充分地占有材料，分析它的各种发展形式，探寻这些形式

---

① 《资本论》第一卷，人民出版社 2004 年版，第 10 页。
② 《资本论》第一卷，人民出版社 2004 年版，第 8 页。
③ 《资本论》第一卷，人民出版社 2004 年版，第 20 页。
④ 《资本论》第一卷，人民出版社 2004 年版，第 20 页。
⑤ 《资本论》第一卷，人民出版社 2004 年版，第 21 页。
⑥ 《资本论》第一卷，人民出版社 2004 年版，第 20 页。
⑦ 《资本论》第一卷，人民出版社 2004 年版，第 22 页。

的内在联系。只有这项工作完成以后，现实的运动才能适当地叙述出来。"①

马克思的方法论中还有一点很重要，就是历史方法和逻辑方法相统一，逻辑起点和历史起点相一致。

综上所述，《资本论》的研究对象就是资本主义生产关系及其发展规律。而研究资本主义生产关系运动规律的方法就是唯物辩证法，或者说就是辩证唯物主义和历史唯物主义。从文献来说，研究对象主要是在《资本论》第一版序言中阐述的，研究方法主要是在《资本论》第二版跋中阐述的。

六 《资本论》的理论梗概

《资本论》的理论概括地说就是"一个起点，一块基础，一条主线，三个过程，十方面的理论"。粗略阐述如下。

（一）一个起点

《资本论》的逻辑起点是商品。为什么？

第一，资本主义生产关系是从商品经济发展而来的。马克思说："一定范围的商品流通与货币流通，从而商业的一定发展程度，是资本形成和资本主义生产方式的前提，起点。"②

第二，商品是资本主义经济的细胞，要解剖资本主义生产关系，必须首先解剖商品。列宁说："马克思在《资本论》中首先分析资产阶级社会（商品社会）里最简单、最普通、最基本、最常见、最平凡、碰到过亿万次的关系——商品交换。这一分析从这个最简单的现象中（从资产阶级社会的这个'细胞'中）揭示出现代社会的一切矛盾（或一切矛盾的胚芽）。"③ 毛泽东说，马克思"从商品的实际发展中作了巨大的研究工作，从普遍的存在

---

① 《资本论》第一卷，人民出版社2004年版，第21—22页。
② 《马克思恩格斯全集》第四十九卷，人民出版社1982年版，第9页。
③ 《列宁选集》第二卷，人民出版社1972年版，第712—713页。

中找出完全科学的理论来"①。

第三,通过分析商品而阐明的劳动价值论是《资本论》的理论基础。

(二) 一块基础

科学的劳动价值论是《资本论》的理论基础。剩余价值理论、平均利润和生产价格理论、地租理论等都离不开劳动价值论这块基础。劳动价值论的基础作用是和劳动二重性理论分不开的。马克思说过,生产商品的劳动的二重性,"这一点是理解政治经济学的枢纽"②。这是因为:

第一,劳动二重性学说是科学的劳动价值论的核心,它显示了是什么劳动形成商品价值,以及商品价值量的确定问题。

第二,劳动二重性学说是阐明剩余价值来源的关键。

第三,劳动二重性学说是资本划分为不变资本（c）和可变资本（v）的依据。

第四,有了 v 和 c 的划分,就有了资本有机构成学说,这一学说是理解政治经济学的又一个关键。

第五,劳动二重性学说与分析社会资本再生产问题也有密切关系。社会资本再生产的核心问题是社会总产品的实现,即在价值上得到补偿与实物上得到替换。为了说明社会总产品的实现问题,依据劳动二重性学说,马克思把社会总产品在价值上分为不变资本、可变资本、剩余价值三部分,在实物上分为生产资料和消费资料两大部类。

这个基础说明:《资本论》是在价值规律的基础上展开的。

(三) 一条主线

这条主线就是剩余价值理论。《资本论》论的是资本。资本就是能够带来剩余价值的价值。马克思说:"生产剩余价值或赚钱,

---

① 《毛泽东选集》第三卷,人民出版社 1991 年版,第 817 页。
② 《资本论》第一卷,人民出版社 2004 年版,第 55 页。

是这个生产方式的绝对规律。"① 恩格斯说："马克思的整本书都是以剩余价值为中心的。"②

《资本论》第一卷阐明剩余价值的生产；第二卷阐明剩余价值的实现；第三卷阐明剩余价值的分配，分配的结果表现为产业利润、商业利润、利息、银行利润、地租、农业利润等；第四卷论述剩余价值学说史。

在雇佣劳动制度的基础上产生了剩余价值，这一制度的发展，也就是剩余价值的发展。资本家对雇佣工人所创造的剩余价值的剥削的不断加剧，导致资本主义社会阶级矛盾日益尖锐化，最终必然造成"剥夺者被剥夺"的结局。

（四）三个过程

《资本论》第一卷分析"资本的生产过程"，阐述剩余价值如何在直接生产过程中被生产出来。

第二卷分析"资本的流通过程"，主要阐明如何为剩余价值的生产做准备，以及剩余价值生产出来之后如何实现。实际上是从生产与流通相统一的角度来讲流通过程。

第三卷分析"资本主义的生产总过程"，这里不仅考察了资本主义生产过程和流通过程的统一，而且分析了资本运动过程中的各种具体形式，包括产业资本、商业资本、借贷资本、银行资本、农业资本等；分析了剩余价值如何在资产阶级内部进行分割。同时也阐明了其内部矛盾的存在和发展。

第四卷则分析资本运动的三个过程在资产阶级经济学家头脑中的反映，也就是剩余价值理论的演进。所以，《资本论》第四卷的卷名曾译为"剩余价值学说史"。

---

① 《资本论》第一卷，人民出版社 2004 年版，第 714 页。
② 《马克思恩格斯文集》第九卷，人民出版社 2009 年版，第 221 页。

（五）十方面的理论

1. 劳动价值理论（《资本论》第一卷第一篇）

（1）商品具有二重性：使用价值和价值。

（2）商品二重性是由生产商品的劳动具有二重性决定的：具体劳动创造商品的使用价值，抽象劳动形成商品的价值。

（3）价值的实体是人类一般劳动的凝结，价值量是由社会必要劳动时间决定的。价值是商品经济中人与人关系的体现。

（4）价值形式由简单价值形式、扩大价值形式、一般价值形式，最后过渡到货币价值形式。货币是一般等价物，商品价值的货币表现就是价格。

（5）商品价值量是由社会必要劳动时间决定的规律，就是价值规律。价值规律是商品经济的基本规律。它要求按等价交换原则进行交易。

（6）社会必要劳动时间是在现有的社会正常的生产条件下，在社会平均的劳动熟练程度和劳动强度下制造某种使用价值所需要的劳动时间。

2. 剩余价值理论（《资本论》第一卷第二篇至第六篇）

这里所讲的剩余价值理论是狭义的剩余价值理论，因为只讲剩余价值的生产。

（1）劳动力成为商品，货币就转化为资本。因为剩余价值是资本带来的，故先讲资本的形成。此时，商品内部使用价值与价值的矛盾，发展为商品与货币的矛盾，进而发展为资本和劳动的矛盾，于是简单商品生产就转化为资本主义生产。

（2）资本主义生产过程是劳动过程和价值增殖过程的统一。价值增殖即剩余价值生产，是资本主义生产的目的。

（3）雇佣工人的劳动分为必要劳动和剩余劳动两部分，剩余价值来源于雇佣工人的剩余劳动。因此，剩余价值就是雇佣工人的劳动创造的被资本家无偿占有的超过劳动力价值的价值。因此，为雇佣工人所使用的资本因为可以增殖所以被称为可变资本,其余为不变资本。

(4) 剩余价值和可变资本之比为剩余价值率。提高剩余价值有两种基本方法:绝对剩余价值生产和相对剩余价值生产,以后者为主。

(5) 工资是劳动力价值和价格的货币表现,而不是劳动价值的货币表现。工资理论是对剩余价值理论的补充和完成。

(6) 剩余价值规律是资本主义的基本经济规律。

3. 资本积累理论(《资本论》第一卷第七篇)

剩余价值理论主要阐述资本如何带来剩余价值,资本积累理论则是阐明剩余价值如何转化为资本。

(1) 资本积累的实质是剩余价值资本化。资本积累不是资本家的节约。资本积累的源泉是工人创造的剩余价值。

(2) 资本积累是扩大再生产的源泉。

(3) 资本主义再生产不仅是物质资料的再生产,同时也是资本主义生产关系的再生产(从再生产角度看,若干年后资本家的投资便都是工人创造的剩余价值的积累)。

(4) 随着资本积累的进行,资本有机构成(不变资本和可变资本之比)不断提高,工人阶级的地位相对则不断降低。

(5) 资本积累的历史趋势:剥夺者被剥夺。

(6) 马克思说:"所谓原始积累只不过是生产者和生产资料分离的历史过程。……这种剥夺的历史是用血和火的文字载入人类编年史的。"[①]

4. 个别资本再生产理论(《资本论》第二卷第一、第二篇)

(1) 资本是不断运动的,运动停止了,资本也就停止了生命。资本运动顺序经过三个阶段,并采取三种形式:货币资本(G)、

---

① 《资本论》第一卷,人民出版社2004年版,第822页。

生产资本（P）和商品资本（W）。

（2）实现资本循环的基本条件是三种资本并列、相继运行，也可以叫作并存性和继起性。

（3）资本循环的全部时间等于生产时间（劳动时间、中断时间、储备时间）和流通时间（购、销时间）之和。

（4）资本运动在流通领域发生的费用叫作流通费用，分为生产性流通费用（包装、储存、运输费用）和纯粹流通费用（只同商品形式变化有关的费用）。后者是从剩余价值中得到补偿的。

（5）周而复始进行的资本循环就是资本周转。

（6）因资本周转方式不同而分为固定资本和流动资本两种类型。

（7）固定资本在总资本中的比重大，资本周转就慢；流通资本的比重大，资本周转就快。资本周转的速度同年剩余价值量成正比。

5. 社会资本再生产理论（《资本论》第二卷第三篇）

（1）社会资本是个别资本的有机总和。

（2）社会总产品的实物构成是生产资料和消费资料；价值构成是 C+V+M；社会生产分为两大部类：第一部类（Ⅰ）和第二部类（Ⅱ）。

（3）社会总产品在简单再生产条件下必须进行三个方面的交换，所以，在简单再生产条件下，社会总产品的实现条件是 Ⅰ(V+M) = ⅡC。

（4）扩大再生产的必要条件或者说基本条件是Ⅰ(V+M) > ⅡC。

（5）扩大再生产的实现条件即扩大再生产下社会总产品的实现条件是 $Ⅰ(V+\Delta V+\frac{m}{x}) = ⅡC$。

（6）马克思讲到利用折旧基金进行扩大再生产时，提出了外延扩大再生产和内涵扩大再生产的概念，也即粗放的扩大再生产和集约的扩大再生产。马克思说："如果生产场所扩大了，就是在外延上扩大；如果生产资料效率提高了，就是在内涵上扩大。"①

（7）在资本主义条件下，社会再生产的比例关系是通过盲目竞争、生产无政府状态和经济危机强制地实现的。

6. 平均利润和生产价格理论（《资本论》第三卷第一篇至第三篇）

（1）利润（P）是剩余价值的转化形式，当剩余价值被看作预付总资本的产物时，剩余价值就转化为利润。

（2）不同利润率是部门竞争的基础，而竞争的结果形成平均利润率。按平均利润率计算的利润就是平均利润。

（3）平均利润形成以后，市场价值就转化为生产价格。生产价格＝成本价格＋平均利润。

（4）成本价格具有等同性，它要求等量资本获得等量利润，从而引起部门间的竞争，并导致平均利润的形成。

（5）平均利润率趋向下降规律加剧了资本主义的内在矛盾：生产扩大与价值增殖的矛盾、人口过剩与资本过剩的矛盾、生产和消费的矛盾。

（6）平均利润形成以后证明资本家是作为一个阶级来剥削整个工人阶级的。

7. 商业资本和商业利润（《资本论》第三卷第四篇）

（1）商业资本是从产业资本中分离出来的。

（2）商业利润是从产业资本家那里分割来的一部分剩余价值。

（3）商业资本家不仅要获得利润，而且要获得平均利润，所以在商业资本家参加剩余价值分割以后，生产价格＝成本价格＋产业利润＋商业利润。

（4）商业店员同样是被资本家剥削的无产者，他们的劳动也

---

① 《资本论》第二卷，人民出版社2004年版，第192页。

分为必要劳动和剩余劳动两部分。

8. 借贷资本和利息（《资本论》第三卷第五篇）

（1）借贷资本是一种生息资本，它是产业资本和商业资本派生出来的一种资本形式，它的主要来源是产业资本和商业资本在其循环中必然出现的暂时闲置的货币资本。

（2）利息是平均利润一部分的转化形式。平均利润分为企业主收入和利息两部分。

（3）借贷资本是从属于职能资本的一种特殊的资本形式，它只有被借到职能资本家手里才成为职能资本。它的独特运动公式如图1-1所示。

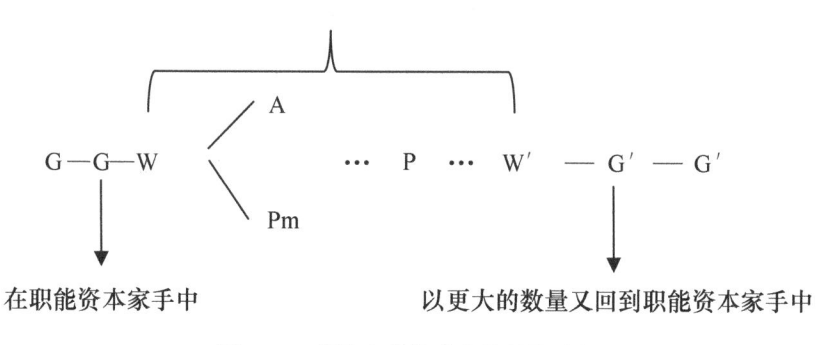

$$G—G—W \genfrac{}{}{0pt}{}{A}{Pm} \cdots P \cdots W'—G'—G'$$

在职能资本家手中　　　　　　以更大的数量又回到职能资本家手中

图1-1　借给职能资本家使用的过程

（4）在货币资本和借贷资本之间有银行在发挥媒介作用，为此，银行家必须投资，银行资本也要获取平均利润。

（5）银行资本家不仅通过职能资本家剥削雇佣工人，还直接剥削自己的雇员。

（6）信用在资本主义经济中具有巨大的作用：第一，促进利润平均化；第二，加速总的再生产过程；第三，有利于流通费用减少；第四，由于可以利用银行贷款，促进了股份公司的产生。

（7）资本主义信用制度具有二重性："一方面，把资本主义生产的动力——用剥削他人劳动的办法来发财致富——发展成为最纯粹最巨大的赌博欺诈制度，并且使剥削社会财富的少数人的人数越来越减少；另一方面，造成转到一种新生产方式的过渡形式。"①

9. 地租理论（《资本论》第三卷第六篇）

（1）地租理论涉及土地所有者阶级、农业资本家阶级和农业工人阶级三个阶级的利益和关系。

（2）地租理论以生产价格理论为基础。地租是土地私有权在经济上的实现，它是超额利润的转化形式。

（3）地租有级差地租和绝对地租两种。级差地租的实体是由农产品的个别生产价格同它的社会生产价格之间的差额转化而来的；土地的资本主义经营垄断是级差地租产生的原因；农业工人的剩余劳动是级差地租的源泉；土地的肥沃程度和位置远近是级差地租产生的自然条件；土地所有权的存在只说明级差地租归谁所有，但不是级差地租产生的原因。

（4）级差地租有两种形式：级差地租Ⅰ，是同土地肥沃程度和土地位置上的差别相联系的地租；级差地租Ⅱ，是与连续投入同一块土地上的各个资本生产率的差别相联系的地租。

（5）绝对地租的实体是由农产品的价值和社会生产价格之间的差额转化而来的，土地私有权的垄断是绝对地租产生的原因，农业工人的剩余劳动所创造的剩余价值是绝对地租的源泉，农业部门资本有机构成高是绝对地租产生的物质技术基础。

（6）土地价格。马克思说："这个购买价格不是土地的购买价格，而是土地所提供的地租的购买价格，它是按普通利息率计算的。"② 在资本主义条件下地价具有上涨趋势。

10. 各种收入及其源泉（《资本论》第三卷第七篇）

《资本论》第三卷第七篇在全书的地位及其研究对象与结构。

---

① 《资本论》第三卷，人民出版社2004年版，第500页。
② 《资本论》第三卷，人民出版社2004年版，第703页。

第三卷第七篇题为"各种收入及其源泉"。这一篇是全卷也是全书的最后一篇，它对整部《资本论》来说具有总结的意义，因此这一篇在全书中占有重要地位。

在全书对资本主义的生产、流通和分配过程作了系统的分析之后，本篇对资本主义生产关系的神秘性进行了总的揭露。资本主义生产关系的神秘性，集中表现在资本主义社会的利润、地租和工资等各种收入似乎各有其自身的源泉，似乎并不是，至少并不都是来自雇佣工人的劳动，因而利润、地租和工资的获得者即资本主义社会的三大阶级：资产阶级、大土地所有者阶级和工人阶级，好像是各得其所，应该相安无事了。马克思在本篇彻底揭露了这一假象，并且进一步指出资本主义的分配关系是从属于资本主义的生产关系的，二者都具有历史的暂时性。所以，本篇的研究对象就是：资本主义社会各种所得的真正源泉，资本主义分配关系和生产关系的相互关系，资本主义社会各阶级的地位和相互关系。通过这一研究达到彻底揭露资本主义生产关系神秘性的目的。

资本主义生产关系的神秘性根源于资本主义生产关系本身的特点——物与物的关系掩盖了人与人的关系，这种神秘性又被资产阶级庸俗经济学加工和美化。因此，揭露资本主义生产关系的神秘性，同时就是对资产阶级庸俗经济学的批判，而这正是《资本论》作为"政治经济学批判"的性质所要求的。马克思在《资本论》第一卷第一章里就揭露了商品拜物教即商品的神秘性，而后又对资本拜物教即资本的神秘性进行了一系列的揭露，到了全书的最后，再从总体上对资本主义生产关系的神秘性进行揭露。马克思说过："如果事物的表现形式和事物的本质会直接合而为一，一切科学就都成为多余的了。"[①] 马克思通过《资本论》这一

---

① 《资本论》第三卷，人民出版社2004年版，第925页。

伟大著作的系统论证，彻底撕破了资本主义经济制度的假象，暴露了它的本质，揭示了它的发展规律，武装了无产阶级的头脑。《资本论》被称为一部伟大的科学的革命经典的原因就在于此。

上述马克思在《资本论》中所创立和阐发的十方面的重大理论，是一个完整的理论体系，充分体现了《资本论》这部科学巨著所具有的阶级性、客观性、科学性、逻辑性和首创性五大特色。我们必须严守每项原理的科学内涵和遵循整个体系的逻辑结构，把它作为一大学术珍品变成自己的血肉。

七 学习和研究《资本论》的重大意义

（一）《资本论》仍然具有强大的生命力

《资本论》之所以具有强大的生命力，是因为当代资本主义社会的主要矛盾同马克思写作《资本论》时的主要矛盾在基本方面并无二致。《资本论》绝不过时，只要有资本，《资本论》就具有重大的现实意义。

现代资本主义社会阶级关系无疑发生了一些新的变化，主要表现在以下几个方面。

第一，大土地所有者阶级已经和资产阶级融为一体。竞争使资本更加集中，从而资产阶级整体上已发展成为垄断资产阶级。

第二，工人阶级的贫困状况有所缓解。不少工人拥有少量股票，但其本人仍然是雇佣劳动者。

第三，生产工人比重下降，第三产业员工日益增多。

第四，出现了一个比较庞大的中产阶级，它由公司高级管理人员和高级专业技术人员以及拥有一定资产的中高级公务人员组成。

尽管现代资本主义社会的阶级关系发生了上述变化，但雇佣和被雇佣关系仍然是主要关系，因而资本和劳动的矛盾即资产阶级和劳动阶级的矛盾仍然是社会主要矛盾，有产者对剩余价值的掠夺和剥削仍然是社会的基本事实。

《资本论》就是论"资本",只要有"资本"存在,《资本论》就不过时。有资本就必然有"雇佣劳动",也就必然有被剥削现象,就需要运用《资本论》中的剩余价值理论解释现实,《资本论》也就必然能为广大劳动者所认同和接受。马克思在《资本论》中所预见的未来社会和"自由人联合体",至今还没有实现,因而《资本论》永远是指引我们走向美好未来的灯塔。

(二)社会主义市场经济在呼唤《资本论》

市场经济是商品经济的延续。市场经济是通过市场来配置经济资源的一种经济形式,社会主义市场经济就是在更好发挥政府宏观调控作用的同时发挥市场配置经济资源的决定性作用的一种经济形式,而《资本论》的研究背景正是前期的市场经济,即已经比较成熟的商品经济,而且那时的市场已经发挥着配置资源的巨大作用。马克思在《资本论》中所揭示的平均利润率规律,就是在社会经济各部门之间配置生产资料和劳动力的规律。

马克思在《资本论》中所阐明的劳动价值理论,仍然是今天我们认识和研究社会主义市场经济中劳动和劳动价值问题的理论基础。《资本论》中论证和阐明的资本积聚和资本集中以及股份制理论,能够为我们今天进行资本运营提供很好的理论指导。

《资本论》中揭示的个别资本再生产和社会资本再生产理论,为市场经济中微观经济运行和宏观经济调控提供了完整的理论依据。《资本论》中的商业资本、信贷资本和银行资本理论以及地租理论等,仍然为市场经济中的商贸业发展、金融业运营、房地产业开发和农业经济发展提供着重要的理论指导。作为《资本论》主线的剩余价值理论对于我们研究社会主义条件下存在的私营经济和外资经济的运行具有足够的指导价值。

综上可见,社会主义市场经济在呼唤《资本论》,因为《资本论》同样是分析社会主义市场经济的锐利理论工具。当然,社会主义市场经济的出现是马克思当时难以预料到的，因而也是《资本论》中未曾涉猎的领域，即便如此，马克思在《资本论》中阐明的商品经济和价值规律的一般原理同样是社会主义国有企业和集体企业改革与发展的理论依据。所以，我国著名经济学家于光远教授2002年4月21日在给中国《资本论》研究会第11次全国年会的贺信中写道："我认为结合中国市场经济实际来研究《资本论》的工作，还没有真正开始。"我们相信，在《资本论》的基本原理和中国特色社会主义市场经济实践相结合的过程中，将不断产生新的研究成果。

由上可见，以多种所有制经济并存、多种分配方式并存为特征的中国特色社会主义现代化建设是离不开《资本论》这个强大的理论武器的。

（三）批判地借鉴和运用西方经济学离不开《资本论》的指导

《资本论》的博大精深和强大生命力固然是难能可贵的，但它毕竟是一个多世纪前的著作，它的伟大的作者也早已离我们而去。在这样的背景下，我们既不能要求时代止步，又不能要求《资本论》本身不断更新，于是就不可避免地会遇到日新月异的社会实践同《资本论》既定的理论结构的错位。尽管时至今日，在基本方面《资本论》的基本原理和现代市场经济的理论需求还是相吻合的，但在具体层面上不可避免地会有不少差异。例如，在《资本论》写作的年代，商品营销虽已十分发达，但无门市营销还未出现；在《资本论》写作的年代，旅游作为个人行为虽然已经出现，但它尚未作为一种产业而产生；在《资本论》写作的年代，商品输出虽已大量出现，但资本输出尚未涌现；在《资本论》写作的年代，产业信贷虽已相当普遍，但消费信贷还未出现；更遑论大数据、互联网和人工智能等这些高新科技。总之，今日学习和研究《资本论》的理论工作者必须正视一个事实：要分析和解决社会主义市场经济中的问题，不学习《资本论》不行，只学习《资本论》也不行。这就要求我们必须把运用《资本论》和批判地借鉴西方经济学结合起来！

西方经济学就是当代资产阶级经济学，它的根本弱点是由于阶级的局限性而不敢正视社会经济的本质，自然也不敢揭示经济发展的规律。但为了企业利润的最大化，又为了国民经济的长期景气，它十分重视研究宏观经济和微观经济的运行规律，也十分注重政府的产业政策、财政政策和货币政策等；为了他们的政权稳定和巩固，又十分注重就业政策；并且刻意研制国际贸易、国际金融的运行规则；为了实现经济活动的稳定和效率，西方经济学还比较重视经济法制问题，这一切也都是我们发展社会主义市场经济需要学习和借鉴的东西。

综上分析，我们可以概括地讲，为了分析和解决社会主义市场经济发展中的问题，更为了把我们的祖国建设成为富强民主文明和谐美丽的社会主义现代化强国，在立场、观点、方法和基本原理方面，应以《资本论》为依据；在经济运营理论与操作方法方面，应积极地借鉴西方经济学的成果。正如于光远教授在上面提到的那封信中所说："研究《资本论》和研究西方经济学可以结合起来，对于西方经济学中有关市场经济运行的理论，可以而且应该学习和借鉴，马克思主义者应有这个气魄。当年马克思写作《资本论》时就批判地吸收了西方经济学家的许多思想材料。"这一见解是完全正确的。

（四）运用《资本论》的理论与方法，构建中国特色社会主义政治经济学

学习《资本论》只坚持继承其原理与方法是不够的，还必须坚持运用其理论与方法深度结合当代经济发展的新特征、新现象、新问题来发展和创新马克思主义经济学。这就意味着要把构建中国特色社会主义政治经济学作为我们当代人的历史任务切实担当

起来！

最后，愿我们在继承和创新、坚持和发展马克思主义经济学方面不断取得新的成就！愿我们在运用马克思《资本论》原理和习近平新时代中国特色社会主义思想的已有成果相结合方面，不断取得理论创新的新成果。

第二章

《资本论》第一卷第一篇"商品和货币"教学大纲

第一节 《资本论》第一卷概述及第一篇学习提示

自本章开始阐述《资本论》正文。《资本论》的结构大致如下：第一卷研究资本的生产过程（共25章），第二卷研究资本的流通过程（共21章），第三卷研究资本主义生产的总过程（共52章）。

第一卷25章分为七篇，第一篇"商品和货币"，含第1—3章；第二篇"货币转化为资本"，含第4章；第三篇"绝对剩余价值的生产"，含第5—9章；第四篇"相对剩余价值的生产"，含第10—13章；第五篇"绝对剩余价值和相对剩余价值的生产"，含第14—16章；第六篇"工资"，含第17—20章；第七篇"资本的积累过程"，含第21—25章。

上述七篇可分为三部分，第一部分含第一篇，论述商品和货币，阐明劳动价值论；第二部分含第二篇至第六篇，论述资本和剩余价值，阐明剩余价值理论；第三部分含第七篇，讲资本的积累过程，阐明资本积累理论。

第一篇在《资本论》第一版时为第一章，第二版改为第一篇。

这一篇马克思原本是作为全部《资本论》的导言来安排的。① 后来分为三章，形成现在的格局。

首先论述第 1 章"商品和货币"。这是较难懂的一部分。马克思在 1867 年 11 月 30 日致函好友库格曼时说，他的夫人想读如感第一章困难可以先读《工作日》《协作、分工和机器》，最后再读《原始积累》。②

第二节 《资本论》第一卷第一篇基本原理

一 商品

"商品"是在《资本论》第一卷第一篇第 1 章里论述的。

（一）本章的体系结构

第 1 章共分 4 节，第 1 节，商品的两个因素：使用价值和价值（价值实体，价值量）；第 2 节，体现在商品中的劳动的二重性；第 3 节，价值形式或交换价值；第 4 节，商品的拜物教性质及其秘密。

马克思在第 1 章第 1、第 2 节论述了劳动价值论，在第 3 节阐明货币是怎样产生的。第 2 章也主要是论述这个问题，所以后面不再详细阐述。第 4 节阐述商品拜物教的根源及其必然性，说明商品实际上是一种社会关系。

第 1 节第 1 部分：论述为什么要从商品开始分析资本主义的生产关系。这是因为：第一，资本主义的财富都是由商品构成的；第二，资本主义社会的各种矛盾都是由商品的内在矛盾发展而来的。《资本论》第一卷初版序中写道："劳动产品的商品形式，或者商品的价值形式，就是经济的细胞形式。"③ 马克思说："资本

---

① 参见《马克思恩格斯全集》第二十六卷第一册，人民出版社 1972 年版，第 446 页。
② 参见《马克思恩格斯全集》第三十一卷，人民出版社 1972 年版，第 577 页。
③ 《资本论》第一卷，人民出版社 2004 年版，第 8 页。

主义生产方式占统治地位的社会的财富，表现为'庞大的商品堆积'，单个的商品表现为这种财富的元素形式。因此，我们的研究就从分析商品开始。"①

第1节第2部分：先分析商品的自然因素即使用价值。使用价值是什么，就是指商品能满足人们某种需要的性质。使用价值有质和量两个方面。接着分析使用价值的如下特点：①商品体是商品使用价值的载体，二者分不开；②商品使用价值的性质与生产它投入的劳动的多少无关；③商品使用价值可以从质和量两方面考察；④使用价值只有在使用中才能实现，例如，衣服只有被人穿了其使用价值才算实现了；⑤使用价值是交换价值的物质承担者，没有使用价值，商品的交换价值就无从存在；⑥使用价值反映人和自然的关系，如粮食就反映人和土地的关系。

第1节第3部分：论述商品的另一个因素，即价值这个社会因素。其中，先说明什么是交换价值："交换价值首先表现为一种使用价值同另一种使用价值相交换的量的关系或比例。"② 接着说明交换价值的特征：第一，同一商品的各种交换价值相互是等同的；第二，交换价值只能是与它相区别的某种内容的表现方式、表现形式。

《资本论》中对价值实体的阐述有以下要点。

第1点：两种不同的商品能够按一定比例相交换，表明二者中有共同的等量的东西，即二者都共同等于第三种东西。

第2点：说明两种商品交换时所表现的共同的东西不可能是使用价值。使用价值有质的差别，交换价值只有量的差别。

第3点：撇开使用价值后的商品只有劳动生产物这一属性。而随着使用价值被撇开，劳动的具体形式也被撇开了。全都化为一般人类劳动，即无差别的人类劳动。也就是只看作劳动，而不

---

① 《资本论》第一卷，人民出版社2004年版，第47页。
② 《资本论》第一卷，人民出版社2004年版，第49页。

论是木工劳动还是织工劳动等。

第4点：说明"什么是价值？"价值就是凝结在商品中的人类一般劳动。

第5点：说明交换价值和价值的关系。前者是后者的表现，后者是前者的基础。

第6点：说明商品的价值量。

价值量就是凝结在商品中的劳动量。商品价值量是按社会必要劳动时间来计算的。那么，什么是社会必要劳动时间呢？马克思作了明确的界定。他说："社会必要劳动时间是在现有的社会正常的生产条件下，在社会平均的劳动熟练程度和劳动强度下制造某种使用价值所需要的劳动时间。"① 两种商品价值之比，就是生产这两种商品的社会必要劳动时间之比。

接着马克思还说明了商品价值量与劳动生产率的关系，即"商品的价值量与实现在商品中的劳动的量成正比地变动，与这一劳动的生产力成反比地变动"②。

马克思还具体提出了决定劳动生产率的各种因素：①工人劳动熟练程度；②科技及其应用水平；③生产过程的社会结合，如分工与协作；④生产资料的规模与效能（包括原料）；⑤自然条件，如矿藏丰富程度。

第1节第4部分：马克思论证了商品是使用价值与价值的统一。

第一，一物有使用价值但不是用劳动创造出来的，就不是商品。第二，有使用价值，也是劳动产品，但不是满足他人需要的也不是商品，也无价值，如自己制造自己消费的物品。第三，有使用价值，也是劳动产品，而且是满足别人需要的，但不是通过交换进行的，也无价值，也不是商品，如农民向地主交纳的封建

---

① 《资本论》第一卷，人民出版社2004年版，第52页。
② 《资本论》第一卷，人民出版社2004年版，第53—54页。

地租。第四，为交换而生产的劳动产品，具有价值和使用价值两因素，才是商品。第五，使用价值是价值的物质承担者。只有价值而没有使用价值的东西是不存在的。

小结。本节讲了 4 个要点：①为什么要从商品开始研究；②什么是商品的使用价值；③什么是商品的价值；④商品是使用价值和价值的统一。

进一步概括可知：本节主要讲了商品的两因素，尤其是讲了商品的价值包括价值实体和价值量。

(二) 体现在商品中的劳动二重性

这一部分包含 5 个要点。

第 1 个要点：说明生产商品的劳动二重性理论是马克思首先提出的，这是理解政治经济学的枢纽。为什么？第一，因为劳动二重性学说是科学的劳动价值理论的核心。第二，因为劳动二重性学说是阐明剩余价值来源的关键。第三，因为劳动二重性学说是资本划分为不变资本和可变资本的依据。第四，因为劳动二重性学说是从价值上正确划分社会总产品价值 c、v、m 的依据。

第 2 个要点：论述商品的有用劳动（具体劳动）。首先说明什么是有用劳动：有用劳动就是生产某种使用价值而具有一定目的、一定对象、一定操作方式、一定手段和结果的劳动。有用劳动之间具有质的区别。各种性质不同的有用劳动，发展为社会分工。私有制条件下的社会分工是商品生产存在的条件。马克思说："只有独立的互不依赖的私人劳动的产品，才作为商品互相对立。"[1] 有用的具体劳动是人类生存的永恒条件，反映人和自然的关系。劳动和自然资源是一切使用价值（物质财富）的源泉。

第 3 个要点：论述体现在商品中的人类一般劳动即抽象劳动。首先说明什么是人类一般劳动以及什么是简单劳动和复杂劳动。

---

[1] 《资本论》第一卷，人民出版社 2004 年版，第 55 页。

接着说明同质的人类劳动（抽象劳动）是价值的实体。它形成商品的价值。商品价值量的差别是由生产商品所消耗的人类一般劳动量决定的。

第4个要点：体现在商品中的劳动是具体劳动和抽象劳动的统一。具体劳动是从质的方面考察的劳动，抽象劳动是从量的方面考察的劳动。接着说明使用价值和价值在量上的相反变化来源于劳动的二重性。在商品使用价值不变，因而生产商品具体劳动的性质也不变的情况下，商品的价值量可以变化，因为生产这种商品的劳动量有了变化。

劳动生产率提高与使用价值量成正比，与单位商品的价值量成反比，也就是说，劳动生产率提高使用价值会增加，单位商品的价值就会减少。为什么？因为这和生产商品的劳动具有二重性相关。

第5个要点：说明商品的二重性是由生产商品的劳动具有二重性决定的。这段话可以视为上两节的小结，应深刻理解。原文如下：

"一切劳动，一方面是人类劳动力在生理学意义上的耗费；就相同的或抽象的人类劳动这个属性来说，它形成商品价值。一切劳动，另一方面是人类劳动力在特殊的有一定目的的形式上的耗费；就具体的有用的劳动这一属性来说，它生产使用价值。"[1]

这一部分的要义可以概括如下：

第一，劳动二重性是理解政治经济学的枢纽；
第二，体现在商品中的有用劳动是具体劳动；
第三，体现在商品中的人类一般劳动是抽象劳动；
第四，体现在商品中的劳动是具体劳动和抽象劳动的统一；
第五，劳动二重性是商品二重性的根源。

---

[1] 《资本论》第一卷，人民出版社2004年版，第60页。

（三）价值形式或交换价值

前两部分阐明了商品的价值和价值实体，这一节回头再研究商品的价值形式即交换价值。目的在于说明货币是怎样产生的。

《资本论》第一卷第1章第3节的前言有4段，主要说明为什么要分析商品的价值形式。

第1段：说明商品之所以叫作商品，是因为它不仅具有自然形式，而且具有价值形式。

第2段：说明从商品的价值形式即交换价值出发才能探索到价值。因为商品价值是社会性的，在商品与商品的关系中才能表现出来。

第3段：研究商品的价值形式即交换价值，才能揭开货币的秘密。

第4段：说明最简单的价值形式就是两个不同商品之间的价值关系。由此引发以下的分析。

"A. 简单的、个别的或偶然的价值形式

x 量商品 A = y 量商品 B，或 x 量商品 A 值 y 商品 B。

（20 码麻布 = 1 件上衣，或 20 码麻布值 1 件上衣。）"[①]

马克思对简单价值形式的分析花了很大力量，因为把它弄清楚了，理解其他价值形式就容易了。

（1）价值表现的两极：相对价值形式和等价形式[②]。相对价值形式起主动作用，等价形式是被动的，两种形式相互依存，又相互对立，但同一商品不能同时具有两种形式。

（2）相对价值形式。

（a）相对价值形式的内容[③]。

[①] 《资本论》第一卷，人民出版社 2004 年版，第 62 页。
[②] 《资本论》第一卷，人民出版社 2004 年版，第 62 页。
[③] 《资本论》第一卷，人民出版社 2004 年版，第 63—67 页。

（b）相对价值形式的量的规定性①。

（3）等价形式②。

马克思说："一个商品的等价形式就是它能与另一个商品直接交换的形式。"③

（4）简单价值形式的总体④。

简单价值形式表明一个商品的价值是通过交换得到表现的，而交换价值产生于商品的价值。一个商品的简单价值形式就是该商品中所包含的使用价值和价值的对立的简单表现形式。价值形式随商品形式的发展而发展。简单价值形式有局限，必然向扩大的价值形式过渡。例如，20 码麻布等于一件上衣，在这个简单的价值形式下，如麻布所有者不愿要上衣，或上衣所有者不愿要麻布，就无法成交了。

"B. 总和的或扩大的价值形式

z 量商品 A = u 量商品 B，或 = v 量商品 C，或 = w 量商品 D，或 = x 量商品 E，或 = 其他

（20 码麻布 = 1 件上衣，或 = 10 磅茶叶，或 = 40 磅咖啡，或 = 1 夸特小麦，或 = 2 盎司黄金，或 = $\frac{1}{2}$ 吨铁，或 = 其他）"⑤

（1）扩大的相对价值形式⑥。

（2）特殊等价形式⑦。

（3）总和的或扩大的价值形式的缺点。

相对价值形式的缺点：第一，它是未完成的，它的表现系列

---

① 《资本论》第一卷，人民出版社 2004 年版，第 67—70 页。
② 《资本论》第一卷，人民出版社 2004 年版，第 70—75 页。
③ 《资本论》第一卷，人民出版社 2004 年版，第 70 页。
④ 《资本论》第一卷，人民出版社 2004 年版，第 75—78 页。
⑤ 《资本论》第一卷，人民出版社 2004 年版，第 78 页。
⑥ 《资本论》第一卷，人民出版社 2004 年版，第 78—79 页。
⑦ 《资本论》第一卷，人民出版社 2004 年版，第 79—80 页。

永无止境；第二，一种商品的价值表现种类繁多、杂乱无章；第三，一种商品的价值是一个无穷无尽的价值表现系列，另一种商品的价值又是一个无穷无尽的价值表现系列。

等价形式的缺点：第一，每一种以使用价值充当的特殊等价形式都有其局限性，如以小麦换斧头，若对方不想要小麦，则交换就陷入僵局等。第二，每一个特殊商品等价物中所包含的具体劳动，都只是人类劳动不充分的表现形式，因为人类劳动只有各种特殊的而没有统一的表现形式。

一个扩大的价值形式可以分解为许多简单价值形式。

许多并列的简单价值形式都可以颠倒过来。颠倒过来仍然是一个价值等式。

把扩大价值形式颠倒过来就成为一般价值形式。

"C. 一般价值形式

$$\left.\begin{array}{r} 1\text{ 件上衣} = \\ 10\text{ 磅茶叶} = \\ 40\text{ 磅咖啡} = \\ 1\text{ 夸特小麦} = \\ 2\text{ 盎司金} = \\ \frac{1}{2}\text{ 吨铁} = \\ x\text{ 量商品 A} = \\ \text{等等} \end{array}\right\} 20\text{ 码麻布}"①$$

（1）价值形式的变化了的性质②。

（2）相对价值形式和等价形式的发展关系③。

（3）从一般价值形式到货币形式的过渡④。

---

① 《资本论》第一卷，人民出版社2004年版，第81页。
② 《资本论》第一卷，人民出版社2004年版，第81—84页。
③ 《资本论》第一卷，人民出版社2004年版，第84—85页。
④ 《资本论》第一卷，人民出版社2004年版，第86页。

这个小题只有两段。

第1段：说明一般等价形式是价值本身的一种形式、可以由任何一种商品承担，当某种商品被其他一切商品排挤出来当作等价物时，商品世界统一的相对价值形式才获得客观的、固定的和一般的社会效力。

第2段：说明等价形式同这种独特商品的自然形式相结合。这种独特商品就成为货币商品，执行货币的职能。马克思说："有一个特定的商品在历史过程中夺得了这个特权地位，这就是金。因此，我们在第三种形式中用商品金代替商品麻布，就得到：D.货币形式。"①

"D. 货币形式

$$\left.\begin{array}{r} 20\text{ 码麻布} = \\ 1\text{ 件上衣} = \\ 10\text{ 磅茶叶} = \\ 40\text{ 磅咖啡} = \\ 1\text{ 夸特小麦} = \\ \frac{1}{2}\text{ 吨铁} = \\ x\text{ 量商品 A} = \end{array}\right\} 2\text{ 盎司金}"②$$

本题有4段：第1段：从一般价值形式到货币价值形式的发展并无质的变化，"惟一的进步在于：能直接地一般地交换的形式，即一般等价形式，现在由于社会的习惯最终地同商品金的独特的自然形式结合在一起了"③。

第2段：说明金能作为货币，是因为它早就是商品，而且过去就充当过等价物的作用。

---

① 《资本论》第一卷，人民出版社2004年版，第86页。
② 《资本论》第一卷，人民出版社2004年版，第86页。
③ 《资本论》第一卷，人民出版社2004年版，第87页。

第3段：说明有了货币以后出现了价格形式。商品价值的货币表现就是价格。

第4段："简单的商品形式是货币形式的胚胎。"①

（四）商品拜物教的性质及其秘密

马克思在《资本论》初版附录《价值形态》一文中，还曾指出，等价形态的第四个特征：商品形态的拜物教，在等价形态中比在相对价值形态中更显著。在第二版中，马克思把这个特征改写为一节，作为《资本论》第一卷第1章第4节，即本节。

这一节是对资本主义经济细胞商品分析的完成，也是马克思劳动价值理论的基本完成，当然在以后的章节中还有进一步的发展。

本章第1节分析了价值实体和价值量；第2节分析了形成价值的劳动的特点；第3节考察了价值表现的形式；第4节即最后一节，揭示价值的本质。价值的本质就是指商品价值是人与人之间的关系。

揭示商品生产者人与人之间的关系，为什么要研究商品拜物教呢？因为在商品生产关系基础上产生了一种社会意识，即把商品生产者人与人之间的关系，看成物与物之间的关系。列宁说过："凡是资产阶级经济学家看到物与物之间的关系的地方（商品交换商品），马克思都揭示了人与人之间的关系。"②

这一节又可分作三个问题。

第一，说明商品拜物教的来源及其产生的必然性。拜物教系原始社会最早的宗教信仰之一，它把某物当作神灵来崇拜。法国学者德布罗斯首先使用这一概念。

第二，说明在非商品经济中，不可能产生商品拜物教。

第三，揭露资产阶级经济学家陷入商品拜物教幻觉中。

---

① 《资本论》第一卷，人民出版社2004年版，第87页。
② 《列宁选集》第二卷，人民出版社1972年版，第444页。

（五）小结

第一，商品具有使用价值和价值二因素，商品的二因素决定于生产商品的劳动具有具体劳动和抽象劳动二重性。劳动二重性的理论是理解政治经济学的枢纽。

第二，商品价值量由社会必要劳动时间决定的规律，就是价值规律。

第三，价值形式的发展有一个历史过程，价值形式发展的结果出现了货币形式。货币是固定起一般等价物作用的特殊商品。商品价值的货币表现就是价格。

第四，商品、价值、货币、价格等都是人与人关系的表现。在私有制商品经济中，这种人与人的关系被物与物的关系所掩盖，从而产生了商品拜物教。

第五，生产关系在理论上的表现就叫作经济范畴。商品、价值、货币、价格等都是历史范畴，不是永恒不变的。

在社会主义时期，特别是在社会主义初级阶段，由于社会分工的存在和进一步细化，以及生产资料不同所有制的存在，必然存在和发展商品生产和商品交换，因而也必然要运用和发挥价值规律的作用。毛泽东说过："价值法则是一个伟大的学校。"[①] 因此，我们要很好地学习《资本论》，用好价值法则。

二 交换过程

第 2 章的研究对象是商品的交换过程，它是第 1 章的继续。马克思说："作为商品，它直接是使用价值和交换价值的统一；同时，它只有在同其他商品的关系中才是商品。商品相互间的实际关系是它们的交换过程。"[②]

本章首先说明货币是商品交换过程矛盾的产物，然后分析货

[①] 《毛泽东文集》第八卷，人民出版社 1999 年版，第 34 页。
[②] 《马克思恩格斯全集》第十三卷，人民出版社 1962 年版，第 30 页。

币形成的历史过程，最后在深刻揭示货币本质的基础上，批判资产阶级经济学在货币本质问题上的谬论，揭示货币拜物教的秘密。本章主要阐明三个问题。

第一，货币是交换过程矛盾的必然产物。

第二，货币的历史形成过程。

第三，批判资产阶级经济学对货币本质的歪曲。

马克思说："货币拜物教的谜就是商品拜物教的谜，只不过变得明显了，耀眼了。"[1] 我国民间流传着一句俗话：有钱能使鬼推磨。这句话最典型地表明了货币拜物教的内涵，同时也说明了商品拜物教的含义。因为商品和货币是分不开的。

三 货币或商品流通

在第1、第2章里，马克思揭示了货币的起源和本质，这一章是研究货币的各种职能，并且从阐发货币的职能中进一步揭示了货币的本质。

前两章研究的对象是商品货币的生产关系和一定的社会性质，这一章是把商品与货币作为一种运动、一种循环过程来研究。所以，这一章的标题是"货币或商品流通"。就是说这一章是考察货币，说是考察商品流通也可以，因为商品流通是离不开货币的。以货币为媒介的商品交换才叫商品流通，而货币的职能也正是在商品流通中产生和发展的。

本章分为三节。第1节：价值尺度。第2节：流通手段。第3节：标题是"货币"，实际上是讲货币的其他职能。第3节又分为三个小题："（a）货币贮藏""（b）支付手段""（c）世界货币"。这就是说，本章在三节中分析了货币的五种职能：价值尺度、流通手段、支付手段、贮藏手段、世界货币。

---

[1]《资本论》第一卷，人民出版社2004年版，第113页。

为什么按这一顺序来阐述呢？这和马克思的货币理论相关。如按资产阶级的国定货币理论来阐述，他们认为货币是国家政权的产物，基本职能是支付手段，其余职能都是由此而派生的。马克思则认为，在货币职能中，价值尺度是最基本的，其他职能都是由此而产生的。从历史上看，货币职能也是最先表现为价值尺度的，而后才逐渐发展而形成五种职能。可见，这一章的研究把历史方法与逻辑方法统一了起来。

还要注意到，这一章虽然主要是论述货币的职能，但还阐述了价值规律如何发挥作用，也论述到货币流通规律问题。

在我们社会主义初级阶段里仍然存在着货币，我们平时使用的是作为货币符号的纸币，甚至只是数字货币，但货币的本质并没有变。所以，学习《资本论》中的货币理论仍然具有重要现实意义。

第三节 需要研究的若干问题

一 马克思在《资本论》中是怎样批判地继承和发展古典政治经济学的劳动价值论的

劳动创造商品价值，最初是由资产阶级古典政治经济学的创始人威廉·配第提出来的，后来虽经亚当·斯密和大卫·李嘉图的修正和发展，但仍未形成科学的理论体系。科学的劳动价值论是马克思在批判地继承古典政治经济学有关理论的基础上，经过创新与发展才最终建立起来的。

（一）商品的二因素是使用价值和价值（价值实体、价值量）

首先，马克思从分析商品的使用价值和价值的对立统一关系来研究。古典政治经济学家虽然区分了商品的使用价值和交换价值，但又把价值和交换价值混为一谈，未能把商品看作使用价值和价值的统一体。斯密就错误地认为没有使用价值的东西也可能有价值。马克思认为，使用价值是价值的物质承担者，没有使用价值的东西不可能有价值。马克思认为，交换价值是价值的表现形式，价值则是交换价值的实在内容，所以只有使用价值而没有价值的东西不可能是商品。

其次，关于价值实体问题。马克思从质的方面揭示了价值的社会性质，即商品价值是商品生产中人类抽象劳动的凝结，是在物的外壳掩盖下的人与人的社会关系。虽然古典政治经济学家认为商品价值是劳动创造的，却把价值当成商品的自然属性。

最后，关于价值量的研究。古典政治经济学家只把注意力集中在价值量方面，但从未想到劳动量的差别是以质的同一性为前提的，虽然他们也曾指出价值量是以社会劳动量来计算的，如：斯密认为，价值量是由较好的企业所耗费的劳动时间来计算的；李嘉图认为，商品交换价值是由那些在最不利条件下进行生产的人所必需的较大量的劳动来决定的。但由于他们没有对价值实体进行研究，对形成价值的劳动没有进行深入的分析，所以无法说明为什么价值量的大小必须由社会必要劳动时间决定。

马克思指出，商品的价值实体是抽象的人类劳动，这是同一的人类劳动消耗，在商品世界中，社会的全部劳动力是由个别存在的单个劳动力所组成的，每个个别劳动力在生产商品时都只能当作同一的平均的劳动力。因此，在商品生产中对劳动力的耗费，就不能只是个别劳动时间，而只能是社会平均的必要劳动时间。因此，商品价值量就是由社会必要劳动时间决定的。按社会必要劳动时间进行商品交换就是等价交换。这就是价值规律。

（二）关于生产商品的劳动具有二重性问题

古典政治经济学家不懂得创造商品的劳动具有二重性。马克思说："商品中包含的劳动的这种二重性，是首先由我批判地证明的。这一点是理解政治经济学的枢纽。"[1] 马克思还说过："我的书

---

[1]《资本论》第一卷，人民出版社2004年版，第54—55页。

最好的地方是：（1）在第一章就着重指出了按不同情况表现为使用价值或交换价值的劳动的二重性（这是对事实的全部理解的基础）。"①

（三）关于价值形式问题

古典经济学家从来没有分析商品的价值形式。他们把价值和交换价值相混同，又把价值和价格相混同。马克思深入地研究了价值形式，"做资产阶级经济学从来没有打算做的事情"②。因为古典政治经济学家把商品只看作自然物质，是永恒不变的，包括货币和资本都是永恒不变的，如果他们研究了价值形式的演进和变化，就会动摇他们的立场和历史观。马克思对价值形式的发展作了历史性的分析，指出了如何从简单价值形式发展到货币形式，阐明了货币的起源和本质，揭穿了货币拜物教和商品拜物教。说明了价值形式的发展过程就是商品生产和商品交换的历史发展过程。

（四）关于商品拜物教问题

在商品经济的长期发展历史中，都存在商品拜物教和货币拜物教。古典政治经济学家只把商品和货币看作自然产品，看不到它的社会属性。把价值也看作"天然的社会属性"，是物本身所具有的属性；把创造价值的劳动也看成劳动的自然属性，认为在一切历史发展阶段所有的劳动都能创造价值。把商品与商品的交换，仅仅看成物与物的关系，看不到在这种物的外壳掩盖下所体现的人与人的关系。马克思通过对商品拜物教的分析，深刻揭示了商品经济的内在矛盾，充分阐明了商品经济的历史性。

综上所述，在建立科学的劳动价值论中，马克思在古典政治经济学提出的劳动创造价值和劳动时间决定价值量的基础上，阐明了价值实体和价值量，创造性地提出了生产商品的劳动具有二

---

① 《马克思恩格斯全集》第三十一卷，人民出版社1972年版，第331页。
② 《资本论》第一卷，人民出版社2004年版，第62页。

重性的理论；开创性地分析了价值形式的演进，从而指明了货币的本质；特别是阐明了商品、价值、抽象劳动和货币都是人与人们关系的体现，从而揭开了商品拜物教和货币拜物教的神秘面纱，为进一步构建剩余价值理论、资本积累理论及生产价格理论等奠定了基础，也可以说，为创建马克思主义经济学打下了牢固的基础。

二 为什么马克思在分析货币的支付手段、贮藏手段和世界货币三种职能时以"货币"作标题

马克思在分析了货币的价值尺度和流通手段两种基本职能后，在分析货币的其他三种职能时为什么以"货币"作标题？这是因为货币就是价值尺度和流通手段的统一，而作为这种统一，"金又有了一个独立的、同它在两个职能上的存在不同的存在"。① 作为价值尺度，金只是观念上的货币，作为单纯的流通手段，金只是象征性的货币，而金作为货币执行上述三个职能时，既不能只是观念上的，也不能只用符号来代替，必须以其金体（或银体）出现，就是说这三种职能必须由金属货币来执行。即使在执行支付手段职能时，虽然也可以用其他非金属代用物来代表，但它必须同真实的金属货币一样，不再是短暂的媒介物，而是作为商品价值的唯一独立存在形式或代表，从而与其他各种仅仅作为使用价值的商品相区别。所以，马克思在分析货币的支付手段、贮藏手段和世界货币三种职能时，冠以"货币"的标题是完全必要的。

三 在人工智能的新时代，机器人用于生产过程以后，还能说商品价值完全是由人的劳动创造的吗

我们认为，只要认定"机器人"是机器而不是人，上述问题

---

① 《马克思恩格斯全集》第十三卷，人民出版社1962年版，第113页。

就可以作出完全肯定的回答。机器人从设计、制造和使用都离不开人的劳动，机器人不过是一种更先进、更有效率的新型机器而已。所以，机器人用于生产之后，绝不可能推翻马克思的劳动价值论。

四　数字货币出现之后，货币的功能有无变化

货币的本原形态是贵金属，后来随着商品经济的发展有了纸币。纸币只是价值符号，它只是充当货币发挥作用。货币的五大职能仍未改变。现在有了数字货币，连纸都不用了，这不过是货币在人们使用时更方便了，货币在商品经济中作为价值尺度、流通手段、支付手段、贮藏手段和世界货币的基本功能并没有改变。

第三章

《资本论》第一卷第二篇"货币转化为资本"教学大纲

第一节 《资本论》第一卷第二篇学习提示

本篇的研究对象主要是资本形成的条件和资本的实质。

第一篇分析的是简单商品生产条件下的商品与货币。它是资本的历史前提和理论前提。从本篇开始才进入对资本的研究，但这一篇还不是研究资本主义生产过程本身的问题，可以说它是进入资本主义生产过程研究的前奏，是从简单商品生产到资本主义生产过程的过渡。

货币是商品流通最后的产物，它是由商品转化而来的。但是，"商品流通的这个最后产物是资本的最初的表现形式"。① 关于商品如何转化为货币，在第一篇已经研究过了，本篇要研究的是货币又如何转化为资本。这个分析说明了资本发生的条件和它的本质。这是本篇的研究对象。

本篇只有一章，这是《资本论》中唯一以一章为一篇的章节。这一章共分三节。首先分析资本流通的运动形式和商品流通的运动形式的区别；其次分析资本总公式的矛盾（矛盾一词德文版用

---

① 《资本论》第一卷，人民出版社2004年版，第171页。

的是复数）；最后指出，资本总公式的矛盾只有在劳动力成为商品的条件下才能解决。

第二节 《资本论》第一卷第二篇基本原理

一 资本的总公式

这是在《资本论》第一卷第二篇第 4 章第 1 节里论述的。本节的核心内容是：从资本的流通形式分析资本的实质。资本的总公式：货币 G—商品 W—货币 G′（已增殖）。这一总公式的根本特点就是资本在运动过程中会产生更多的货币，也就是会带来剩余价值 m。

这一节主要论述了如下五个问题。

第一，资本的起点和最初表现形式。

第二，当作货币的货币和当作资本的货币在流通形式上的区别。

第三，商品流通形式和资本流通形式的共同点和区别点。

第四，商品流通形式和资本流通形式在内容上的区别以及资本的本质。

第五，货币 G—商品 W—货币 G′（已增殖）是资本的总公式。

以下逐一加以论述。

问题之一。[①]

"商品流通是资本的起点。商品生产和发达的商品流通，即留易，是资本产生的历史前提。"[②] 也即资本主义是从商品生产和商品流通中产生出来的。商品生产和商品流通已有几千年的历史，而资本主义是从 16 世纪才正式出现的。这说明资本并非永恒之物，它有一个发生、发展和灭亡的过程。

---

① 《资本论》第一卷，人民出版社 2004 年版，第 171 页。
② 《资本论》第一卷，人民出版社 2004 年版，第 171 页。

第三章 《资本论》第一卷第二篇"货币转化为资本"教学大纲

商品流通的最后产物是货币,因为商品不断退出流通、进入消费,剩下的就是货币。为什么货币是资本的最初表现形式?从历史上看,在奴隶社会和封建社会,就开始有人经商和放高利贷,于是出现了商业资本和高利贷资本。到了后来货币发挥了瓦解封建社会的作用。在资本主义社会,每一个新资本的投入最初也都是以货币形式出现在劳动力和原材料市场上的。

资本最初表现为货币,但货币最初并非资本。所以,作为资本流通的货币和作为商品流通的货币是不同的。

问题之二。①

作为货币的货币和作为资本的货币在流通形式上的区别:

当作货币的货币,其流通形式是:商品 W—货币 G—商品 W。在此是为买而卖,货币只发挥交换媒介的作用,不是资本。

当作资本的货币,其流通形式是:货币 G—商品 W—货币 G。在此是为卖而买。分为"货币—商品"和"商品—货币"两个阶段。两个阶段的统一就是从货币到货币,即"货币—货币"。

如果在货币 G—商品 W—货币 G 的流通中,只是等量货币与等量货币相交换就毫无意义了。"首先我们应该说明 G—W—G 和 W—G—W 这两种循环的形式上的区别。这样,隐藏在这种形式上的区别后面的内容上的区别同时也就暴露出来。"②

问题之三。③

商品流通形式和资本流通形式的异同。

共同点:都分为卖和买两个对立的阶段,又都是两阶段的统一,都通过三个当事人(卖者、买者、又买又卖者)登场。

区别:

①在两种流通中,卖和买两个流通阶段次序相反:简单商品

---

① 《资本论》第一卷,人民出版社 2004 年版,第 172—173 页。
② 《资本论》第一卷,人民出版社 2004 年版,第 173 页。
③ 《资本论》第一卷,人民出版社 2004 年版,第 173—175 页。

流通是先卖后买；资本流通是先买后卖。

②货币在流通中所起的作用不同：一是货币起媒介作用，这是商品流通；二是货币只是预付出去，这是资本流通。

③流通中两次换位的因素不同：在简单商品流通中，同样的货币两次换位，最后以交出货币得到商品告终；在资本流通中同样的商品两次换位，结果又回到起点——货币。

④货币支出与流回的关系不同：在简单商品流通中货币支出与流回没有任何利害关系；在资本流通中商品两次换位，最终以得到更多货币告终。不回流或中断回流均不可。

问题之四。①

这个问题主要说明：商品流通形式和资本流通形式在内容上的区别和资本的本质。

其一，两种流通目的不同。商品流通的目的是满足消费，取得某种使用价值，如用货币换回5斤大米。而资本流通的目的是交换价值本身。当事人支出货币是为了赚钱，即得到更多的货币。

因此，在简单商品流通中，两极是价值量相等的商品，但必须是质上不同的使用价值。在资本流通中，两极是质上相同的货币，但必须是量上不等的交换价值。所以，资本流通的完整形式应是货币 G—商品 W—货币 G'（含增殖），即原预付额加增殖额。增殖额即剩余价值（m）。"可见，原预付价值不仅在流通中保存下来，而且在流通中改变了自己的价值量，加上了一个剩余价值，或者说增殖了。正是这种运动使价值转化为资本。"②

在简单商品流通中，两极的商品在价值量上可能大小不等，但这是偶然的，"两极的价值相等倒可以说是这种流通形式正常进行的条件"③。

---

① 《资本论》第一卷，人民出版社2004年版，第175—181页。
② 《资本论》第一卷，人民出版社2004年版，第176页。
③ 《资本论》第一卷，人民出版社2004年版，第177页。

第三章　《资本论》第一卷第二篇"货币转化为资本"教学大纲

其二，两种流通有不同的限度。简单商品流通是有限的，为买而卖是要达到流通以外的目的，占有使用价值即自己所需要的商品。资本流通是无限的，为卖而买，是要追求更多的交换价值。"作为资本的货币的流通本身就是目的，因为只是在这个不断更新的运动中才有价值的增殖。因此，资本的运动是没有限度的。"①

其三，两种流通的主体不同。一个是商品（使用价值），另一个是价值。

问题之五。②

这个问题主要说明"货币 G—商品 W—增殖的货币 G′"是资本的总公式。这个总公式可以简化为 G—G′。它可以说明什么是资本。"G—G′，生出货币的货币……资本的最初解释者重商主义者就是这样来描绘资本的。"③ 西斯蒙第在《政治经济学新原理》第 1 卷第 88—89 页中写道："资本……是不断增大的价值。"④ 当我们从马克思那里知道了那个生出的货币即增大了的价值就是剩余价值时，我们就清楚地知道资本的本质是带来剩余价值的价值，它反映资本家和雇佣工人之间剥削和被剥削的关系，因而它代表一种生产关系。

马克思说："准确地阐明资本概念是必要的，因为它是现代经济学的基本概念，正如资本本身——它的抽象反映就是它的概念——是资产阶级社会的基础一样。"⑤ 资本这个概念在社会上已流行很久。最早资本是用来表示贷款的本金，与利息相对称，其含义是能生息的金额。这种用法在希腊文中已显示出来，后来又为中古的拉丁语所确认。到了近代，资本一词被资产阶级经济学家广泛使用，但他们不是从运动中把握资本的，看不到资本存在

---

① 《资本论》第一卷，人民出版社 2004 年版，第 178 页。
② 《资本论》第一卷，人民出版社 2004 年版，第 181 页。
③ 《资本论》第一卷，人民出版社 2004 年版，第 181 页。
④ 《资本论》第一卷，人民出版社 2004 年版，第 181 页注（13）。
⑤ 《马克思恩格斯全集》第四十六卷上册，人民出版社 1979 年版，第 295 页。

的社会关系，看不到资本形成的历史背景，而只把资本看作一种静止物。他们的阶级立场使他们不能也不愿把资本看作一种生产关系、一个历史概念，而错误地把资本看作一种永恒的物。

二 总公式的矛盾

马克思在这一节分析资本总公式的矛盾，就是既要遵守等价交换这一价值规律的客观要求，又要获取价值增殖即剩余价值这二者的矛盾，着重批判了资产阶级经济学家关于剩余价值来源于流通中的谬论。马克思强调剩余价值的来源问题必须在等价交换的基础上予以说明。剩余价值不能从流通中产生，又不能不从流通中产生，这就是解决总公式矛盾的条件。

这一节主要阐明以下五个问题。

第一，从现象上看，资本总公式与商品流通规律是矛盾的。

第二，以等价交换为前提的商品流通，不可能产生剩余价值。

第三，在不等价交换情况下的商品流通中也不可能产生剩余价值。在到处都是不等价交换的情况下，谁也不可能多得，谁也不会吃亏。

第四，流通不能产生剩余价值，因此，商业资本、生息资本不是资本的基本形式。

第五，解决总公式矛盾的条件是，剩余价值不能在流通中产生也不能离开流通而产生。

这一节的中心内容是，提出了总公式的矛盾所在，并指出了解决这一矛盾的条件。这个问题是资产阶级古典经济学者和以前一切社会主义者都没有解决的。恩格斯指出："这个问题的解决是马克思著作的划时代的功绩。这个问题的解决使明亮的阳光照进了经济学的各个领域，而在这些领域中，从前社会主义者也曾像资产阶级经济学家一样在深沉的黑暗中摸索。科学社会主义就是以这个问题的解决为起点，并以此为中心的。"①

三 劳动力的买和卖

马克思在这一节指出，劳动力成为商品是货币转化为资本的前提条件。马克思在此率先区分了劳动和劳动力，指出了劳动力成为商品是资本主义的特征，从而为科学的剩余价值理论的创立提供了理论前提。

这一节主要论述了五个问题。

第一个问题。

劳动力成为商品是货币转化为资本的前提条件。转化为资本的货币的价值变化，只能发生在所购买商品的使用价值上，它的使用价值本身是价值的源泉。这一商品就是劳动力。因为劳动力的发挥才可以创造价值和剩余价值。

马克思说："这种变化（指价值增殖——引者注）必定发生在第一个行为 G—W 中所购买的商品上，但不是发生在这种商品的价值上，因为互相交换的是等价物，商品是按它的价值支付的。因此，这种变化只能从这种商品的使用价值本身，即从这种商品的消费中产生。要从商品的消费中取得价值，我们的货币占有者就必须幸运地在流通领域内即在市场上发现这样一种商品，它的使用价值本身具有成为价值源泉的独特属性，因此，它的实际消费本身就是劳动的对象化，从而是价值的创造。货币占有者在市场上找到了这样一种独特的商品，这就是劳动能力或劳动力。"②

第二个问题。③

劳动力并非从来就是商品，它是一种历史现象。

---

① 《马克思恩格斯文集》第九卷，人民出版社 2009 年版，第 212 页。
② 《资本论》第一卷，人民出版社 2004 年版，第 194—195 页。
③ 《资本论》第一卷，人民出版社 2004 年版，第 195—198 页。

第三个问题。①

劳动力这一特殊商品的价值是怎样形成的。

马克思分析了决定劳动力价值的三个因素：①劳动者本人所必需的生活资料的价值；②劳动者子女所必需的生活资料的价值；③劳动者一定的教育和训练的费用。马克思在《工资、价格和利润》一书中对劳动力价值有如下概括："劳动力的价值，是由生产、发展、维持和延续劳动力所必需的生活必需品的价值决定的。"②

第四个问题。③

劳动力商品使用价值的消费过程就是剩余价值的生产过程。

第五个问题。④

在商品交换的流通领域，资产阶级所谓"天赋人权""自由、平等、所有权和边沁"⑤的虚假现象都表现出来了。但是，"一离开这个简单流通领域或商品交换领域，……就会看到，……原来的货币占有者作为资本家，昂首前行；劳动力占有者作为他的工人，尾随于后。一个笑容满面，雄心勃勃：一个战战兢兢，畏缩不前，像在市场上出卖了自己的皮一样，只有一个前途——让人家来鞣"⑥。这充分暴露了资本主义生产过程的剥削关系。

第三节 需要研究的若干问题

一 如何理解资本总公式的矛盾

第一种意见认为：资本总公式的矛盾是指价值增殖和价值规

---

① 《资本论》第一卷，人民出版社 2004 年版，第 198—204 页。
② 《马克思恩格斯文集》第三卷，人民出版社 2009 年版，第 56 页。
③ 《资本论》第一卷，人民出版社 2004 年版，第 204 页。
④ 《资本论》第一卷，人民出版社 2004 年版，第 204—205 页。
⑤ 边沁（1784—1832 年）是英国资产阶级社会学家，功利主义理论家。马克思在这里提到他，意味着买卖双方都只顾自己，都只看到眼前的功利。
⑥ 《资本论》第一卷，人民出版社 2004 年版，第 205 页。

律的矛盾。马克思说:"货币羽化为资本的流通形式,是和前面阐明的所有关于商品、价值、货币和流通本身的性质的规律相矛盾的。"① 这里所说的规律,应是指价值规律。马克思还说过:"货币转化为资本,必须根据商品交换的内在规律来加以说明,因此等价物的交换应该是起点。"② 这就是说,价值规律要求的是等价交换,而价值增殖意味着对劳动力出卖者的不公平。

第二种意见认为:资本总公式的矛盾是,"资本不能从流通中产生,又不能不从流通中产生。它必须既在流通中又不在流通中产生"③。

第三种意见认为:前两种见解都对,都是资本总公式的矛盾。德文版《资本论》中矛盾一词是复数,可见应包含多种矛盾。

第四种意见认为:前两种见解是统一的,即剩余价值是以流通为条件(先在市场上购买劳动力)在生产过程中产生的。第四种意见应是更具有说服力的。

二 如何理解劳动力的所有权问题

马克思在本篇中提到了劳动力的所有权(所有制)问题。他说:"劳动力占有者和货币占有者在市场上相遇,彼此作为身份平等的商品占有者发生关系。"④ 又说:"劳动力所有者是会死的。"⑤ 因此,"生产劳动力所必要的生活资料的总和,包括工人的补充者即工人子女的生活资料,只有这样,这种独特的商品占有者的种族才能在商品市场上永远延续下去"⑥。

马克思还说过,资本家和雇佣工人之间"这种关系要保持下

---

① 《资本论》第一卷,人民出版社2004年版,第182页。
② 《资本论》第一卷,人民出版社2004年版,第193页。
③ 《资本论》第一卷,人民出版社2004年版,第193页。
④ 《资本论》第一卷,人民出版社2004年版,第195页。
⑤ 《资本论》第一卷,人民出版社2004年版,第199页。
⑥ 《资本论》第一卷,人民出版社2004年版,第199—200页。

去，劳动力所有者就必须始终把劳动力只出卖一定时间，因为他要是把劳动力一下子全部卖光，他就出卖了自己，就从自由人转化为奴隶，从商品占有者转化为商品。……他在让渡自己的劳动力时不放弃自己对它的所有权"①。

有人认为，经典作家只说过生产资料所有制，没有说过劳动力所有制。

也有人认为，既然认可所有权，就等于认可了所有制。

另有人认为，在资本主义条件下，有劳动力所有制问题，在公有制条件下则没有。

还有人认为，在完全的公有制条件下没有劳动力所有制问题，但在社会主义初级阶段，还有劳动力所有制问题。马克思在《哥达纲领批判》中说过，按劳分配"它不承认任何阶级差别，因为每个人都像其他人一样只是劳动者；但是它默认，劳动者的不同等的个人天赋，从而不同等的工作能力，是天然特权"②。

综上所述可以辨明，在任何商品经济中，劳动者对自己的劳动力都应该拥有所有权；从社会经济来看，也应该确认劳动力所有制。

三　如何认识劳动力的价值规定

马克思曾经说过："劳动力的价值可以归结为一定量生活资料的价值。因此，它也随着这些生活资料的价值即生产这些生活资料所需要的劳动时间量的改变而改变。"③

他又说："劳动力的价值规定包含着一个历史的和道德的要素。但是，在一定的国家，在一定的时期，必要生活资料的平均

---

① 《资本论》第一卷，人民出版社2004年版，第195—196页。
② 《马克思恩格斯文集》第三卷，人民出版社2009年版，第435页。
③ 《资本论》第一卷，人民出版社2004年版，第200页。

范围是一定的。"①

我认为，劳动力价值规定的特点是，劳动者随着经济的发展，对生活资料的需求越来越丰富，但是单位产品的价值会随着劳动生产率的提高而减少。这样，劳动力的价值可以保持不变或有所提高，因为教育费用大大提高了。劳动力价值规定的最低界限是能够维持劳动力的再生产。

四　奴隶成为商品和劳动力成为商品是否相同

奴隶是他这个人成为商品，雇佣工人是他的劳动力成为商品。前者存在人身依附关系，后者人身是自由的。奴隶主从奴隶身上榨取的是剩余产品和一部分必要产品，资本家从工人身上榨取的是剩余价值。二者所反映的生产关系不同，被剥削的程度也不同，奴隶被剥削得更惨重。

五　在以公有制为基础的社会主义市场经济中，确认劳动力是商品同实行按劳分配制度是否统一

这是一个难题。我认为，要实现二者的统一，在流通领域购买劳动力时，应依据价值规律办事；在生产领域使用劳动力时，应遵循按劳分配原则。只有这样才可以使二者统一起来。

---

① 《资本论》第一卷，人民出版社2004年版，第199页。

第四章

《资本论》第一卷第三篇"绝对剩余价值的生产"教学大纲

第一节 《资本论》第一卷第三篇学习提示

一 第一卷第三篇在《资本论》第一卷中的地位

为阐明绝对剩余价值问题,马克思在《资本论》中写了五章,译成中文达155页。可见这一理论的重要性。

《资本论》第一卷可以分为三部分。第一部分:含第一篇,阐明资本主义生产过程的历史前提,是为揭露资本主义生产的实质奠定基础的。所以这里讲的商品与货币还是简单商品生产条件下的商品与货币。第二部分:含第二篇至第六篇,是研究资本主义生产的实质,即剩余价值生产;其中第三篇阐明了劳动过程和价值增殖过程、不变资本和可变资本、剩余价值率和剩余价值量以及工作日的界限,为剩余价值理论的延伸奠定了基础,在第一卷中占有重要地位。第三部分:含第七篇,是揭示资本主义生产发展的历史趋势。这种趋势是由其本质决定的。也可以说,第一部分是阐明劳动价值理论,第二部分是阐明剩余价值理论,第三部分是阐明资本积累理论。进一步说,第一部分是分析商品如何转化为货币;第二部分是分析货币如何转化为资本,以及资本如何带来剩余价值;第三部分是分析剩余价值如何转化为资本。

《资本论》第一卷第二部分即第二篇至第六篇的研究对象是资

第四章 《资本论》第一卷第三篇"绝对剩余价值的生产"

本主义生产的实质,其实质就是攫取剩余价值,这是资本主义生产的目的。所以,阐明剩余价值是怎样产生出来的就是这一部分的研究任务。恩格斯在《反杜林论》中将这一部分统一命名为"资本和剩余价值",在第7、第8章中论述。

这一部分围绕资本主义生产的实质——剩余价值的生产过程讲了三个问题:第一个问题是第二篇讲的内容,即资本的产生和实质。资本就是带来剩余价值的价值,那么剩余价值是怎样产生的呢?这由第二个问题即第三篇至第五篇来回答,在那里,具体阐明了剩余价值的生产过程和提高剩余价值率的方法。其方法有两种,即绝对剩余价值生产和相对剩余价值生产。第三个问题是第六篇讲的工资。工资的本质理解清楚了,剩余价值的来源与本质就更明白了。

二 本篇的研究对象

《资本论》第一卷第三篇阐述了提高剩余价值率的两个基本方式之一,即绝对剩余价值生产。资本的生产过程是劳动过程和价值增殖过程的统一,而后者是资本主义生产的主导方面,它决定了资本主义生产的性质。可以说,资本主义生产实质上就是剩余价值生产。本篇的标题是"绝对剩余价值的生产",但本篇的研究对象不限于绝对剩余价值生产,而是具有双重的研究任务,它既研究剩余价值生产一般,又研究剩余价值生产的具体方式之一,即绝对剩余价值生产。

为什么要结合绝对剩余价值生产而不是结合相对剩余价值生产来阐述剩余价值生产一般呢?因为"绝对剩余价值的生产构成资本主义制度的一般基础,并且是相对剩余价值生产的起点"。[1]

研究绝对剩余价值生产,同时也就是研究资本主义生产过程

---

[1] 《资本论》第一卷,人民出版社2004年版,第583页。

最基本和最一般的特征。无论从历史上看，还是从理论上看，绝对剩余价值生产都是相对剩余价值生产的起点。因此，在正式考察资本主义的生产过程时，要首先考察绝对剩余价值的生产，同时也就意味着考察了剩余价值生产一般。所以，本篇的研究对象具有二重性。

三 本篇的体系结构

本篇共 5 章，从一般和特殊的关系来看：第 5 章"劳动过程和价值增殖过程"、第 6 章"不变资本和可变资本"、第 7 章"剩余价值率"、第 9 章"剩余价值率和剩余价值量"，这 4 章是研究剩余价值生产一般的；而第 8 章"工作日"是研究绝对剩余价值生产这种特殊的榨取剩余价值的方式的。

在对剩余价值一般进行研究时，又从质和量两个方面来考察：第 5、第 6 章是研究剩余价值质的方面；第 7、第 9 章是研究剩余价值量的方面。

四 学习第一卷第三篇的重要意义

本篇是第一卷的中心，也是全书中最重要的论题。马克思说："生产剩余价值或赚钱，是这个生产方式的绝对规律。"① 恩格斯在《反杜林论》中说"这个问题的解决是马克思著作的划时代的功绩。这个问题的解决使明亮的阳光照进了经济学的各个领域，而在这些领域中，从前社会主义者也曾像资产阶级经济学家一样在深沉的黑暗中摸索。科学社会主义就是以这个问题的解决为起点，并以此为中心的"。② 列宁说："剩余价值学说是马克思经济理论的基石。"③ 所以，学好这一篇将使读者在培养无产阶级立

---

① 《资本论》第一卷，人民出版社 2004 年版，第 714 页。
② 《马克思恩格斯文集》第九卷，人民出版社 2009 年版，第 212 页。
③ 《列宁选集》第二卷，人民出版社 1972 年版，第 444 页。

场、观点、方法方面，在深入理解马克思主义经济学原理方面奠定良好的基础。

第二节 《资本论》第一卷第三篇基本原理

一 劳动过程

劳动过程是第5章第1节的内容。这一章在法文版是第7章，标题是"使用价值的生产和剩余价值的生产"，法文版这一节的小标题是"使用价值的生产"。现在的标题和内容是以德文第四版确定的。

马克思对劳动过程作了两个方面的分析。

（一）一般劳动过程

一般劳动过程就是抛开任何社会形式的把劳动过程单纯看作"人和自然之间的物质变换的过程"①。这样，"劳动过程的简单要素是：有目的的活动或劳动本身，劳动对象和劳动资料"②。在劳动过程中，人的活动借助劳动资料使劳动对象发生适合人的需要的变化。"一个使用价值究竟表现为原料、劳动资料还是产品，完全取决于它在劳动过程中所起的特定的作用，取决于它在劳动过程中所处的地位，随着地位的改变，它的规定也就改变。"③

"劳动过程，就我们在上面把它描述为它的简单的、抽象的要素来说，是制造使用价值的有目的的活动，是为了人类的需要而对自然物的占有，是人和自然之间的物质变换的一般条件，是人类生活的永恒的自然条件，因此，它不以人类生活的任何形式为转移，倒不如说，它为人类生活的一切社会形式所共有。"④ 这一

---

① 《资本论》第一卷，人民出版社2004年版，第208页。
② 《资本论》第一卷，人民出版社2004年版，第208页。
③ 《资本论》第一卷，人民出版社2004年版，第213页。
④ 《资本论》第一卷，人民出版社2004年版，第215页。

段话，适用于人类历史的全过程。任何一个社会的劳动过程都是这样。

（二）资本主义的劳动过程

资本主义的劳动过程，是资本家消费劳动力的过程。它有两个特征：第一，工人的劳动属于资本家，工人在资本家的监督下劳动。第二，产品是资本家的所有物，而不是直接从事生产的工人的所有物。

（三）为什么要分析劳动过程

资本主义生产过程实质上是剩余价值的生产过程，即价值增殖过程，那么为什么要分析劳动过程呢？有以下几点原因：第一，从一般到特殊的分析方法所要求的，劳动过程是一般，价值增殖过程是特殊。第二，劳动过程是生产使用价值的，而使用价值是价值和剩余价值的物质承担者。第三，为了揭露资本主义劳动过程的特征。

二 价值增殖过程

"价值增殖过程"是《资本论》第一卷第5章第2节的内容。

这一节共33段，分为三个问题：第1—15段是第一个问题，论述价值形成过程；第16—27段是第二个问题，论述价值增殖过程；第28—33段是第三个问题，论述生产过程的二重性来源于劳动过程的二重性。

恩格斯在《反杜林论》中说："这种剩余价值是从什么地方来的？这个问题必须解决，而且要排除任何欺骗，排除任何暴力的任何干涉，用纯粹经济的方法来解决，于是问题就是：即使假定相等的价值不断地和相等的价值交换，怎样才能不断地做到贱买贵卖呢？"[①]

[①] 《马克思恩格斯文集》第九卷，人民出版社2009年版，第212页。

第四章 《资本论》第一卷第三篇"绝对剩余价值的生产"教学大纲

那么,马克思是如何用纯粹经济的方法来解决这个问题的呢?

一是将劳动二重性的原理用来分析价值增殖问题。劳动者的具体劳动创造使用价值,在创造使用价值的过程中,把生产资料的旧价值按不同情况转移到新产品中。劳动者的抽象劳动又形成了新产品中的新价值。新价值中的一部分就可能包含剩余价值。但这部分是否为剩余价值还要运用另一原理来分析。

二是将关于劳动和劳动力的学说用来分析价值增殖问题。马克思认为,劳动和劳动力是不同的。工人出卖的是劳动力而不是劳动。劳动是个过程,是流动状态的,是要和生产资料结合才能表现出来的。所以一无所有只有劳动力的工人,是无法事先将自己的劳动加以出卖的。工人出卖的只能是劳动力。劳动力作为商品也有价值和使用价值。它的价值等于生产和再生产它所需要的生活资料的价值。值得注意的是,劳动力具有独特的使用价值。劳动力的使用就是劳动,劳动不仅可以转移旧价值而且可以创造新价值。马克思说:"包含在劳动力中的过去劳动和劳动力所能提供的活劳动,劳动力一天的维持费和劳动力一天的耗费,是两个完全不同的量。前者决定它的交换价值,后者构成它的使用价值。维持一个工人24小时的生活只需要半个工作日,这种情况并不妨碍工人劳动一整天。因此,劳动力的价值和劳动力在劳动过程中的价值增殖,是两个不同的量。资本家购买劳动力时,正是看中了这个价值差额。劳动力能制造棉纱或皮靴的有用属性,只是一个必要条件,因为劳动必须以有用的形式耗费,才能形成价值。但是,具有决定意义的,是这个商品独特的使用价值,即它是价值的源泉,并且是大于它自身的价值的源泉。"[1]

如果工人在一天内的劳动时间,只能创造出等于劳动力本身价值的价值,这只是价值形成过程。价值形成过程和劳动过程的

---

[1] 《资本论》第一卷,人民出版社2004年版,第225—226页。

统一是简单商品生产过程。这个过程不包含剩余价值的生产，也即不包含剥削和被剥削关系。

资本主义的商品生产过程是不以原投资价值的形成为满足的。其目的是追求价值的增殖。如前所述，"货币占有者支付了劳动力的日价值，因此，劳动力一天的使用即一天的劳动就归他所有。劳动力维持一天只费半个工作日，而劳动力却能发挥作用或劳动一整天，因此，劳动力使用一天所创造的价值比劳动力自身一天的价值大一倍。这种情况对买者是一种特别的幸运，对卖者也决不是不公平"。① 这就是价值增殖过程。资本主义生产过程就是劳动过程和价值增殖过程的统一。劳动过程是创造使用价值的过程，价值增殖过程是创造剩余价值的过程。价值增殖过程不外是超过一定点而延长了的价值形成过程。

至此，资本总公式的矛盾已经解决了。"他的货币转化为资本的这整个过程，既在流通领域中进行，又不在流通领域中进行。它是以流通为媒介，因为它以在商品市场上购买劳动力为条件。它不在流通中进行，因为流通只是为价值增殖过程作准备，而这个过程是在生产领域中进行的。"②

三　不变资本和可变资本

（一）不变资本和可变资本这对概念是由马克思首先提出的

关于不变资本和可变资本问题，马克思是在《资本论》第一卷第6章里专门论述的。③ 马克思在《资本论》第一卷第22章"剩余价值转化为资本"写的"（66）"注中表明："这里我要提醒读者，可变资本和不变资本这两个范畴是我最先使用的。亚·斯密以来的政治经济学都把这两个范畴中包含的规定，同那种由流

---

① 《资本论》第一卷，人民出版社2004年版，第226页。
② 《资本论》第一卷，人民出版社2004年版，第227页。
③ 《资本论》第一卷，人民出版社2004年版，第232—244页。

通过程产生的形式区别，即固定资本和流动资本的区别混淆起来了。"①

（二）划分不变资本和可变资本的标准

"劳动过程的不同因素在产品价值的形成上起着不同的作用。"② 不变资本只能转移自身原有的价值，而可变资本能带来新价值。

（三）工人在同一劳动过程中产生两种完全不同的结果

工人的同一劳动作为具体劳动，只能保存和转移旧价值；

工人的同一劳动作为抽象劳动，则能够创造价值和剩余价值。

（四）划分不变资本和可变资本的意义

第一，明确了剩余价值的真正来源。

第二，对揭露资本家对工人的剥削程度有重要意义。因为剩余价值率是剩余价值 m 和可变资本 v 之比。

第三，为建立有机构成学说奠定了基础。因为资本有机构成是不变资本 c 和可变资本 v 之比。

四 工作日

工作日是马克思在《资本论》第一卷第 8 章里论述的。这是很重要的一章，马克思在此分析了绝对剩余价值生产。马克思在 1867 年 11 月 30 日致库格曼的信中建议他夫人从这一章开始阅读《资本论》。③

这一章共 7 节，可分为三个部分：第一部分含第 1 节，分析工作日界限，是全章的导论；第二部分含第 2—4 节，揭露资本家榨取绝对剩余价值的方式方法；第三部分含第 5—7 节，论述工人阶级为争取正常工作日所进行的斗争。这里只阐释第一部分即第

---

① 《资本论》第一卷，人民出版社 2004 年版，第 706 页。
② 《资本论》第一卷，人民出版社 2004 年版，第 232 页。
③ 参见《马克思恩格斯全集》第三十一卷，人民出版社 1972 年版，第 577 页。

1节。

（一）工作日是可变的

工作日由两部分组成：必要劳动时间和剩余劳动时间。如必要劳动时间不变，工作日长度就决定于剩余劳动时间的长度。

（二）工作日的界限

工作日的长度最低不可能低于必要劳动时间，否则资本家就不干了。最高有两个界限：一是工人的生理界限，至少应使工人吃饱饭；二是道德界限，至少应使工人衣可蔽体。

（三）工人阶级和资产阶级围绕工作日长度不断进行斗争

"在平等的权利之间，力量就起决定作用。"① 也就是说只要工人敢于斗争，就可能迫使资本家缩短工作日。

五 剩余价值率和剩余价值量

第7章论述剩余价值率，第9章论述剩余价值率和剩余价值量。

首先，应明确剩余价值率就是剥削率。它表明剩余价值的相对量。马克思说："剩余价值的相对量，即可变资本价值增殖的比率，显然由剩余价值同可变资本的比率来决定，或者用 $\frac{m}{v}$ 来表示。"② 马克思又说："从这里可以得出结论：剩余价值和可变资本之比等于剩余劳动和必要劳动之比，或者说，剩余价值率 $\frac{m}{v}=\frac{剩余劳动}{必要劳动}$。这两个比率把同一种关系表现在不同的形式上：一种是对象化劳动的形式，另一种是流动劳动的形式。"③

剩余价值率和剩余价值量的关系有三条规律。

---

① 《资本论》第一卷，人民出版社2004年版，第272页。
② 《资本论》第一卷，人民出版社2004年版，第249页。
③ 《资本论》第一卷，人民出版社2004年版，第251—252页。

第四章 《资本论》第一卷第三篇 "绝对剩余价值的生产"

第一条规律：剩余价值量等于可变资本×剩余价值率。

第二条规律：马克思在第9章第8段提出，"平均工作日（它天然总是小于24小时）的绝对界限，就是可变资本的减少可以由剩余价值率的提高来补偿的绝对界限，或者说，就是受剥削的工人人数的减少可以由劳动力受剥削的程度的提高来补偿的绝对界限。这个非常明白的第二个规律，对于解释资本要尽量减少自己所雇用的工人人数即减少转化为劳动力的可变资本部分的趋势（以后将谈到这种趋势）所产生的许多现象，是十分重要的"[1]。这一规律是以剩余价值率为中心来考察剩余价值量的变化。

第三条规律：如果剩余价值率、劳动力价值已定，则剩余价值量与可变资本成正比。

马克思在第9章第9段中说："第三个规律是从所生产的剩余价值量取决于剩余价值率和预付的可变资本量这两个因素而得出来的。如果剩余价值率或劳动力受剥削的程度已定，劳动力价值或必要劳动时间量已定，那么不言而喻，可变资本越大，所生产的价值量和剩余价值量也就越大。如果工作日的界限及其必要组成部分的界限已定，那么，一个资本家所生产的价值量和剩余价值量，显然就只取决于他所推动的劳动量。但根据以上假设，他所推动的劳动量取决于他所剥削的劳动力的数量，或他所剥削的工人人数，而工人的人数又是由他所预付的可变资本量决定的。"[2]

这一规律是以可变资本量的变化即以雇佣工人人数的多少为中心，来说明剩余价值量的变化的。

马克思在第9章的最后，对第三篇作了总结。

第一，"在生产过程中，资本发展成为对劳动，即对发挥作用的劳动力或工人本身的指挥权。人格化的资本即资本家、监督工

---

[1] 《资本论》第一卷，人民出版社2004年版，第354页。
[2] 《资本论》第一卷，人民出版社2004年版，第354页。

人有规则地并以应有的强度工作"①。

第二,"资本发展成为一种强制关系,迫使工人阶级超出自身生活需要的狭隘范围而从事更多的劳动。作为他人辛勤劳动的制造者,作为剩余劳动的榨取者和劳动力的剥削者,资本在精力、贪婪和效率方面,远远超出了以往一切以直接强制劳动为基础的生产制度"②。

第三,"只要我们从价值增殖过程的观点来考察生产过程,情形就不同了。生产资料立即转化为吮吸他人劳动的手段。不再是工人使用生产资料,而是生产资料使用工人了。不是工人把生产资料当作自己生产活动的物质要素来消费,而是生产资料把工人当作自己的生活过程的酵母来消费,并且资本的生活过程只是资本作为自行增殖的价值的运动"③。

第三节 需要研究的若干问题

一 在剩余价值理论方面马克思如何批判地继承和发展古典经济学的理论

(一) 资产阶级古典经济学的贡献和走向破产

恩格斯在《资本论》第二卷"序言"中写道:"亚·斯密已经知道'资本家的剩余价值是从哪里产生的',以及土地所有者的剩余价值是从哪里产生的;马克思在1861年已经坦率地承认了这一点。"④

古典经济学家李嘉图更进一步,把剩余价值理论建立在新的价值论的基础上,认为无论工资、利润和地租的分配比例怎样,

---

① 《资本论》第一卷,人民出版社2004年版,第359页。
② 《资本论》第一卷,人民出版社2004年版,第359页。
③ 《资本论》第一卷,人民出版社2004年版,第359—360页。
④ 《资本论》第二卷,人民出版社2004年版,第15页。

价值量都不会因此而增减。并且一方的增加就会引起另一方或两方的减少，从而造成资本主义社会中工人、资本家和土地占有者三大阶级的矛盾。李嘉图还认识到地租是一种超额利润的转化形式。

恩格斯在上述"序言"中还写道："马克思接着说：'然而，斯密并没有把剩余价值本身作为一个专门范畴同它在利润和地租中所具有的特殊形式区别开来。斯密尤其是李嘉图在研究中的许多错误和缺点，都是由此而产生的。'"[1] 这就使古典经济学家只看到资本主义经济中的利润、利息、工资、地租这些具体现象，而看不清剩余价值这个本质，由此引起许多错误和缺陷。

恩格斯在他为《资本论》第二卷出版写的"序言"中还说：

"1830年左右，李嘉图学派在剩余价值问题上碰壁了。他们解决不了的问题，他们的追随者，庸俗经济学，当然更不能解决。使李嘉图学派破产的，有以下两点：

第一，劳动是价值的尺度。……作为商品买卖的，不是劳动，而是劳动力。一旦劳动力成为商品，它的价值就决定于它作为社会产品所体现的劳动，就等于它的生产和再生产所需要的社会必要的劳动。因此，劳动力按照它的这种价值来买卖，是和经济学的价值规律决不矛盾的。"[2]

李嘉图不理解这一理论，解释不了劳动力买卖和价值规律的所谓矛盾，因而就走向破产了。

"第二，……实际上，等额的资本，不论它们使用多少活劳动，总会在相同时间内生产平均的相等的利润。因此，这就和价值规律发生了矛盾。李嘉图已经发现了这个矛盾，但

---

[1]《资本论》第二卷，人民出版社2004年版，第15页。
[2]《资本论》第二卷，人民出版社2004年版，第23—24页。

是他的学派同样没有能够解决这个矛盾。"①

　　这个矛盾就是所谓平均利润率规律和价值规律的矛盾,李嘉图解决不了这个矛盾,只得走向破产。
　　(二) 马克思对剩余价值理论的贡献
　　根据恩格斯在《资本论》第二卷序言中的有关论述,马克思对建立科学的剩余价值理论的贡献主要如下。
　　第一,建立了科学的劳动价值理论,科学地回答了什么劳动形成价值,为什么形成价值,怎样形成价值,价值实体是什么等问题。
　　第二,发现了剩余价值这个专门范畴,突破了古典经济学家只停留在对剩余价值具体表现形式如利润等的分析。
　　第三,研究了商品和货币的关系,阐明了货币的起源和本质。
　　第四,区分了劳动和劳动力,从而阐明了货币如何转化为资本的理论。
　　第五,确定了不变资本和可变资本的区别,详尽地阐述了剩余价值形成的实际过程。
　　第六,发现了资本家榨取剩余价值的两种形式,即绝对剩余价值和相对剩余价值。
　　第七,揭示了工资的本质。
　　第八,指出了资本积累史的各个基本特征,说明了资本积累的历史趋势。
　　剩余价值理论是马克思经济理论的基石,它和劳动价值理论一起支撑起了马克思主义政治经济学的大厦。

二　划分社会经济形态的标志是什么

　　马克思有四个提法。

---

①《资本论》第二卷,人民出版社2004年版,第24页。

第一，"动物遗骸的结构对于认识已经绝种的动物的机体有重要的意义，劳动资料的遗骸对于判断已经消亡的经济的社会形态也有同样重要的意义。各种经济时代的区别，不在于生产什么，而在于怎样生产，用什么劳动资料生产。劳动资料不仅是人类劳动力发展的测量器，而且是劳动借以进行的社会关系的指示器"①。

第二，"使各种经济的社会形态例如奴隶社会和雇佣劳动的社会区别开来的，只是从直接生产者身上，劳动者身上，榨取这种剩余劳动的形式"②。

第三，马克思在《资本论》第二卷中还说过："不论生产的社会的形式如何，劳动者和生产资料始终是生产的因素。但是，二者在彼此分离的情况下只在可能性上是生产因素。凡是进行生产，它们就必须结合起来。实行这种结合的特殊方式和方法，使社会结构区分为各个不同的经济时期。"③

第四，马克思在《哲学的贫困》一书中还说过："手推磨产生的是封建主的社会，蒸汽磨产生的是工业资本家的社会。"④

以上四种划分社会经济形态的依据，第一种是依劳动资料的形态来划分的。第二种是依榨取劳动者剩余劳动的形式来划分的。第三种是依劳动者和生产资料结合的方式来划分的。第四种是依生产工具的状况来划分的。总结起来说，生产力的水平应是划分社会经济形态的根本依据，但不能机械地套用这一依据。

三　关于劳动力要素和生产力要素是否为同一概念

马克思在本卷第5章明确提出劳动三要素，有的学者认为这

---

① 《资本论》第一卷，人民出版社2004年版，第210页。
② 《资本论》第一卷，人民出版社2004年版，第251页。
③ 《资本论》第二卷，人民出版社2004年版，第44页。
④ 《马克思恩格斯文集》第一卷，人民出版社2009年版，第602页。

是生产力三要素理论的根据。并且认为：第一，劳动对象应属于生产力，因为劳动对象是大自然，它本身就具有"力"，如风力、水力、电力、原子力等。而且自然的丰度和分布与生产力提高和发展关系很大。第二，随着科学技术的发展，原材料状况对生产效率影响也很大；第三，生产力两因素说会导致人口猛增，机械工业盲目发展，原材料工业生产落后。据此，生产力三要素论者认为自己的观点是正确的。

主张两要素的学者认为：第一，生产力说的是改造劳动对象的能力，所以不能把劳动对象包括在内。比如战斗力不能把战斗对象即敌人包括在内一样。第二，劳动是个现实的过程，生产能力可以是潜在的，所以不能将二者混为一谈。马克思说的是，"不论生产的社会的形式如何，劳动者和生产资料始终是生产的因素"[①]，而不是生产力的要素。第三，人口膨胀、生产工具工业猛增、原材料工业发展不足等，原因很多，并不一定是两要素论造成的。

关于生产力要素含义的争论在学术界已进行了很久，估计这一争论还将延续下去。

---

① 《资本论》第二卷，人民出版社2004年版，第44页。

第五章

《资本论》第一卷第四篇"相对剩余价值的生产"教学大纲

第一节 《资本论》第一卷第四篇学习提示

一 本篇的研究对象

前一章论述了《资本论》第一卷第三篇"绝对剩余价值的生产"。我们已经知道，所谓绝对剩余价值，就是资本家用延长工作日长度或加强雇佣工人劳动强度的办法来增加的剩余价值。本章主要学习《资本论》第一卷第四篇"相对剩余价值的生产"。所谓相对剩余价值，就是资本家用提高劳动生产率的办法，以减少必要劳动时间相对延长剩余劳动时间来增加的剩余价值。那么，马克思在《资本论》中是怎样分析这个问题的呢？

资本家剥削雇佣工人除用延长工作日或增加劳动强度的办法外，还会用克扣工人工资的办法、让工人在生产时间以外给他提供服务的办法，以及工人作为消费者在流通领域遭受资本家的剥削等办法，从而获取更多的剩余价值。但是，马克思排除了资本家这些卑鄙的小动作，用纯粹经济的方法来分析绝对剩余价值榨取方式以外的增加剩余价值的方式，这就是相对剩余价值的生产方式，也就是用提高劳动生产率的办法来获取更多的剩余价值。通过相对剩余价值的榨取，使工人从形式上隶属资本家变成实质上隶属资本家，因而相对剩余价值生产才真正表现出资本主义生产方式的特征。总之，本篇的研究对象就是相对剩余价值的生产和扩展以及相对剩余价值生产给雇佣工人带来的苦果。

二 本篇的体系结构

《资本论》第一卷第四篇共4章，即第10—13章。第10章讲"相对剩余价值的概念"。这一章在本篇具有导论意义。说明相对剩余价值和绝对剩余价值的区别，以及资本家怎样获得日益增大的相对剩余价值。也就是说，这一章是从理论上和逻辑上说明相对剩余价值的概念。第11、第12、第13章是从历史上考察相对剩余价值生产发展的三个阶段，即简单协作、分工和工场手工业、机器和大工业。

从上述体系结构可以看出本篇在方法论上的特点，即理论上的概括和对历史发展阶段的叙述相结合。这种结合是《资本论》中逻辑方法与历史方法相结合的又一种方式。它不是用范畴的发展来把逻辑和历史统一起来的方法，而是先集中讲理论，而后再按历史发展的阶段来分析实际的生产过程。

三 学习和研究本篇的现实意义

（一）对社会主义条件下的经济管理具有指导意义

抽去资本主义性质的协作、分工和机器大工业的特定内涵，其一般原理对当今中国特色社会主义建设仍有指导意义。

（二）对于建立和发展生产力经济学具有指导意义

协作、分工、机器大工业是共同劳动形式发展的三个阶段，也是生产力发展的三个阶段。这都是生产力经济学应该研究的问题。生产力经济学是正在创建和发展中的一门实用价值较强的新学科。

第二节 《资本论》第一卷第四篇基本原理

一 相对剩余价值的概念

相对剩余价值的概念是第 10 章的内容。马克思在此写道："我把通过延长工作日而生产的剩余价值,叫作绝对剩余价值;相反,我把通过缩短必要劳动时间、相应地改变工作日的两个组成部分的量的比例而生产的剩余价值,叫作相对剩余价值。"①

那么,马克思是怎样周到、详尽、严密地分析相对剩余价值生产的呢?

首先提出问题:在工作日长度不变的情况下,是怎样延长剩余劳动时间,从而增加剩余价值的生产?

接着马克思分析,在工作日长度不变的情况下,剩余劳动与必要劳动之比是可以改变的,可以通过缩短必要劳动时间来延长剩余劳动时间。如何延长剩余劳动时间呢?用压低工资的办法应排除。马克思说:"在工作日长度已定的情况下,剩余劳动的延长必然是由于必要劳动时间的缩短,而不是相反,必要劳动时间的缩短是由于剩余劳动的延长。"②

在工作日长度不变的情况下,可以用降低劳动力价值的办法来缩短必要劳动时间,延长剩余劳动时间。为此必须提高劳动生产率。并非要提高一切部门的劳动生产率,而是必须提高劳动者所需生活资料部门以及为生产这些生活资料提供生产资料的部门的劳动生产率。这样就可以使这些生活资料和相关的生产资料的价值降低,从而使劳动力价值降低。马克思指出,资本家提高劳动生产率虽然主观上不是为了降低劳动力价值,但结果促成一般剩余价值率的提高。事实上资本家是在剩余价值规律和竞争规律

---

① 《资本论》第一卷,人民出版社 2004 年版,第 366 页。
② 《资本论》第一卷,人民出版社 2004 年版,第 365 页。

的支配下，为追逐超额剩余价值而采用新技术和提高劳动生产率的。超额剩余价值是单个资本家通过改进技术使商品个别价值低于社会价值而按社会价值出卖所获得的一部分额外剩余价值。

马克思从量的关系进而分析到质的发展趋势。他说："商品的价值与劳动生产力成反比。劳动力的价值也是这样，因为它是由商品价值决定的。相反，相对剩余价值与劳动生产力成正比。……因此，提高劳动生产力来使商品便宜，并通过商品便宜来使工人本身便宜，是资本的内在的冲动和经常的趋势。"① 必须说明，上文提到"使工人本身便宜"，根据马克思本人的理论应理解为"使工人的劳动力便宜"。

资本家提高劳动生产力不是为了缩短工作日，而是为了缩短生产商品的必要劳动时间，事实上是为了缩短工人必须为自己劳动的工作日部分，以此来延长工人无偿为资本家劳动的时间。

通过相对剩余价值的分析就可明白："为什么只是关心生产交换价值的资本家，总是力求降低商品的交换价值；这也就是政治经济学奠基人之一魁奈用来为难他的论敌、而后者至今还没有回答的那个矛盾。"②

二 资本主义的简单协作

协作劳动在原始社会就已存在，但马克思在《资本论》第一卷中讲的是"资本主义的简单协作"。什么叫协作？马克思说："许多人在同一生产过程中，或在不同的但互相联系的生产过程中，有计划地一起协同劳动，这种劳动形式叫作协作。"③ 为什么叫简单协作？是因为这种协作是在同一生产过程从事协作的劳动者之间没有劳动分工的协作。

---

① 《资本论》第一卷，人民出版社 2004 年版，第 371 页。
② 《资本论》第一卷，人民出版社 2004 年版，第 372 页。
③ 《资本论》第一卷，人民出版社 2004 年版，第 378 页。

第五章 《资本论》第一卷第四篇"相对剩余价值的生产"

简单协作是资本主义生产方式发展的第一阶段,也是相对剩余价值生产的第一阶段。

(一)简单协作是资本主义生产的起点

马克思说:"人数较多的工人在同一时间、同一空间(或者说同一劳动场所),为了生产同种商品,在同一资本家的指挥下工作,这在历史上和概念上都是资本主义生产的起点。"①

(二)协作提高了劳动的社会生产力

劳动者之间的协作可以产生新的生产力。这种新的生产力由于不需要新的投入,是无偿的,所以属于自然力。马克思在这里所讲的是他的自然力理论的重要内容之一。这种自然力按照马克思的分类属于社会劳动自然力,此外,还有来自自然界的纯粹自然力和来自人体本身的劳动者个人劳动自然力。下面我们具体阐释马克思在此对社会劳动自然力的详细论述。

第一,协作形成社会平均劳动,取长补短、填平补齐。大约每五个人协作劳动,就可以形成社会平均劳动。

第二,协作可以节省生产资料,因为:①协作可以使生产资料得到充分利用、不闲置。②协作要求扩大生产规模,但需要增加的生产资料的价值,不会同生产资料的规模和效用按同一比例增加,如20个织布工人、20个织布机的劳动场房比一个独立织布者带两个徒弟的场房要大得多,但不会成比例地大。③共同使用的生产资料转移到单位产品上去的价值部分会更小。

第三,协作不仅提高了个人生产力,还创造了一种集体力。

第四,协作劳动会激发劳动者的竞争心,使劳动者精神振奋。

第五,协作可以使同种作业具有连续性,可以组织流水作业,提高工效。

第六,协作可以使劳动者成为结合劳动者和总体劳动者,对

---

① 《资本论》第一卷,人民出版社2004年版,第374页。

劳动对象进行多方面的加工。

第七，协作可以集中力量完成必须短时间内完成的作业，如收割谷物。

第八，协作可以扩大劳动的空间范围，从而便于完成大型工程，如排水、筑路、修堤等。

第九，协作又能集中劳动力以缩小生产场地，从而节省生产费用。①

总之，马克思说："在所有这些情形下，结合工作日的特殊生产力都是社会的劳动生产力或社会劳动的生产力。这种生产力是由协作本身产生的。劳动者在有计划地同别人共同工作中，摆脱了他的个人局限，并发挥出他的种属能力。"②

(三) 协作促进了资本主义生产关系的发展

第一，协作要求资本集中。

第二，协作发展了资本对劳动的支配。

(1) 社会化大生产客观上要求指挥和管理。

马克思说："一旦从属于资本的劳动成为协作劳动，这种管理、监督和调节的职能就成为资本的职能。这种管理的职能作为资本的特殊职能取得了特殊的性质。"③ 这是因为，"首先，资本主义生产过程的动机和决定目的，是资本尽可能多地自行增殖，也就是尽可能多地生产剩余价值，因而也就是资本家尽可能多地剥削劳动力"④。

"资本家的管理不仅是一种由社会劳动过程的性质产生并属于社会劳动过程的特殊职能，它同时也是剥削一种社会劳动过程的职能，因而也是由剥削者和他所剥削的原料之间不可避免的对抗

---

① 例证见《资本论》第一卷，人民出版社 2004 年版，第 382 页注 (18)。
② 《资本论》第一卷，人民出版社 2004 年版，第 382 页。
③ 《资本论》第一卷，人民出版社 2004 年版，第 384 页。
④ 《资本论》第一卷，人民出版社 2004 年版，第 384 页。

决定的。"①

"他们（指工人——引者注）的劳动的联系，在观念上作为资本家的计划，在实践中作为资本家的权威，作为他人意志——他们的活动必须服从这个意志的目的——的权力，而和他们相对立。"②

（2）资本主义生产过程具有二重性。

马克思说："如果说资本主义的管理就其内容来说是二重的，——因为它所管理的生产过程本身具有二重性：一方面是制造产品的社会劳动过程，另一方面是资本的价值增殖过程，——那么，资本主义的管理就其形式来说是专制的。"③ "资本家所以是资本家，并不是因为他是工业的管理者，相反，他所以成为工业的司令官，因为他是资本家。工业上的最高权力成了资本的属性，正像在封建时代，战争中和法庭裁判中的最高权力是地产的属性一样。"④

（3）资本主义的简单协作，使劳动的社会生产力表现为资本的生产力。

（4）协作是资本主义生产方式的基本形式。

协作是劳动过程隶属资本所经历的第一个变化，构成资本主义生产的起点。"这个起点是和资本本身的存在结合在一起的。因此，一方面，资本主义生产方式表现为劳动过程转化为社会过程的历史必然性，另一方面，劳动过程的这种社会形式表现为资本通过提高劳动过程的生产力来更有利地剥削劳动过程的一种方法。……简单协作在那些大规模运用资本而分工或机器还不起重大作用的生产部门，始终是占统治的形式。"⑤

---

① 《资本论》第一卷，人民出版社 2004 年版，第 384 页。
② 《资本论》第一卷，人民出版社 2004 年版，第 385 页。
③ 《资本论》第一卷，人民出版社 2004 年版，第 385 页。
④ 《资本论》第一卷，人民出版社 2004 年版，第 386 页。
⑤ 《资本论》第一卷，人民出版社 2004 年版，第 389 页。

(5) 简单协作并不构成一个特殊的发展时代。

马克思说:"上面所考察的简单形态的协作,是同规模较大的生产结合在一起的,但是并不构成资本主义生产方式的一个特殊发展时代的固定的具有特征的形式。"①

三 分工和工场手工业

工场手工业是相对个体手工业而言的,分工是相对简单协作而言的。工场手工业是以分工和手工劳动为基础的资本主义生产组织形式。工场手工业是生产相对剩余价值的又一种组织形式。是劳动生产率提高的一个新的阶段。工场手工业,作为生产相对剩余价值的一种方法,加强了对工人的剥削;工场手工业的分工,提高了社会劳动生产力,并为过渡到大机器工业准备了条件。

(一) 工场手工业的二重起源

工场手工业是以两种方式产生的。一种是把各种独立手工业者集合起来,在资本家的统一指挥下,协作制造产品,如马车工场。原来从事马车制造的手工业者"逐渐地失去了全面地从事原有手工业的习惯和能力"②。另一种是把"许多从事同一个或同一类工作(例如造纸、铸字或制针)的手工业者,同时在同一个工场里为同一个资本所雇用"③。

起初是每一个手工业者完成产品的全部操作过程,后来"各种操作不再由同一个手工业者按照时间的先后顺序完成,而是分离开来,孤立起来,在空间上并列在一起,每一种操作分配给一个手工业者,全部操作由协作者同时进行"④。

---

① 《资本论》第一卷,人民出版社2004年版,第389页。
② 《资本论》第一卷,人民出版社2004年版,第391页。
③ 《资本论》第一卷,人民出版社2004年版,第391页。
④ 《资本论》第一卷,人民出版社2004年版,第392页。

这种工场手工业的分工有以下特点：

第一，生产过程分解为各个阶段，是同手工业活动分成各种不同的操作相一致的；

第二，技术上仍以手工为基础；

第三，工人只从事片面的劳动；

第四，工场手工业的许多优越性是从简单协作来的。

（二）工场手工业的两个简单要素：局部工人和工具

马克思提出："构成工场手工业活机构的结合总体工人，完全是由这些片面的局部工人组成的。因此，与独立的手工业比较，在较短时间内能生产出较多的东西，或者说，劳动生产力提高了。"[①] 原因何在？

第一，局部劳动使操作方法完善了；

第二，从事局部操作，便于从经验中学会消耗最少的力量达到预期的效果；

第三，共同劳动可以把经验巩固、积累和流传下去；

第四，劳动专业化还会缩小工作中的空隙，提高劳动强度或者减少劳动力的非生产性消耗，从而提高劳动生产率。

在工具方面，为了适合局部工人的使用，"使劳动工具简化、改进和多样化。这样，工场手工业时期也就同时创造了机器的物质条件之一，因为机器就是由许多简单工具结合而成的"[②]。

（三）工场手工业的两种基本形式——混成的工场手工业和有机的工场手工业

混成的工场手工业和有机的工场手工业是第12章第3节阐述的内容。

混成的工场手工业，是指制品"是由各个独立的局部产品纯

[①] 《资本论》第一卷，人民出版社2004年版，第393页。
[②] 《资本论》第一卷，人民出版社2004年版，第396页。

粹机械地装配而成"① 的工场手工业。

有机的工场手工业，是指制品"是依次经过一系列互相关联的过程和操作而取得完成的形态"② 的工场手工业。

（四）工场手工业对工人的影响

第一，工场手工业使工人片面发展成为畸形物。

第二，工场手工业造成劳动力和工资的等级制度。

由于分工，大部分工人成为简单劳动力，相应地，工资等级也低等化了。只有少数工人属于复杂劳动，相应地，他们的工资等级也高些。

第三，工场手工业使劳动力价值下降、剩余价值增加。因为局部工人所从事的大部分是简单劳动，学习费用也降低了。

（五）工场手工业内部分工和社会内部分工

除自然分工外，分工有三类：

第一，一般分工，如工业、农业等；

第二，特殊分工，如部门内部的分工，机械工、运输工等；

第三，个别分工，如手工业工场内部分工。

社会内部分工和工场手工业内部分工的关系：社会内部分工是手工业工场内部分工的前提，但手工业工场内部分工会促进社会内部分工发展。但是，"在工场内部的分工中预先地、有计划地起作用的规则，在社会内部的分工中只是在事后作为一种内在的、无声的自然必然性起着作用"③。

马克思指出："工场手工业分工的前提是资本家对于只是作为他所拥有的总机构的各个肢体的人们享有绝对的权威；社会分工则使独立的商品生产者互相对立，他们不承认任何别的权威，只

---

① 《资本论》第一卷，人民出版社2004年版，第397页。
② 《资本论》第一卷，人民出版社2004年版，第397页。
③ 《资本论》第一卷，人民出版社2004年版，第412页。

承认竞争的权威。"①

(六) 工场手工业的资本主义性质

第一,工场手工业促进了资本的增大。因为分工使工场内工人人数增多了。

第二,工场手工业的发展给工人带来多方面不利的后果。比如:①由分工产生的生产力表现为资本的生产力。②工场手工业分工使工人畸形化。③畸形化的工人使劳动更加隶属资本。④由于分工使体力劳动和智力劳动进一步分离,加深二者的对立。⑤智力上和身体上的畸形化,使工人患职业病。所以,工场手工业首先给工人带来了损伤。

第三,工场手工业的历史作用。工场手工业是生产相对剩余价值的一种特殊方式:一方面它表现为社会经济过程中的历史进步和必要的发展因素,另一方面它又是一种文明的精巧的剥削手段。工场手工业虽然进一步使工人隶属资本,但资本仍不能完全控制工人。因为工场手工业仍然以手工劳动为基础,所以工人还可以凭借自己的手艺同资本家作斗争。工场手工业是一种过渡形式,它的狭隘的技术基础,满足不了它本身创造出来的生产需要。

四 机器和大工业

机器和大工业是本卷第13章论述的内容。

机器和大工业是资本主义生产力发展的第三个阶段,是资本主义生产的典型形式。这是因为:①从质上说,机器大工业改变了相对剩余价值生产的技术基础;②从量上说,机器大工业的出现大大扩大了相对剩余价值的生产;③到了机器大工业阶段,劳动已经完全隶属资本了;④机器大工业建立之后,资本主义生产方式已经完全确立了,并且普遍化了。

---

① 《资本论》第一卷,人民出版社2004年版,第412页。

这一章共分10节，可分为三部分：第一部分，包括1—4节，阐述机器的资本主义应用怎样加剧资本主义的基本矛盾；第二部分，包括5—7节，分析资本主义的基本矛盾如何表现为工人阶级和资产阶级的矛盾和斗争，如何表现为资本主义生产能力无限扩大的趋势和广大劳动群众购买力相对狭小的矛盾；第三部分，包括第8—10节，说明资本主义基本矛盾如何进一步扩张，造成整个经济领域的全面资本主义化，使资本主义的生产关系普遍化。

这一章篇幅大，内容丰富，有很多需要联系社会主义现代化建设的实践来深入研究的。主要论述了以下几个重点问题。

第一，为什么说，"劳动资料取得机器这种物质存在方式，要求以自然力来代替人力，以自觉应用自然科学来代替从经验中得出的成规"[①]？

由手工工具发展为机器和机器体系，这是劳动资料主要是劳动工具的一场革命，它必然引起劳动过程的变化。表现在手工生产依靠的主要是人力，而机器生产主要依靠的是机械力、蒸汽力和电力等自然力，从而使劳动生产效率大大提高了。这些自然力的发挥是由人们运用自然科学的原理通过发明创造出一定的机器装置而产生的，它可以由人们加以控制而不受外界自然条件的影响。

同时，使用机器以后劳动过程的变化还表现在，人们要熟练地操纵机器和不断革新机器，凭手工劳动条件下积累的经验和拥有的知识是远远不够的，这就要求人们系统地学习自然科学，把自然科学的原理应用到生产劳动中。为此，劳动者就需要具有一定程度的教育并不断接受新知识和新技能的培训。

第二，为什么说，"现代工业的技术基础是革命的，而所有以往的生产方式的技术基础本质上是保守的"[②]？

[①] 《资本论》第一卷，人民出版社2004年版，第443页。
[②] 《资本论》第一卷，人民出版社2004年版，第560页。

以往的生产方式之所以是保守的主要有两个原因：一是手工工人的生产经验主要依靠个人在劳动中的长期积累，生产工具也是靠个人经验而制作的，一旦创作出来就长期不变了。马克思说："一旦从经验中取得适合的形式，工具就固定不变了；工具往往世代相传达千年之久的事实，就证明了这一点。"[1] 二是生产技术的保密。在私有制的社会里，个人长期积累的生产经验和技能，不仅是个人的财产，而且是个人发财的源泉，所以对此注定要保密。

第三，为什么说，机器大工业的发展，"同时使新社会的形成要素和旧社会的变革要素成熟起来"[2]？

旧社会的变革要素成熟起来的原因有二：一是随着机器大工业的发展使资本主义社会的基本矛盾日益加剧，直至周期性经济危机不断发生；二是随着机器大工业的发展，一方面加重了对工人的剥削，另一方面又造成工人的大量失业，从而使阶级矛盾日益加剧。

使新社会的形成要素成熟起来的表现有：新的教育制度的萌芽，使教育与生产劳动相结合，可以使人得到全面发展。大工业使产业发展逐渐融合，使地区发展渐趋平衡，有利于工农差别和城乡差别的消除。股份制特别是工人合作制的出现，有利于资本主义私有制的扬弃。当然，上述各种新社会的形成要素只有在工人阶级掌握政权以后，也就是在社会主义条件下才能真正成熟起来。

第三节 需要研究的若干问题

一 社会主义条件下使用机器有没有界限

马克思说："如果只把机器看作使产品便宜的手段，那么使用

---

[1] 《资本论》第一卷，人民出版社2004年版，第559页。
[2] 《资本论》第一卷，人民出版社2004年版，第576—577页。

机器的界限就在于：生产机器所费的劳动要少于使用机器所代替的劳动。可是对资本说来，这个界限表现得更为狭窄。因为资本支付的不是所使用的劳动，而是所使用的劳动力的价值，所以，对资本说来，只有在机器的价值和它所代替的劳动力的价值之间存在差额的情况下，机器才会被使用。"①

那么，社会主义条件下使用机器有无界限？

第一种意见认为没有界限，因为社会主义是以人民为中心、一切为了人民的。

第二种意见认为有界限，要讲求经济效益就应该有界限，有了效益才能更好地为人民谋利益。

第三种意见认为我国人力资源丰厚，使用机器的必要性不强，就不应有界限。

第四种意见认为强调使用机器的界限会阻碍技术进步。

第五种意见认为讲经济效益是按我国的工资标准还是按国际工资标准核算是关键，我国工资水平低，如果按我国工资标准计算效益，就不利于机器的普遍使用。

以上各种意见，可以供大家研究、参考和选择。

二 如何理解资本主义管理的二重性以及资本家管理企业的劳动是不是生产劳动

我们不能简单地宣称马克思把资本主义的管理已经确认为生产劳动，而应该明确，马克思在对资本主义社会化生产进行全面考察以后，提出对资本主义社会化生产进行的管理都具有二重性。一方面是生产劳动；另一方面是对工人的监控，也可以说是监督劳动。下面让我们来看看马克思在《资本论》中是怎样展开分析的。

---

① 《资本论》第一卷，人民出版社2004年版，第451页。

马克思说:"凡是直接生产过程具有社会结合过程的形态,而不是表现为独立生产者的孤立劳动的地方,都必然会产生监督和指挥的劳动。不过它具有二重性。

"一方面,凡是有许多个人进行协作的劳动,过程的联系和统一都必然要表现在一个指挥的意志上,表现在各种与局部劳动无关而与工场全部活动有关的职能上,就像一个乐队要有一个指挥一样。这是一种生产劳动,是每一个结合的生产方式中必须进行的劳动。

"另一方面,——完全撇开商业部门不说,——凡是建立在作为直接生产者的劳动者和生产资料所有者之间的对立上的生产方式中,都必然会产生这种监督劳动。这种对立越严重,这种监督劳动所起的作用也就越大。……这完全同在专制国家中一样,在那里,政府的监督劳动和全面干涉包括两方面:既包括由一切社会的性质产生的各种公共事务的执行,又包括由政府同人民大众相对立而产生的各种特有的职能。"①

以上所引马克思的论述,已经足以满足我们理解这一问题的需要。不过我们还应该进一步弄清楚,如果在资本主义企业中,资本家的确担任了管理企业的任务,那就应该认可这种工作具有二重性,既有生产劳动的一面,又有监控工人的一面,不能简单地说就是纯粹的生产劳动。何况资本主义发展到今天,特别是在大中型的资本主义企业里,企业管理的工作,资本家已经不亲力亲为了,早就交由聘用的高级管理人员来担当了。所以,在今天来看,资本家特别是大资本家绝不是生产劳动者,而是资本主义生产的监控者和指挥者。

---

① 《资本论》第三卷,人民出版社2004年版,第431—432页。

第六章

《资本论》第一卷第五篇"绝对剩余价值和相对剩余价值的生产"教学大纲

第一节 《资本论》第一卷第五篇学习提示

本篇的篇名是"绝对剩余价值和相对剩余价值的生产",含《资本论》第一卷中的第14章至第16章,共3章,中文版只有31页[①],是《资本论》中篇幅最小的一篇。

一 本篇是前两篇研究的继续

本篇没有自己特殊的研究对象,它是第三、第四篇研究的继续,是对第三、第四篇研究的综合和补充。1867年马克思亲自交付出版的《资本论》第一版中第一卷第五篇的标题是"对绝对剩余价值和相对剩余价值生产的进一步考察"。1872年出版的法文版《资本论》第一卷中,本篇的标题是"对剩余价值生产的进一步研究"。法文版是经过马克思修订过的,因此这一标题应更恰当些。

本篇对剩余价值的进一步研究表现在以下两点。

第一,综合研究。从逻辑上讲,绝对剩余价值生产是相对剩余价值生产的基础和出发点;从历史上看,在资本主义发展中,

---

① 《资本论》第一卷,人民出版社2004年版,第581—611页。

先以绝对剩余价值生产为主，后以相对剩余价值生产为主。所以，马克思首先在第三篇分析了绝对剩余价值生产，然后在第四篇分析了相对剩余价值生产。本篇则是对第三、第四篇的两种剩余价值生产进行综合分析，这是马克思采用的从分析到综合的研究方法的又一个例证。

第二，补充研究。在本篇，马克思补充研究了资本主义制度下的生产劳动问题，还有资本主义产生的自然历史前提问题等，这都是很值得探讨的问题。

二 本篇的体系结构

本篇包括三章，即第一卷第14、第15、第16章。第14章主要分析两种剩余价值生产的区别和联系，这一章是从质的方面进一步阐明剩余价值生产的两种方法。第15、第16章是从量的方面补充分析剩余价值的生产。其中，第15章分析劳动力价格和剩余价值量的矛盾运动，是本卷第9章"剩余价值率和剩余价值量"的继续，而且和工资问题联系紧密；第16章对剩余价值率的各种公式进行分析，是对本卷第7章"剩余价值率"研究的继续。不同的是马克思在这里还批判了资产阶级经济学中歪曲资本主义生产性质的各种错误公式。

第二节 《资本论》第一卷第五篇基本原理

一 绝对剩余价值和相对剩余价值的关系

第一，绝对剩余价值生产是相对剩余价值生产的基础和起点。资本家必须使工人一天的劳动超出必要劳动时间才能得到剩余价值。资本家使工作日绝对延长得到的剩余价值就是绝对剩余价值。相对剩余价值的生产则是在工人的劳动一开始就已经分为必要劳动和剩余劳动两部分，然后资本家以此为起点用缩短必要劳动时间从而占有更多剩余劳动时间的办法完成的。所以，相对剩余价值生产是在首先肯定已经有了绝对剩余价值生产的基础上，进一步设法增加剩余价值的生产。也就是以绝对剩余价值生产为起点对剩余价值剥削的进一步攫取。

第二，绝对剩余价值生产只同工作日的长度有关，相对剩余价值的生产则只同必要劳动时间的长度有关。绝对剩余价值生产依靠的是资本对劳动的占有关系；相对剩余价值生产依靠的是资本家运用自己所掌握的经济技术方法来提高劳动生产率，以期减少工人所需生活资料的价值，从而减少必要劳动时间，相对增加剩余劳动时间。

第三，绝对剩余价值生产只要求劳动者在形式上隶属资本，这是外在的控制劳动；相对剩余价值生产已使劳动者在实质上隶属资本，这是内在的控制劳动。也就是说，在绝对剩余价值生产条件下，劳动者可以随时脱离雇佣者即资本家。资本家如要延长劳动者的工作日长度，劳动者不同意，就可以辞职不干。而在相对剩余价值生产条件下，劳动者已经受雇于资本家，资本家没有延长劳动者工时，也没有让劳动者增加劳动强度，只是用提高与劳动者生活生产直接有关部门的劳动生产率，使劳动力价值降低，从而相对地提高剩余价值率的办法，来增加对剩余价值的剥削。劳动者是在不知不觉中被资本家从自己身上获取了更多的剩余劳动的。

尽管两种剩余价值生产方法存在诸多不同，但二者不仅在实践上是结合在一起的，而且从理论上说二者的界限也是不能分开的。马克思说："从一定观点看来，绝对剩余价值和相对剩余价值之间的区别似乎完全是幻想的。相对剩余价值是绝对的，因为它以工作日超过工人本身生存所必要的劳动时间的绝对延长为前提。绝对剩余价值是相对的，因为它以劳动生产率发展到能够把必要劳动时间限制为工作日的一个部分为前提。但是，如果注意一下剩余价值的运动，这种表面上的同一性就消失了。"①

二　关于资本主义制度下的生产劳动和生产工人

第一，简单劳动过程下生产劳动的概念。马克思在《资本论》第一卷第5章第1节里研究的是简单劳动过程，除这一节的最后4段专门讲了资本主义劳动过程的特征外，讲的都是不带有特定生产关系性质的劳动过程。在这一节中马克思还指出："在劳动过程中，人的活动借助劳动资料使劳动对象发生预定的变化。……如果整个过程从其结果的角度，从产品的角度加以考察，那么劳动资料和劳动对象二者表现为生产资料，劳动本身则表现为生产劳动。"② 这是从简单劳动过程考察的生产劳动。这个意义上的生产劳动反映人们借助生产工具来改造自然的过程。生产劳动的结果表现为一个可以满足人们一定需要的使用价值。因此，这里所说的生产劳动是一切社会生存和发展的基础，是个永恒的范畴。但是，马克思在阐发了那段话之后加了一个注解："这个从简单劳动过程的观点得出的生产劳动的定义，对于资本主义生产过程是绝对不够的。"③ 那么，资本主义条件下的生产劳动和相应的生产工人的含义是怎样的呢？

第二，资本主义条件下，生产社会化的发展，使生产劳动和生产工人的概念扩大了。马克思说："上面从物质生产性质本身中得出的关于生产劳动的最初的定义，对于作为整体来看的总体工人始终是正确的。但是，对于总体工人的每一单个成员来说，它就不再适用了。"④ 因为过去是一个人独立完成一个劳动过程，自己可以创造出一个完整的产品，而当下由于社会分工和协作的发

---

① 《资本论》第一卷，人民出版社2004年版，第584页。
② 《资本论》第一卷，人民出版社2004年版，第211页。
③ 《资本论》第一卷，人民出版社2004年版，第211页注（7）。
④ 《资本论》第一卷，人民出版社2004年版，第582页。

展,产品是由许多人共同生产出来的,成为总体工人即结合劳动者的共同产品。在此情况下,一个人即使只承担产品生产中的一小部分劳动,甚至只做些与产品生产有关的工作,也被称为生产工人和生产劳动。也就是说,在社会化生产条件下,从事生产劳动,不一定要亲自动手,只要成为总体工人的一个器官,完成它所属的某一种职能就够了。

第三,在资本主义条件下,又使生产劳动和生产工人的概念缩小了。这是因为,"资本主义生产不仅是商品的生产,它实质上是剩余价值的生产。工人不是为自己生产,而是为资本生产"。[①] 从资本主义的观点看,从事物质资料生产的人未必称作生产工人,从事物质资料生产的劳动,未必称作生产劳动。如果只生产物质资料,而不带来剩余价值,像资本主义社会里还存在的一些小商品生产和自给性生产,从资本主义的角度看,就不算生产劳动和生产劳动者。马克思指出:"工人单是进行生产已经不够了。他必须生产剩余价值。只有为资本家生产剩余价值或者为资本的自行增殖服务的工人,才是生产工人。……因此,生产工人的概念决不只包含活动和效果之间的关系,工人和劳动产品之间的关系,而且还包含一种特殊社会的、历史地产生的生产关系。"[②] 这就是说,由于生产从来就是社会的生产,生产劳动必然带有特定生产关系的规定性。所以,在资本主义条件下,只要能为资本家带来剩余价值的劳动都可以看作生产劳动。

通过对生产劳动和生产工人这一概念的分析,我们可以进一步认识资本主义生产关系的本质。马克思说:"这种生产关系把工人变成资本增殖的直接手段。所以,成为生产工人不是一种幸福,而是一种不幸。"[③]

---

① 《资本论》第一卷,人民出版社 2004 年版,第 582 页。
② 《资本论》第一卷,人民出版社 2004 年版,第 582 页。
③ 《资本论》第一卷,人民出版社 2004 年版,第 582 页。

三　剩余价值有一个自然基础

马克思写道："可以说剩余价值有一个自然基础。"① 这是否意味着剩余价值的来源除工人的剩余劳动之外，还有一个自然条件在起作用？马克思在这里讲剩余价值有一个自然基础，实际上是说劳动生产率有一个自然基础。第1章已提到这一问题。在那里，马克思说："劳动生产力是由多种情况决定的，其中包括：工人的平均熟练程度，科学的发展水平和它在工艺上应用的程度，生产过程的社会结合，生产资料的规模和效能，以及自然条件。"②

自然条件之所以被提出，是因为"如果工人需要用他的全部时间来生产维持他自己和他的家庭所必要的生活资料，那么他就没有时间来无偿地为第三者劳动。没有一定程度的劳动生产率，工人就没有这种可供支配的时间，而没有这种剩余时间，就不可能有剩余劳动，从而不可能有资本家"③。也就是说，如果自然条件恶劣到每个人维持自身生存还有困难，那就不可能有剩余产品或剩余价值产生。如此说来，是不是剩余价值生产又和自然条件有关呢？

那么，我们再来看看马克思是怎样阐述的。他说："良好的自然条件始终只提供剩余劳动的可能性，从而只提供剩余价值或剩余产品的可能性，而决不能提供它的现实性。"④ 要在一定的自然条件下，产生出现实的剩余产品或剩余价值，没有劳动者的剩余劳动是不可想象的。自然界毕竟是自然界，没有人的劳动介入，只是荒原一片，不可能有任何劳动产品被生产出来。所以，马克思说："作为资本关系的基础和起点的现有的劳动生产率，不是自

---

① 《资本论》第一卷，人民出版社2004年版，第585页。
② 《资本论》第一卷，人民出版社2004年版，第53页。
③ 《资本论》第一卷，人民出版社2004年版，第585页。
④ 《资本论》第一卷，人民出版社2004年版，第588页。

然的恩惠，而是几十万年历史的恩惠。"①

总之，剩余价值只能是工人剩余劳动的产物，它反映资本和劳动的特定关系，而不是人和自然的关系。实际上马克思所说只是一定的劳动生产率有个自然基础问题。当然应该承认良好的自然基础会使剩余劳动成果增多，会使劳动生产率提高，甚至会使个别资本家获得额外剩余价值。所以，马克思说："同历史地发展起来的社会劳动生产力一样，受自然制约的劳动生产力也表现为合并劳动的资本的生产力。"②

如果说自然条件是剩余价值的来源，那么资本主义最早应该产生于热带。但是，"资本的祖国不是草木繁茂的热带，而是温带"③。

四　资产阶级经济学家的阶级本性决定他们不能揭示剩余价值的来源

马克思说："李嘉图从来没有考虑到剩余价值的起源。他把剩余价值看作资本主义生产方式固有的东西，而资本主义生产方式在他看来是社会生产的自然形式。他在谈到劳动生产率的时候，不是在其中寻找剩余价值存在的原因，而只是寻找决定剩余价值量的原因。相反，他的学派公开宣称，劳动生产力是利润（应读作剩余价值）产生的原因。……这些资产阶级经济学家实际上具有正确的本能，懂得过于深入地研究剩余价值的起源这个爆炸性问题是非常危险的。"④李嘉图尚且如此，庸俗经济学家们就更不能阐明剩余价值的起源了。

---

① 《资本论》第一卷，人民出版社2004年版，第586页。
② 《资本论》第一卷，人民出版社2004年版，第589页。
③ 《资本论》第一卷，人民出版社2004年版，第587页。
④ 《资本论》第一卷，人民出版社2004年版，第590页。

五 劳动日长度、劳动生产力、劳动强度和剩余价值量的关系

劳动日长度、劳动生产力、劳动强度和剩余价值量的关系都是第 15 章研究的内容。

这是把决定绝对剩余价值的因素（劳动日长度）和决定相对剩余价值的因素（劳动生产力和劳动强度）结合起来研究同剩余价值量的关系。

六 剩余价值率的各种公式

剩余价值率的各种公式是第 16 章的内容。主要是批判资产阶级古典经济学的错误公式。

正确公式是

$$\frac{剩余价值}{可变资本}\left(\frac{m}{v}\right) = \frac{剩余价值}{劳动力价值} = \frac{剩余劳动}{必要劳动}①$$

错误公式是

$$\frac{剩余劳动}{工作日} = \frac{剩余价值}{产品价值} = \frac{剩余产品}{总产品}②$$

第三节 需要研究的若干问题

本篇中比较重要而又具有现实意义需要研讨的问题主要是，在社会主义条件下，如何确定生产劳动和非生产劳动的界限。

如前所述，马克思在本篇提出生产劳动的概念有两层意思。

一是生产劳动一般，即从事物质资料生产的都是生产劳动。其中又有两层意思：①在简单劳动过程中，直接从事物质资料生

---

① 《资本论》第一卷，人民出版社 2004 年版，第 607 页。
② 《资本论》第一卷，人民出版社 2004 年版，第 607 页。

产的人才是生产工人,他们的劳动才是生产劳动;②在社会化的劳动过程中,在总体工人(在分工较细的社会化集体劳动中主干工人和辅助工人之和)中,直接和间接从事物质资料生产的人都是生产工人,他们的劳动都是生产劳动。

二是特殊的生产劳动,如资本主义的生产劳动,它是受资本主义生产目的制约的生产劳动,只有能带来剩余价值的劳动,才被看作生产劳动,否则就不是。

社会主义条件下的生产劳动是否也应该从两个方面来看,即一般性和特殊性。

社会主义条件下特殊的生产劳动的划分标准是什么?是否也为生产目的?即为满足全体人民的物质文化需要的劳动才是生产劳动。

如果说,划分资本主义条件下生产劳动和非生产劳动是为了进一步揭示资本主义生产的实质,那么在社会主义条件下划分生产劳动和非生产劳动的意义何在?具体说来,在社会主义条件下,哪些劳动是生产劳动,哪些劳动是非生产劳动等,这些都是需要进一步研究的问题,对此有多种看法。这里列举几种,供研究时参考。

第一,直接从事物质资料生产的劳动者的劳动才是生产劳动。工厂里、农场里的党政人员的劳动则不是生产劳动,所以要精简。

第二,在物质资料生产中,总体工人的劳动都是生产劳动。例如,机械厂或纺织厂等传达室的工作人员的劳动也应看作生产劳动。工厂如果离开他们也不能正常运转。学校传达室工作人员的劳动则不是生产劳动,因为学校不生产物质资料。

第三,社会有益劳动都应视为生产劳动。因为生产精神产品的劳动、培养人才的劳动、医护人员的劳动、生态环境治理人员的劳动、公交人员的劳动、科研人员的劳动,以及在一线从事社会管理的劳动等都是社会有益劳动，都应该视为生产劳动。上层党政机关人员的劳动及军警人员的劳动等则不应视为生产劳动。

第四，外交人员的劳动是否为生产劳动，大都持否定意见。

第七章

《资本论》第一卷第六篇"工资"教学大纲

第一节 《资本论》第一卷第六篇学习提示

一 本篇的研究对象

《资本论》第一卷第六篇篇名是"工资"。这一篇在德文第一版中是作为第五章"对绝对剩余价值和相对剩余价值生产的进一步考察"的第4节的。标题是"劳动力的价值或价格取得工资这种转化形式"。在该卷第二版和以后各版本中，才将此节修订独立成篇。可见马克思是很重视对工资问题的研究的。在1872年出版的法文版第一卷中，"工资"已独立成篇，即第六篇。

这一篇的研究对象是，资本主义工资的本质及其形式。工资问题不是一个分配问题么，为什么要在第一卷即在"资本的生产过程"中来研究呢？这是因为不弄清这个问题，剩余价值理论就不巩固，就不能最后确立起来。因为剩余价值就是雇佣工人创造的被资本家无偿占有的超过劳动力价值的价值。那么工资到底是劳动的价值还是劳动力的价值呢？如果是劳动的价值，那就没有剩余价值可言，如果是相当于劳动力的价值或者说是劳动力价值的转化形式，那就有剩余价值产生。所以，马克思在分别和综合考察了绝对剩余价值和相对剩余价值之后，还觉得不周到、不严密，认为有必要紧接着研究工资问题，揭示工资的本质，因而工资问题的论述在《资本论》中才取得现在的地位。

工资看来是个分配问题，也确实是资本主义制度下国民收入的分配问题，但在这里，马克思是把它作为一个生产问题来研究的。这是因为：第一，在资本主义制度下，资本家给工人工资就好像给机器加油、给牲口喂料一样是个生产费用问题，所以放在生产过程来研究。第二，只有把工资的本质（劳动力价值或价格的转化形式）揭示出来并确定下来，剩余价值的来源和本质才能得到证明。我国已故著名《资本论》研究专家王亚南曾经说过："在我的理解上，把工资放在资本的生产过程来处理，是一个异常重要的创见，是构成马克思主义政治经济学体系的一个决定性的关键。"①

马克思还把自己的工资理论看作《资本论》第一卷的三个崭新的因素之一。1867年9月，《资本论》第一卷出版以后，欧·杜林写了一篇题为《马克思〈资本论。政治经济学批判〉》的书评。1868年1月8日，马克思在致恩格斯的信中写道："奇怪的是，这个家伙并没有觉察到这部书中的三个崭新的因素：（1）……我首先研究剩余价值的一般形式；（2）……体现在商品中的劳动也必然具有二重性……（3）工资第一次被描写为隐藏在它后面的一种关系的不合理的表现形式。"② 这就是说，马克思的工资理论是《资本论》第一卷中三个崭新因素之一，具有非常重要的地位。

二 本篇的体系结构

本篇共有4章，即第一卷第17—20章。其中，第17章阐明工资的本质，揭露了劳动力的价值如何被歪曲地表现为劳动的价值这一虚假形式；第18—19章分别研究计时工资和计件工资这两种基本工资形式；第20章论述如何观察各国工资水平的差异，同

---

① 《王亚南文选》第二卷，中国社会科学出版社2007年版，第557页。
② 《马克思恩格斯全集》第三十二卷，人民出版社1974年版，第11—12页。

时还提出了实际工资和名义工资的区别。

三 本篇方法论的特点

（一）螺旋式上升的辩证分析方法

本卷在研究剩余价值生产的开头，即第二篇第四章第三节"劳动力买和卖"里已经研究了劳动力价值问题，现在又研究这个问题并非简单重复，而是在更复杂的形式上和更高的水平上研究。表现在：

第一，研究了工人出卖的为什么是劳动力而不是劳动，劳动力价值为什么被看作劳动的价值；

第二，研究了劳动力价值和价格的转化形式，前边未涉及这点；

第三，批判了资产阶级经济学的错误观点。

总之，它是在剩余价值来源和本质得到充分论证基础上的再研究。

（二）从现象到本质的分析方法

揭露了工资是"劳动价值"的假象，证明了工资是"劳动力价值"的真相。

（三）从抽象到具体、从内容到形式的叙述方法

这一篇用具体的特殊的形式来进一步证明抽象的一般的原理，从而使原理更丰富；或者说，用形式来证明内容，从而使内容更充实。

第二节 《资本论》第一卷第六篇基本原理

一 工资是劳动力价值和价格的转化形式

（一）工人出卖的是劳动力而不是劳动

这个问题是在《资本论》第一卷第17章第1—8段中论述的。[①]

---

① 《资本论》第一卷，人民出版社2004年版，第613—617页。

在资本主义社会里从表面看来，工人的工资表现为劳动的价格，似乎劳动本身也有价值，工资就是劳动的价值或价格。这是十分错误的。因为：

第一，如果说劳动是商品有价值，那就等于说劳动的价值是由劳动决定的。这是毫无意义的同义语反复。

第二，劳动不是独立存在的实体，不能作为商品出卖。劳动如果是商品，要出卖，那就必须在出卖之前已经存在，事实上活劳动不可能在出卖之前就已存在。

第三，如果说劳动是商品，那就会违反价值规律或否定以雇佣劳动为基础的资本主义生产。如果说劳动是商品，那它就是活劳动，但工资是物化劳动，又如果承认剩余价值产生，那只能是以较少的物化劳动同较多的活劳动相交换，但这是不等价交换，是违反价值规律的。如果上述二者是等价交换，那就没有剩余价值，这是不符合剩余价值规律的，也就等于否定了以雇佣劳动为基础的资本主义生产。如果工人的劳动都以工资形式全部得到偿付，那就没有剥削和被剥削的关系存在了。

古典经济学毫无批判地借用了日常生活中的"劳动的价格"这个范畴，把工资说成"劳动的价格"。他们从劳动的市场价格又引申出劳动的自然价格即价值，然后提出劳动的价值由何决定，得出的结论是由生产再生产工人本身的费用决定。"这个问题在政治经济学上是不自觉地代替了原来的问题，因为政治经济学在劳动本身的生产费用上只是兜圈子，没有前进一步。可见，政治经济学称为劳动的价值的东西，实际上就是劳动力的价值；劳动力存在于工人身体内，它不同于它的职能即劳动，正如机器不同于机器的运转一样。……古典政治经济学没有意识到自己的分析所得出的这个结果，毫无批判地采用'劳动的价值'，'劳动的自然价格'等等范畴，把它们当作所考察的价值关系的最后的、适当的用语，结果就像我们在下面将要看到的那样，陷入了无法解决的混乱和矛盾中，同时为庸俗经济学的在原则上只忠于假象的浅薄性提供了牢固的活动基础。"①

（二）工资表现为劳动的价值或价格掩盖了资本主义的剥削关系

关于工资表现为劳动的价值或价格掩盖了资本主义的剥削关系这一问题，马克思是在《资本论》第一卷第 17 章 9—13 段论述的。② 工资是劳动力价值或价格的转化形式，但被表现为劳动的价值或价格。这就产生了种种荒谬的现象。

第一，劳动力的价值决定劳动的价值，即把劳动力的日价值当作日劳动的价值。

第二，劳动价值（可变资本）小于劳动的价值产品（可变资本加剩余价值）。因为劳动价值实指劳动力的价值。

第三，全部劳动都表现为有酬劳动。奴隶制下的奴隶劳动全部表现为无酬劳动。封建制下，有酬劳动和无酬劳动分得很清楚。但是，"工资的形式消灭了工作日分为必要劳动和剩余劳动、分为有酬劳动和无酬劳动的一切痕迹。全部劳动都表现为有酬劳动"。③

由于上述各点，"工人和资本家的一切法的观念，资本主义生产方式的一切神秘性，这一生产方式所产生的一切自由幻觉，庸俗经济学的一切辩护遁词，都是以这个表现形式为依据的"④。

（三）劳动力价值采取劳动价值这种表现形式的必然性

马克思说："如果说世界历史需要经过很长时间才揭开了工资的秘密，那么相反地，要了解这种表现形式的必然性，存在的理由，却是再容易不过的了。"⑤

第一，从资本家和劳动者的交换关系来看，与一般商品交换

---

① 《资本论》第一卷，人民出版社 2004 年版，第 617 页。
② 《资本论》第一卷，人民出版社 2004 年版，第 617—619 页。
③ 《资本论》第一卷，人民出版社 2004 年版，第 619 页。
④ 《资本论》第一卷，人民出版社 2004 年版，第 619 页。
⑤ 《资本论》第一卷，人民出版社 2004 年版，第 619 页。

一样，买卖双方是平等的，好像谁也不占谁的便宜。"我给，为了你给；我给，为了你做；我做，为了你给；我做，为了你做。"①马克思说："在这里是同一关系的、意义完全相同的几种形式，而在资本主义生产中，我给为了你做这个形式所表示的，是被付出的具有物的形式的价值同被占有的活的活动之间的极为特殊的关系。"②

第二，从劳动这个商品的特性看：①劳动力的交换价值，在外表上容易同它的使用价值相混淆；②工人的工资是在它已提供了自己的劳动以后被支付的；③工人提供给资本家的使用价值，实际上不是他的劳动力而是他的劳动。对具体劳动人们易于认识，至于劳动的另一方面，即具有创造价值的属性的劳动也即抽象劳动，那是普通意识领会不到的。所以，易于产生"劳动的价值或价格"这种错觉。

第三，站在工人阶级立场来看，劳动是他们获得一定量收获的手段。"因此，在他看来，他所获得的等价物的量的任何变化，都必然表现为他的12个劳动小时的价值或价格的变化。"③

第四，"另一方面我们拿资本家来说。他无疑希望用尽量少的货币换取尽量多的劳动。因此，他实际上所关心的只是劳动力的价格和劳动力执行职能时所创造的价值之间的差额。但是，他力图尽可能便宜地购买一切商品，并且总是把低于价值购买和高于价值出售这一纯粹欺诈行为说成是他的利润的来源。因而，他理解不到，如果劳动的价值这种东西确实存在，而且他确实支付了这一价值，那么资本就不会存在，他的货币就不会转化为资本。"④

第五，从工资的实际运动来看，也好像存在着劳动的价值。

---

① 《资本论》第一卷，人民出版社2004年版，第620页。这是古罗马法中的契约关系的四种公式，可参见本卷第942页注（399）。
② 《马克思恩格斯全集》第二十六卷第一册，人民出版社1972年版，第435页。
③ 《资本论》第一卷，人民出版社2004年版，第620页。
④ 《资本论》第一卷，人民出版社2004年版，第621页。

因为：①工资随工作日的长度而变化；②执行同一职能的不同工人的工资间存在着个人的差别。

总之，"劳动的价值和价格"不同于"劳动力的价值和价格"。因为，"前者是直接地、自发地、作为流行的思维形式再现出来的，而后者只有科学才能揭示出来"①。

二 工资形式

马克思在《资本论》第一卷第18、第19章论述了工资的形式。

（1）计时工资：按照工人劳动的时间来支付的工资就是计时工资。对此，马克思是在《资本论》第一卷第18章论述的。他说："劳动力总是按一定时期来出卖的。因此，直接表现劳动力的日价值、周价值等等的转化形式，就是'计时工资'的形式，也就是日工资等等。"②

（2）计件工资：按照工人所完成的产品或工作量支付的工资就是计件工资。马克思是在《资本论》第一卷第19章论述的。他说："计件工资无非是计时工资的转化形式"③。

马克思在第20章里还讲到名义工资和实际工资。这不完全是工资形式问题，而是形式和内容的统一。

（1）名义工资：以货币数量表示的工资就是名义工资。马克思在《资本论》第一卷第20章里说："名义工资，即表现为货币的劳动力的等价物"④。

（2）实际工资：指工资的货币额能转化为消费品和劳务的数量。

---

① 《资本论》第一卷，人民出版社2004年版，第621—622页。
② 《资本论》第一卷，人民出版社2004年版，第623页。
③ 《资本论》第一卷，人民出版社2004年版，第633页。
④ 《资本论》第一卷，人民出版社2004年版，第645页。

值得注意！马克思在18章里使用了"劳动价格"一词，千万不可混淆，它实际上是指"小时工资"。马克思说："劳动力的平均日价值除以平均工作日的小时数，就得出平均的劳动价格"，"这样得出的劳动小时的价格就是劳动价格的单位尺度"。[1] 我以为，马克思之所以又提出"劳动价格"一词，绝不是赞同"劳动价值"的说法，而是因为工作日长短不一，只以"日工资"难以准确表明名义工资的高低，所以，又提出表明小时工资的"劳动价格"一词。

三　各国工资的差异

各个资本主义国家的工资水平为什么不同？对此很容易不假思索地回答道：因为各国穷富不同！其实问题并非如此简单，决定工资水平从而造成各国工资差异的因素很复杂，马克思在《资本论》第一卷第20章"工资的国民差异"中专门分析了这个问题。

资本主义工资是劳动力价值或价格的货币表现，所以劳动力价值运动的规律，如果换成外在的工资形式，就成为工资运动的规律。由于影响工资变动的因素很多，而这些因素又有各种不同的组合情况，在不同国家就出现了不同的工资水平。马克思说，"在比较国民工资时，必须考虑到决定劳动力的价值量的变化的一切因素：自然的和历史地发展起来的首要的生活必需品的价格和范围，工人的教育费用，妇女劳动和儿童劳动的作用，劳动生产率，劳动的外延量和内涵量。即使作最肤浅的比较，首先也要求把不同国家同一行业的平均日工资化为长度相等的工作日"[2]。

这里简释如下：

第一，自然的和历史地发展起来的首要的生活必需品的价格和范围。生活必需品是构成劳动力价值从而构成工人工资的基本

---

[1] 《资本论》第一卷，人民出版社2004年版，第624页。
[2] 《资本论》第一卷，人民出版社2004年版，第644页。

内容。而工人的生活必需品的范围和价格在不同的国家由于自然的和历史的原因各不相同。例如，寒带国家、温带国家和热带国家，工人的生活需要是不可能一样的，即使在气候条件相同的国家里，由于生活习惯不同，其生活需要的范围也不尽相同。又由于各国生活条件的差异及需求情况的不同，相同的生活必需品有不同的供求关系，从而有不同的价格水平。上述种种都会影响到工资水平。此外，还有些特殊的历史原因会影响到工资水平。例如，美国在其资本主义发展的过程中，曾经长期缺乏劳动力，而且国内还有大批空闲的可耕地可以吸收大量的劳动力；同时它除了每年从其他欠发达国家获取大量利润外，还在两次世界大战中发了财。这些历史情况，就成为美国的工资水平高于其他资本主义国家的一个重要原因。

第二，工人的教育费。由于各国的经济水平不同，各国工人的教育程度是有差别的，因而各国工人的教育费用就多少不等。我们知道，教育费是构成劳动价值的重要组成部分，各国工人的教育费不等，就决定了各国工人的工资水平必然存在着差异。但是，应该知道，工人的教育程度决定着工人科学技术水平，而科学技术是可以转化为直接生产力的。所以，工人因教育费用高而多得的工资和工人因教育程度高、科学技术水平高多给资本家创造的价值相比，未必是相当的，工人的工资很难达到应得的水平。

第三，妇女劳动和儿童劳动的作用。使用女工和童工多的资本主义国家，一般说来，劳动力价值和工资水平就会低些；相反，就可能高些。但从一个工人家庭的工资收入总额来看，妇女儿童都参加劳动比只有成年男子就业的是会高些的，当然这是工人及其妻子儿女都受雇于资本家的情况下得来的；如果就他们所受的剥削程度来说，会是更惨重的。

第四，劳动生产率与劳动强度。各国的劳动生产率和劳动强度（劳动内涵量）都和生产一定量商品所消耗的劳动量有关，因而这就涉及价值规律及其在国际上的应用问题。一国的资本主义生产越发展，那里的劳动生产率水平和劳动强度越会超过国际水平。"强度较大的国民劳动比强度较小的国民劳动，会在同一时间内生产出更多的价值，从而表现为更多的货币。……生产效率较高的国民劳动在世界市场上也被算作强度较大的劳动。"① 因此，不同国家在同一劳动时间内生产出来的同种商品的量就不相等，单位商品的国际价值也就不可能一样。例如：在劳动生产率较高和劳动强度较大的国家里，1小时如果可生产某种商品4件，而在劳动生产率较低和劳动强度较小的国家里：1小时可能只能生产2件。假如国际价值是4件商品值1元，那么各花费1小时生产出来的商品其国际价值就不同了。因此，1小时生产出来的商品，在劳动生产率高和劳动强度大的国家就表现为较多的货币；相反，就表现为较少的货币。换句话说，1元货币在不同国家就代表着不同的劳动量，在劳动生产率高和劳动强度大的国家里，只代表1小时的劳动；相反，就会代表2小时的劳动。所以，货币的相对价值即货币的购买力，在资本主义生产发达的国家比在不发达的国家要小。可见，资本主义生产发达国家的工人的名义工资虽然较高，但实际工资可能并不高。

此外，各国工资水平的差异，还和工人劳动的外延量以及工资形式有关，所以，马克思说："即使作最肤浅的比较，首先也要求把不同国家同一行业的平均日工资化为长度相等的工作日。在对日工资作了这样换算以后，还必须把计时工资换算为计件工资，因为只有计件工资才是计算劳动生产率和劳动内涵量的尺度。"②

---

① 《资本论》第一卷，人民出版社2004年版，第645页。
② 《资本论》第一卷，人民出版社2004年版，第644—645页。

第三节 需要研究的若干问题

本篇需要研究如何理解价值规律在国际范围内的应用问题。马克思对这个问题的研究是在《资本论》第一卷第20章第3—5段中论述的。[1]

这三段的要义是价值规律在国际范围的应用问题，涉及商品的国际价值问题和各国的不同劳动强度问题，还有不同国家的货币价值以及货币的相对价值在发达国家比不发达国家要小等值得研究的问题。所以，要正确分析价值规律在国际范围内的应用，就必须作深入细致的调查研究和比较精准的数量分析。

---

[1] 《资本论》第一卷，人民出版社2004年版，第645—646页。

第八章

《资本论》第一卷第七篇"资本的积累过程"教学大纲

第一节 《资本论》第一卷第七篇学习提示

本篇是《资本论》第一卷的最后一篇，篇名是"资本的积累过程"。列宁说："马克思对资本积累的分析是极其重要的和新颖的。"① 恩格斯1867年8月26日在致马克思的信中说："关于积累的一章非常出色。"② 可见，学习和研究这一篇十分重要。

一 本篇的研究对象

如前所述，第一卷共七篇，以剩余价值的直接生产过程为中心，阐发了三个部分。前两个部分即劳动价值理论和剩余价值理论都已论述过了，第三部分即本篇的研究对象是什么？简单地说就是资本积累的实质及其发展规律。马克思通过这一篇的分析，更深刻地揭露了资本主义生产关系和生产力的矛盾，得出了资本主义必然灭亡的科学结论。所以，这一篇在全卷和全书中占有重要地位，学习和研究这一篇具有重要的革命意义。

---

① 《列宁选集》第二卷，人民出版社1972年版，第592页。
② 《马克思恩格斯全集》第三十一卷，人民出版社1972年版，第333页。

二　本篇的体系结构

从形式上看，本篇和其他各篇不同的地方是在篇目下加了一段前言。① 这个前言专门说明本篇的研究对象和方法。有了这个前言，等于有了一个导论，对于深入理解本篇的理论内容应是有帮助的。

本篇包括 5 章，即第 21—25 章。按照从简单到复杂的叙述方法，本篇步步深入地逐章展开了论述。第 21 章，分析简单再生产，阐明资本主义再生产不仅是物质资料的再生产，而且也是生产关系的再生产。第 22 章，分析扩大再生产，说明剩余价值如何转化为资本。第 23 章，提出了资本有机构成的原理，论证了在资本有机构成不断提高的情况下，资本积累如何导致工人的失业和贫困。第 24 章，回头又分析资本的来源问题，即所谓资本原始积累问题。"资本原始积累"问题，在德文第一版第一卷中，是放在最后一章即第 6 章 "资本的积累过程" 的第 3 节的，题目是 "所谓原始积累"。1872 年出版的法文版《资本论》第一卷中，是放在最后一篇即第八篇，篇名是 "原始积累"。本书阐述的《资本论》第一卷，是根据 1890 年出版的德文第四版翻译的。马克思在对资本的产生与发展作了深入分析之后得出结论道："剥夺者就要被剥夺了。"② 即资产阶级必然被打倒，也就是资本主义制度必然消亡。这是一个科学的、革命的、历史性的重大判断和预言。

第 24 章，对资本主义生产过程的分析已经完成，但对资产阶级经济理论的批判还未完成。所以，在最后一章即第 25 章，马克思通过揭露资产阶级代言人自相矛盾的近代殖民学说，进一步批判了资本拜物教，再次阐明资本不是物，不是一个永恒的范畴，而是一定社会历史条件下的生产关系，以此作为对全卷的总结。

---

① 《资本论》第一卷，人民出版社 2004 年版，第 651—652 页。
② 《资本论》第一卷，人民出版社 2004 年版，第 874 页。

可见，这最后一章并非专门研究和批判近代殖民理论的。

三　有关本篇方法论的两个问题

（一）本篇采取动态分析方法

本卷前六篇是在资本主义相对静止的状态下来考察资本和资本主义生产的，本篇则是把资本主义经济放在运动过程中即再生产过程中考察资本和资本主义生产的，因而对资本主义生产关系的揭露更深刻更透彻。

（二）本篇更具体地运用了抽象分析法

主要表现在：

第一，资本主义以扩大再生产为特征，而马克思首先分析简单再生产，这就是一种抽象分析法。这是为了更好地观察资本主义的生产关系。

第二，在具体分析资本积累时，马克思又通过必要的假定运用了抽象法：①假定资本家都能卖掉自己的商品。②假定资本主义生产者是全部剩余价值的占有者，暂不考虑资本家之间瓜分剩余价值的问题。③假定商品都是按价值出售的。

通过设置上述假定而运用抽象法，都是为了排除与主题无关的因素对分析进程的干扰。

第二节　《资本论》第一卷第七篇基本原理

一　资本主义简单再生产

资本主义简单再生产是第一卷第七篇第 21 章论述的内容。我们从本卷第 5 章的论述中已经知道，资本主义的生产过程是劳动过程和价值增殖过程的统一，也就是物质资料生产和生产关系生产的统一，进一步还可以说是生产力和生产关系的统一，资本主义的再生产也是如此，所以马克思在此的分析就是这样展开的，当然重点是分析生产关系的再生产。

（一）物质资料的再生产

物质资料的再生产是在第 21 章第 1 节前两段阐述的。

什么是再生产？马克思说："一个社会不能停止消费，同样，它也不能停止生产。因此，每一个社会生产过程，从经常的联系和它不断更新来看，同时也就是再生产过程。"① 马克思又说："在其他条件不变的情况下，社会在例如一年里所消费的生产资料，即劳动资料、原料和辅助材料，只有在实物形式上为数量相等的新物品所替换，社会才能在原有的规模上再生产或保持自己的财富。"② 生产的条件同时也就是再生产的条件。

（二）资本主义的再生产

马克思说："生产具有资本主义的形式，再生产也就具有同样的形式。在资本主义生产方式下，劳动过程只表现为价值增殖过程的一种手段，同样，再生产也只表现为把预付价值作为资本即作为自行增殖的价值来再生产的一种手段。"③

（三）分析资本主义简单再生产的意义

剩余价值可以看作资本的收入。马克思说："如果这种收入只是充当资本家的消费基金，或者说，它周期地获得，也周期地消费掉，那么，在其他条件不变的情况下，这就是简单再生产。"④ 还可以说，简单再生产就是生产过程在原有规模上的重复。既然如此，这对于研究资本主义生产关系有什么意义呢？马克思说："虽然简单再生产只是生产过程在原有规模上的重复，但是这种单纯的重复或连续，赋予这个过程以某些新的特征，或者不如说，消除它仅仅作为孤立过程所具有的虚假特征。"⑤

---

① 《资本论》第一卷，人民出版社 2004 年版，第 653 页。
② 《资本论》第一卷，人民出版社 2004 年版，第 653 页。
③ 《资本论》第一卷，人民出版社 2004 年版，第 653 页。
④ 《资本论》第一卷，人民出版社 2004 年版，第 654 页。
⑤ 《资本论》第一卷，人民出版社 2004 年版，第 654 页。

再生产赋予资本主义生产过程哪些新特征呢？

第一，可变资本部分是雇佣工人自己创造的。工人不仅为资本家生产了剩余价值，而且资本家付给工人的工资也是工人自己创造的。这一点从一个孤立的生产过程是看不出来的，但从一个连续的生产过程即可看出：这一星期支付工人的工资，不过是工人上个星期创造的价值。马克思说："工人既生产了我们暂时只看作资本家的消费基金的剩余价值，也生产了付给他自己报酬的基金即可变资本，而后者是在它以工资形式流回到工人手里之前生产的，只有当他不断地再生产这种基金的时候，他才被雇用。"[1] 马克思还说："劳动基金所以不断以工人劳动的支付手段的形式流回到工人手里，只是因为工人自己的产品不断以资本的形式离开工人。但是劳动基金的这种表现形式丝毫没有改变这样一个事实：资本家把工人自己的对象化劳动预付给工人。"[2]

第二，资本家的全部资本都是工人创造的。资本家每年都消费一定数量的剩余价值，若干年后，剩余价值被消费的量就等于资本家的原预付资本了。也就是说，他的资本被他自己消费掉了，而他现在仍有同样数量的资本，这些资本只能看作而且实际上也就是工人的劳动创造的。

第三，资本主义再生产同时就是资本主义生产关系的再生产。从再生产过程来看，工人的工资被不断地再生产出来，资本家的资本也不断地再生产出来。所以，到头来资本家仍然是资本家，工人仍然是工人。马克思说："工人本身不断地把客观财富当作资本，当作同他相异己的、统治他和剥削他的权力来生产，而资本家同样不断地把劳动力当作主观的、同它本身对象化在其中和借以实现的资料相分离的、抽象的、只存在于工人身体中的财富源泉来生产，一句话，就是把工人当作雇佣工人来生产。工人的这

---

[1] 《资本论》第一卷，人民出版社2004年版，第654页。
[2] 《资本论》第一卷，人民出版社2004年版，第655页。

种不断再生产或永久化是资本主义生产的必不可少的条件。"①

工人的消费有两种：生产消费和个人消费。"前一种消费的结果是资本家的生存，后一种消费的结果是工人自己的生存。"② 马克思作出结论："资本主义生产过程，在联系中加以考察，或作为再生产过程加以考察时，不仅生产商品，不仅生产剩余价值，而且还生产和再生产资本关系本身：一方面是资本家，另一方面是雇佣工人。"③

二　剩余价值转化为资本

这里重点论述《资本论》第一卷第 22 章第 1、第 3、第 4 节的内容。

（一）资本积累及其过程

什么是资本积累？马克思说："把剩余价值当作资本使用，或者说，把剩余价值再转化为资本，叫作资本积累。"④

马克思对资本积累过程，分别从单个资本和社会资本两个角度来考察。从单个资本来看，开办工厂的资本家将工人生产的商品卖出去之后，就把包含剩余价值的商品价值实现为货币。然后，资本家把攫取的剩余价值转化为资本来增加投资，这部分新资本就在工资中执行职能，并带来剩余价值。新增加的资本和原来的资本一起使用，便扩大了生产规模。所以说，资本积累就是资本以不断扩大的规模进行的再生产。

从社会总资本的角度来看，资本积累的过程是各个单个资本家都把自己的商品投入市场。"市场上的过程只是实现年生产的各个组成部分的交换，使它们从一个人的手里转到另一人的手里，

---

① 《资本论》第一卷，人民出版社 2004 年版，第 659 页。
② 《资本论》第一卷，人民出版社 2004 年版，第 659 页。
③ 《资本论》第一卷，人民出版社 2004 年版，第 666—667 页。
④ 《资本论》第一卷，人民出版社 2004 年版，第 668 页。

但它既不能增大年生产的总额,也不能改变所生产的物品的本性。可见,全部年产品能有什么用途,取决于它本身的构成,而决不取决于流通。"① "首先,年生产必须提供用来补偿一年中所消费的资本的物质组成部分的一切物品(使用价值)。"② 除此之外,所剩余的如果只是供资本家满足自身需要和欲望的奢侈品,那么,在此情况下,便只能进行简单再生产。

马克思说:"要积累,就必须把一部分剩余产品转化为资本。……剩余价值所以能转化为资本,只是因为剩余产品(它的价值就是剩余价值)已经包含了新资本的物质组成部分。"③ 因此,追加的劳动力和追加的生产资料结合起来进行生产,剩余价值向资本的转化就完成了。

(二) 商品生产所有制规律转变为资本主义占有规律

第一,资本主义占有规律就是资本家无偿占有工人创造的剩余价值的规律。资本家追加的资本是由剩余价值转化来的。"这是资本化了的剩余价值。它一开始就没有一个价值原子不是由无酬的他人劳动产生的。"④ 资本家无偿占有了工人创造的剩余价值,就有了更多占有剩余价值的条件。马克思写道:"如果追加资本所雇用的就是把它生产出来的人,那么他们首先必须继续使原有资本增殖,其次要对自己过去劳动的产品用比它所费劳动更多的劳动买回来。如果我们把这看作资本家阶级和工人阶级之间的交易,那么,即使用从前雇用的工人的无酬劳动来雇用追加的工人,问题的实质也不会有丝毫改变。资本家也许还把追加资本转化为机器,而机器又把这种追加资本的生产者抛向街头,用几个儿童来代替他们。不管怎样,工人阶级总是用他们这一年的剩余劳动创

---

① 《资本论》第一卷,人民出版社2004年版,第669—670页。
② 《资本论》第一卷,人民出版社2004年版,第670页。
③ 《资本论》第一卷,人民出版社2004年版,第670页。
④ 《资本论》第一卷,人民出版社2004年版,第672页。

造了下一年雇用追加劳动的资本。这就是所谓'资本生资本'。"①

第二，资本主义占有规律是由商品生产所有权规律转变来的。商品生产所有权规律，是指彼此独立的商品生产者之间以权利平等关系等价交换其产品的规律。这一规律也就是价值规律。它在商品生产开始的时候就已经发生作用了。但随着资本关系的出现，就转变为自己独立的对立物——资本主义占有规律。也就是"表现为最初活动的等价物交换，已经变得仅仅在表面上是交换"②。劳动力不断按等价交换原则来买卖是形式，其内容则是资本家用无偿占有工人创造的剩余产品，来不断换取更大量的工人的活劳动。所以，"现在，所有权对于资本家来说，表现为占有他人无酬劳动或它的产品的权利，而对于工人来说，则表现为不能占有自己的产品"③。

第三，资本主义占有方式不是违反而是应用了商品生产规律。首先，货币最初转化为资本是完全按照价值规律进行的。马克思说："劳动力这种特殊商品具有独特的使用价值，它能提供劳动，从而能创造价值，但这并不触犯商品生产的一般规律。"④ 因为劳动力的买卖是按等价交换原则进行的。其次，从简单再生产过程来看，商品生产规律不仅不会被违反，而且会反复被证明。最后，从扩大再生产过程来看，资本家虽然是用剩余价值转化成的资本购买劳动力的，但仅就按劳动力价值购买劳动力来说，也不违反商品生产规律。

第四，商品生产所有权规律转化为资本主义占有规律的根本条件是劳动力成为商品。劳动力一旦成为商品由工人自由出卖，商品生产所有权规律就不可避免地转变为资本主义占有规律。因

---

① 《资本论》第一卷，人民出版社 2004 年版，第 672 页。
② 《资本论》第一卷，人民出版社 2004 年版，第 673 页。
③ 《资本论》第一卷，人民出版社 2004 年版，第 674 页。
④ 《资本论》第一卷，人民出版社 2004 年版，第 675 页。

为资本主义占有规律就是占有生产资料的资本家无偿占有出卖劳动力的工人创造的剩余价值的规律。因此,"商品生产按自己本身内在的规律越是发展成为资本主义生产,商品生产的所有权规律也就越是转变为资本主义的占有规律"①。这是针对蒲鲁东的思想而强调的一个论点。马克思写道:"蒲鲁东提出永恒的商品生产所有权规律同资本主义所有制相对立,想以此消灭资本主义所有制,对他的这种机智不能不感到惊讶!"② 蒲鲁东是小资产阶级经济学家的代表,马克思对他一直持批判态度。

本节的结论:全部资本都是由剩余价值转化而来的。

三 剩余价值分为资本和收入两部分以及对"节欲论"的批判

第一,剩余价值分为资本和收入两部分,这两部分的比例大小决定着积累量。由于这一比例是资本家决定的,就好像是资本家节制自己的生活费用而使剩余价值资本化。

第二,资本积累不是资本家"节欲"的结果,而是由剩余价值规律和竞争规律决定的。马克思说:"竞争使资本主义生产方式的内在规律作为外在的强制规律支配着每一个资本家。竞争迫使他不断扩大自己的资本来维持自己的资本,而他扩大资本只能靠累进的积累。"③ 资本家的挥霍往往与积累一同增加,因为资本家需要用挥霍来争取信誉。

第三,批判"节欲论"。马克思批判道:"庸俗经济学的时钟(人民出版社1972年版译为"丧钟"——引者注)已经响了。在纳索·威·西尼耳于曼彻斯特发现资本的利润(包括利息)是无酬的'最后第十二个劳动小时'的产物恰恰一年以前,他曾向世

---

① 《资本论》第一卷,人民出版社2004年版,第677—678页。
② 《资本论》第一卷,人民出版社2004年版,第678页注(24)。
③ 《资本论》第一卷,人民出版社2004年版,第683页。

界宣布了自己的另一个发现。他庄严地声称：'我用节欲一词来代替被看作生产工具的资本一词'。这真是庸俗经济学的'发现'的不可超越的标本！它用阿谀的词句来替换经济学的范畴。"①

第四，决定积累量的因素。首要的因素是剩余价值划分为收入与资本的比例。这在上一节马克思已经讲过。在此又补充以下各因素：①对劳动力的剥削程度。②劳动生产力的高低。劳动生产率的提高可以使剩余产品量增加，在资本和收入比例不变的条件下，资本家消费可以增加，积累并不减少。由于商品便宜，即使减少消费基金、增加积累基金，资本家享用的消费品仍可增加或不变。劳动生产率提高会使劳动力价值下降，从而使剩余价值率提高。科学技术的进步和应用，使劳动生产力不断发展，因而也就使同量资本具有更大的生产能力，具有更大的剥削剩余价值的能力。③所用资本和所费资本之间差额的扩大。二者的差额愈大，所用资本"就越是像我们在上面说过的自然力如水、蒸汽、空气、电力等等那样，提供无偿的服务。被活劳动抓住并赋予生命的过去劳动的这种无偿服务，会随着积累规模的扩大而积累起来"②。④预付资本的量和资本积累的量成正比。

四 资本主义积累的一般规律

马克思在《资本论》第一卷第23章里阐述了资本主义积累的一般规律。

（一）资本构成不变，对劳动力的需求随积累的增长而增长

第一，资本构成的概念。马克思说："资本的构成要从双重的意义上来理解。从价值方面来看，资本的构成是由资本分为不变资本和可变资本的比率，或者说，分为生产资料的价值和劳动力的价值即工资总额的比率来决定的。从在生产过程中发挥作用的

---

① 《资本论》第一卷，人民出版社2004年版，第688—689页。
② 《资本论》第一卷，人民出版社2004年版，第702页。

物质方面来看，每一个资本都分为生产资料和活的劳动力；这种构成是由所使用的生产资料量和为使用这些生产资料而必需的劳动量之间的比率来决定的。我把前一种构成叫作资本的价值构成，把后一种构成叫作资本的技术构成。……我把由资本技术构成决定并且反映技术构成变化的资本价值构成，叫作资本的有机构成。"①他又说："把一切生产部门的平均构成加以总平均，就得出一个国家的社会资本的构成，我们以下要谈的归根到底只是这种构成。"②

第二，资本构成不变，积累增加对工人阶级的影响。工资会提高，"但是这些多少有利于雇佣工人的维持和繁殖的情况，丝毫不会改变资本主义生产的基本性质。简单再生产不断地再生产出资本关系本身：一方面是资本家，另一方面是雇佣工人；同样，规模扩大的再生产或积累再生产出规模扩大的资本关系：一极是更多的或更大的资本家，另一极是更多的雇佣工人"③。马克思说："由于资本积累而提高的劳动价格（实际是指劳动力价格——引者注），实际上不过表明，雇佣工人为自己铸造的金锁链已经够长够重，容许把它略微放松一点。"④

第三，资本主义积累的本性。马克思说："资本主义积累的本性，决不允许劳动剥削程度的任何降低或劳动价格（实际是指劳动力价格——引者注）的任何提高有可能严重地危及资本关系的不断再生产和它的规模不断扩大的再生产。"⑤

（二）在积累和伴随积累与积聚的进程中资本可变部分相对减少

第一，资本积累中，劳动生产率的提高表现为资本构成的

---

① 《资本论》第一卷，人民出版社2004年版，第707页。
② 《资本论》第一卷，人民出版社2004年版，第708页。
③ 《资本论》第一卷，人民出版社2004年版，第708页。
④ 《资本论》第一卷，人民出版社2004年版，第714页。
⑤ 《资本论》第一卷，人民出版社2004年版，第716页。

提高。

第二，资本积累和特殊的资本主义生产方式互相推动，引起资本构成的提高，从而使可变资本同不变资本相比越来越小。马克思说："可见，一定程度的资本积累表现为特殊的资本主义的生产方式的条件，而特殊的资本主义的生产方式又反过来引起资本的加速积累。"①

第三，资本的积累、积聚和集中互相促进，使资本构成提高，劳动的相对需求更为减少。马克思说："集中在这样加强和加速积累作用的同时，又扩大和加速资本技术构成的变革，即减少资本的可变部分来增加它的不变部分，从而减少对劳动的相对需求。"②

（三）相对过剩人口或产业后备军的累进生产

相对过剩人口或产业后备军的累进生产这一专题是马克思在《资本论》第一卷第23章第3节里阐述的。

第一，相对过剩人口是资本主义积累的必然产物。马克思说："事实是，资本主义积累不断地并且同它的能力和规模成比例地生产出相对的，即超过资本增殖的平均需要的，因而是过剩的或追加的工人人口。"③

第二，产生相对过剩人口是资本主义生产方式特有的人口规律。马克思说："因此，工人人口本身在生产出资本积累的同时，也以日益扩大的规模生产出使他们自身成为相对过剩人口的手段。这就是资本主义生产方式所特有的人口规律，事实上，每一种特殊的、历史的生产方式都有其特殊的、历史地发生作用的人口规律。抽象的人口规律只存在于历史上还没有受过人干涉的动植物界。"④

---

① 《资本论》第一卷，人民出版社2004年版，第720页。
② 《资本论》第一卷，人民出版社2004年版，第724页。
③ 《资本论》第一卷，人民出版社2004年版，第726页。
④ 《资本论》第一卷，人民出版社2004年版，第727—728页。

第三，相对过剩人口是资本主义生产方式存在的一个条件。资本主义生产的不平衡性（新部门随时崛起）和周期性需要有过剩人口的存在。马克思说："对资本主义生产来说，人口自然增长所提供的可供支配的劳动力数量是绝对不够的。为了能够自由地活动，它需要有一支不以这种自然限制为转移的产业后备军。"①

第四，相对过剩人口的生产，比可变资本的相对减少，进行得更为迅速。可变资本的变化不能完全反映资本对劳动需求的增减。因为可变资本不变，也可以既增加劳动量（延长工作日、增加劳动强度），又增加就业工人（雇佣女工、童工）。过剩人口是相对的。"如果明天把劳动普遍限制在合理的程度，并且在工人阶级的各个阶层中再按年龄和性别进行适当安排，那么，要依照现有的规模继续进行国民生产，目前的工人人口是绝对不够的。"②

第五，相对过剩人口引起工资的变动，使劳动供求关系符合资本剥削的要求。资产阶级经济学者认为工资取决于人口数量是错误的，是把工人贫困归因于人口多。

（四）相对过剩人口的多种存在形式和资本主义积累的一般规律

相对过剩人口的多种存在形式和资本主义积累的一般规律这个问题马克思是在《资本论》第一卷第23章第4节里论述的。

第一，相对过剩人口有三种存在形式：流动的相对过剩人口、潜在的相对过剩人口、停滞的相对过剩人口。

第二，资本主义积累的一般规律。"这一规律制约着同资本积累相适应的贫困积累。因此，在一极是财富的积累，同时在另一极，即在把自己的产品作为资本来生产的阶级方面，是贫困、劳动折磨、受奴役、无知、粗野和道德堕落的积累。"③

---

① 《资本论》第一卷，人民出版社2004年版，第731页。
② 《资本论》第一卷，人民出版社2004年版，第734页。
③ 《资本论》第一卷，人民出版社2004年版，第743—744页。

五　所谓原始积累

所谓原始积累这个问题是《资本论》第一卷第24章的内容。原始积累是资本的起点，资产阶级竭力将其美化。

第一，资本原始积累的过程是劳动者和生产资料相分离的过程。马克思说过："大家知道，在真正的历史上，征服、奴役、劫掠、杀戮，总之，暴力起着巨大的作用。但是在温和的政治经济学中，从来就是田园诗占统治地位。……事实上，原始积累的方法决不是田园诗式的东西。"① 马克思还说过："资本来到世间，从头到脚，每个毛孔都滴着血和肮脏的东西。"②

第二，资本原始积累的历史是剥夺的历史。马克思说："在原始积累的历史中，……大量的人突然被强制地同自己的生存资料分离，被当作不受法律保护的无产者抛向劳动市场。对农业生产者即农民的土地的剥夺，形成全部过程的基础。"③

六　资本主义积累的历史趋势

第一，资本主义生产方式的产生有其必然性，资本主义生产方式的灭亡也有其必然性。

第二，社会主义必然代替资本主义是不可抗拒的历史潮流。马克思说："从资本主义生产方式产生的资本主义占有方式，从而资本主义的私有制，是对个人的、以自己劳动为基础的私有制的第一个否定。但资本主义生产由于自然过程的必然性，造成了对自身的否定。这是否定的否定。这种否定不是重新建立私有制，而是在资本主义时代的成就的基础上，也就是说，在协作和对土地及靠劳动本身生产的生产资料的共同占有的基础上，重新建立

---

① 《资本论》第一卷，人民出版社2004年版，第821页。
② 《资本论》第一卷，人民出版社2004年版，第871页。
③ 《资本论》第一卷，人民出版社2004年版，第823页。

个人所有制。"① 第一个否定，"是少数掠夺者剥夺人民群众"②，第二个否定，"是人民群众剥夺少数掠夺者"③。

七 对资本拜物教的批判

本卷通过前24章对直接生产过程的分析，已经阐明资本主义生产方式是以劳动者和劳动条件的分离为前提的。资本的本质就是资本家和雇佣工人之间剥削和被剥削的阶级关系。但资产阶级经济学家始终坚持把资本看作物，看成永恒的东西，这是资本拜物教的集中表现。所以，马克思在本卷最后一章即第25章，专门批判资本拜物教的谬论。这次批判并非无的放矢，而是针对英国国务活动家和经济学家爱·吉·韦克菲尔德（1796—1862年）的现代殖民理论来阐发的。

第一，资本是一种生产关系。马克思说，资产阶级"政治经济学在原则上把两种极不相同的私有制混同起来了。其中一种以生产者自己的劳动为基础，另一种以剥削他人的劳动为基础。……后者不仅与前者直接对立，而且只是在前者的坟墓上成长起来的"④。马克思又说，在殖民地"资本主义制度到处都碰到这样一种生产者的阻碍，这种生产者是自己劳动条件的占有者，靠自己的劳动使自己变富，而不是使资本家变富。在那里，这两种完全对立的经济制度之间的矛盾，在它们的斗争中实际地得到证实"⑤。在资本家有宗主国做后盾的地方，资本家就企图用暴力清除以自己的劳动为基础的生产方式和占有方式。马克思进一步指出："爱·吉·韦克菲尔德的巨大功绩，并不是他关于殖民地有什么新发现，而是他在殖民地发现了关于宗主国的资本主义关系

---

① 《资本论》第一卷，人民出版社2004年版，第874页。
② 《资本论》第一卷，人民出版社2004年版，第874页。
③ 《资本论》第一卷，人民出版社2004年版，第874—875页。
④ 《资本论》第一卷，人民出版社2004年版，第876页。
⑤ 《资本论》第一卷，人民出版社2004年版，第876—877页。

的真理。……韦克菲尔德在殖民地发现，拥有货币、生活资料、机器以及其他生产资料，而没有雇佣工人这个补充物，没有被迫自愿出卖自己的人，还不能使一个人成为资本家。他发现，资本不是一种物，而是一种以物为中介的人和人之间的社会关系。"①但是，要清楚，韦克菲尔德并不是自觉地发现了这个关键的论断，而是他的系统殖民理论不自觉地揭露了他在资本和积累理论中所竭力掩盖的这一真理。

第二，韦克菲尔德发现的自由殖民地与资本主义发展的矛盾。在自由殖民地既没有大量的隶属资本的无产者，也没有资本所需要的国内市场。这同资本主义的发展是相矛盾的。韦克菲尔德发现，在自由殖民地，大量的土地仍然是人民的财产，因此，每一个新移民都能把一部分土地变为自己的生产资料，同时，农村家庭手工业还没有消失，农业还没有同工业相分离。韦克菲尔德认为，在欧洲，劳动者的生产资料的被剥夺和资本主义生产方式的建立，是人类自愿协商和结合的结果。他提出这种"分散的野蛮的制度"破坏了"结合劳动"的基础，造成了"反资本主义"的痼疾。那么，如何解决这一矛盾呢？韦克菲尔德和他的门徒认为，必须采取人为的手段。

第三，韦克菲尔德的系统殖民方案及其实质。为了解决自由殖民地和资本主义发展的矛盾，韦克菲尔德提出两项政策主张：一是人为地对土地规定高价，迫使移民不得不长期从事雇佣劳动，才能积累起足够的资金来买地。二是促使政府用高价卖地积累的资金，从欧洲输入穷人以补充劳动力市场。韦克菲尔德认为，实行这样的政策，劳动力的供给就能充分且有规则。可见，韦克菲尔德提供的系统殖民方案的秘密就在于：工人必须为资本家创造资本，使他能够剥削更多的工人，然后又必须牺牲自己，忍受输

---

① 《资本论》第一卷，人民出版社2004年版，第877—878页。

入劳动力的排挤。这项政策的实质就是用立法手段，在殖民地制造出雇佣工人。

第四，系统殖民理论的破产。韦克菲尔德的用于殖民地的原始积累的方法，在英国实施多年之后终于遭到可耻的失败，其结果是大量移民从英国殖民地转向了北美洲，同时欧洲资本主义的发展和压迫的加重，使他的方案无用武之地。因为大量移民充塞美国劳动市场，以及美国又产生了金融贵族，造成资本迅速集中。在英属殖民地澳大利亚的资本主义生产关系也像欧洲一样发展起来了。

马克思在本章的最后总结性地指出："我们在这里并不是要研究殖民地的状况。我们感兴趣的只是旧大陆的政治经济学在新大陆发现并大声宣布的秘密：资本主义的生产方式和积累方式，从而资本主义的私有制，是以那种以自己的劳动为基础的私有制的消灭为前提的，也就是说，是以劳动者的被剥夺为前提的。"[①] 这就是说，资本只是在一定的历史条件下才出现的，它并不是物，而是具有一定历史暂时性的生产关系，它必然经历一个发生、发展和最终灭亡的历史过程。

第三节　需要研究的若干问题

一　如何理解无产阶级贫困化问题

在当今世界上还有没有绝对贫困化，这可能是一个有争议的问题，但我认为要说明这个问题需要让事实来回答。

《人民日报》2020年3月16日报道：美国在西方国家中贫富分化最为严重，2018年的基尼系数已达0.485。美国摩根大通公司发布：美国最富有的10%的家庭有近75%的家庭净资产。美联

[①] 《资本论》第一卷，人民出版社2004年版，第887页。

储报告：1989年至2018年最富有的1%的家庭占有家庭财富总额由23%上升至32%，最底层的50%的家庭财富净增长基本为0。2018年，美国贫困人口为3970万人。美国住房与城市发展部发布：每晚美国至少有50万人无家可归。有数百万人处于饥饿状态。美国有1280万儿童生活在贫困之中，5岁以下的贫困儿童多达350万人。其中有160万人生活在极端贫困之中。美国统计局公布：2018年有2750万人没有医疗保险。据美国盖洛普公司调查，美国有1500万人由于药费过高而不得不推迟购买处方药。有6500万人由于医疗费过高而放弃治疗。美国尚且如此，其他西方国家可想而知。

从以上事实可以作出一个粗略的判断：从世界范围来看，绝对贫困问题并未完全解决，但是，由于经济的发展、科技的进步，特别是广大劳苦大众的持续斗争，到今天相对贫困问题已是更为普遍的现象。

二 如何理解"重建个人所有制"问题

关于马克思提出在资本主义消灭之后要重新建立的个人所有制，究竟是指生产资料的个人所有制还是生活消费资料的个人所有制？这要从马克思自己的论述中找答案。马克思说："从资本主义生产方式产生的资本主义占有方式，从而资本主义的私有制，是对个人的、以自己劳动为基础的私有制的第一个否定。但资本主义生产由于自然过程的必然性，造成了对自身的否定。这是否定的否定。这种否定不是重新建立私有制，而是在资本主义时代的成就的基础上，也就是说，在协作和对土地及靠劳动本身生产的生产资料的共同占有的基础上，重新建立个人所有制。"①

恩格斯在《反杜林论》中讲过，资本主义灭亡后要建立的是

---

① 《资本论》第一卷，人民出版社2004年版，第874页。

生活消费资料的个人所有制。我认为恩格斯的见解应该得到大家的认同。

三 对《资本论》第一卷应有的整体理解

第一卷包含的三大部分，运用了同一个逻辑思路，各得出自己的结论。这套逻辑就是，运用科学的分析方法→阐明一个理论→完成一项转化→揭示一条规律。

第一部分：通过分析商品→阐明了劳动价值论→完成了商品到货币的转化→揭示了价值规律。

第二部分：通过分析资本总公式的矛盾→阐明了剩余价值理论→完成了货币到资本的转化→揭示了剩余价值规律。

第三部分：通过分析资本积累→阐明了资本积累理论→完成了剩余价值到资本的转化→揭示了资本主义积累的一般规律（包括资本主义相对人口过剩规律）。

总之，本卷通过一系列科学方法的分析，阐明了三大理论，完成了三个转化，揭示了三条规律，得出了一个"剥夺者被剥夺"的科学结论。

第九章

《资本论》第二卷第一篇"资本形态变化及其循环"教学大纲

本章分作四部分,第一部分为《资本论》第二卷概述。第二部分阐述第二卷第一篇学习提示。第三部分阐述第二卷第一篇基本原理。第四部分阐述需要研究的若干问题。

第一节 《资本论》第二卷概述

一 马克思《资本论》第二卷的创作过程

《资本论》第二卷是由恩格斯根据马克思的遗稿编辑而成的,出版于1885年,卷名为"资本的流通过程"。

马克思研究资本主义经济的运动规律和写作《资本论》,花费了大量心血。在《资本论》第一卷出版之前,对整部《资本论》撰写过三个手稿。《经济学手稿(1857—1858年)》,是《资本论》的第一个手稿,在这个手稿中就有一部分是写"资本的流通过程"的。①

《资本论》的第二个手稿是1861年8月至1863年6月写的《政治经济学批判》手稿。这个手稿共1472页,分为23个笔记

---

① 参见《马克思恩格斯全集》第四十六卷下册,人民出版社1980年版,第5—262页。

本。这是1859年以同一书名在柏林出版的第一分册的续篇。恩格斯在第二卷序言中说："但是，在第二册论述的题目和后来在第三册论述的许多题目，都还没有专门加以整理。它们只是附带地，特别是在手稿的主体部分，第220—972页（Ⅵ—ⅩⅤ笔记本），即《剩余价值理论》里提了一下。"①

马克思在完成《资本论》第二稿之后，紧接着于1864—1865年又写了《资本论》前三卷更为详细的新手稿。在这一手稿中才有了《资本论》第二卷的第一个比较完整的稿本。

以"第二册。资本的流通过程"为标题的手稿是《资本论》第二卷的第一个稿本。对这个稿本恩格斯的编号为《第Ⅰ稿》。很可能是马克思在1864年下半年至1865年春天写的。现在被收入《马克思恩格斯全集》第四十九卷（人民出版社1982年版，第252—525页），于马克思逝世100周年前夕才第一次和广大读者见面。

《资本论》第二册或第二卷的第2稿（《第Ⅱ稿》），马克思写于1867年8月至1870年7月。

二 恩格斯编纂出版《资本论》第二卷的过程

恩格斯曾指出：《资本论》第二册的第一个手稿"虽然在实质上已经大体完成，但是在文字上没有经过推敲……是按照作者当时头脑中发挥的思想的原样写下来的。有些部分作了详细的论述，而另一些同样重要的部分只是作了一些提示"②。

在《资本论》第二卷总共8个手稿中，1870年以前写的有4个。1870年以后，马克思生病了，撰写中断。1877年恢复健康后，"1877年3月底，他从上述四份手稿中作出提示和笔记，并以此作为重新写作第二册的基础。这一册的开头部分在第Ⅴ稿

---

① 《资本论》第二卷，人民出版社2004年版，第4页。
② 《资本论》第二卷，人民出版社2004年版，第3页。

(对开纸 56 页）中。这个手稿包括开头四章，还没有怎么加工。一些要点是放在正文下面的注释中来阐述的。材料与其说经过精心挑选，还不如说只是搜集在一起。但是，这个手稿是对第一篇的最重要部分的最后的完整的论述。——根据这份手稿整理出一份可以付印的手稿的第一次尝试，是第Ⅵ稿（写于 1877 年 10 月以后和 1878 年 7 月以前）；只有四开纸 17 页，包括第一章的大部分，第二次也就是最后一次尝试，是'1878 年 7 月 2 日'写成的第Ⅶ稿，它只有对开纸 7 页"①。

从 1880 年 10 月到 1881 年 3 月，马克思继续撰写《资本论》第二、第三卷。我认为，这里所说撰写的第二卷，当是指第二卷第 8 稿。

恩格斯在编纂第二卷时，认为第二卷的第 1 稿"没有什么可以利用的"，② 大约利用了第 2 稿的三分之一，其余系采自第 3、第 4、第 5、第 6、第 7、第 8 稿。

由于各种原因，马克思生前未能把第二卷修改定稿，并公开出版。

1885 年 5 月 5 日，恩格斯为第二卷的出版写了序言，1893 年 7 月 15 日，恩格斯为第二卷的第二版又写了"序言"。在"序言"中预告第三卷很快就可以付印，并且将第二卷摘编的情况详述附后。

恩格斯在编辑第二卷时，本着"使本书既成为一部连贯的、尽可能完整的著作，又成为一部只是作者的而不是编者的著作"③。为此，"意思上只要略有疑难的句子，我就宁愿原封不动地编入"④。恩格斯这种严肃的态度是十分可贵的。

---

① 《资本论》第二卷，人民出版社 2004 年版，第 7—8 页。
② 《资本论》第二卷，人民出版社 2004 年版，第 7 页。
③ 《资本论》第二卷，人民出版社 2004 年版，第 3 页。
④ 《资本论》第二卷，人民出版社 2004 年版，第 3 页。

恩格斯为整理出版第二卷花费了巨大的劳动。他在一封信中说："《资本论》第二卷（包括现在的第二、第三卷——引者注）我还得花不少的劳动。大部分手稿是1868年以前写的，而且有些地方仅仅是一个草稿。"① 恩格斯在患病期间也没有停止工作。他在给友人的信中说："我正在口授《资本论》第二卷，总的说来，工作进展很快，可是这毕竟是一项巨大的工作，要花很多时间，有些地方得绞尽脑汁。"②

列宁说过："整理这两卷《资本论》，是一件很费力的工作。奥地利社会民主党人阿德勒说得很对：恩格斯出版了《资本论》第二卷和第三卷，就是替他的天才的朋友建立了一座庄严宏伟的纪念碑，在这座纪念碑上，他无意中也把自己的名字不可磨灭地铭刻上去了。的确，这两卷《资本论》是马克思和恩格斯两人的著作。"③

三 《资本论》第二卷学习引导

（一）《资本论》第二卷研究对象

《资本论》第二卷的研究对象是资本的流通过程。马克思指出，《资本论》第一卷研究资本的直接生产过程，"但是，这个直接的生产过程并没有结束资本的生活过程。在现实世界里，它还要由流通过程来补充，而流通过程则是第二册研究的对象"④。并且还需弄清第二卷研究的流通过程有自己严格的特殊的规定性。

第一，第二卷研究的是资本的流通过程而不是简单的商品流通过程。简单商品流通在资本主义生产方式出现以前就已存在，它是为买而卖，目的是取得满足商品生产者自己需要的使用价值。

---

① 《马克思恩格斯全集》第三十六卷，人民出版社1975年版，第63页。
② 《马克思恩格斯全集》第三十六卷，人民出版社1975年版，第164页。
③ 《列宁选集》第一卷，人民出版社1972年版，第92页。
④ 《资本论》第三卷，人民出版社2004年版，第29页。

资本流通则不同，虽然它和简单商品流通一样，也存在商品和货币的对流关系，但它是为卖而买，目的是取得比原垫付价值更大的价值。因为这里流通的不是一般的商品，而是一定量的资本，特别是一种特殊的商品——劳动力也加入了流通。所以，资本流通就是包括剩余价值生产和实现在内的一种流通过程。

第二，第二卷研究的是广义的而不是狭义的流通过程。狭义的流通过程只是买卖过程，广义的流通还包括生产过程。《资本论》第二卷所研究的流通过程是生产过程和流通过程相统一的流通过程。第二卷虽然也研究生产过程，但不作具体分析，而是以生产的正常进行为假定条件。正如第一卷也研究流通过程，但不作具体分析，而是以流通的正常进行为假定条件。从生产过程和流通过程相统一的角度来研究流通过程，也就是研究再生产问题。当然直接生产过程也有再生产问题，即抽象掉流通过程来研究再生产，不过现实的再生产是离不开流通过程的。

第三，第二卷在研究流通过程中还研究阶级关系。资本的本质是一种阶级关系，这种阶级关系不仅体现在生产过程中，而且体现在流通过程中。资本的流通固然是资本的各种形式的更替，同时也是通过物表现出来的阶级关系的更替。例如，从 G 到 P 的转化，就包括资本家以一定量货币来购买劳动力。生产出来包含 m 的商品以后，还必须把商品转化为货币，以便实现 m，满足资本家攫取利润的需要。

第四，第二卷对资本流通过程的考察是以产业资本为背景的。

（二）第二卷的体系结构

第二卷共三篇 21 章。第一篇"资本的形态变化及其循环"，包括第 1—6 章，共 6 章。中心是说明产业资本运动是生产和流通的统一，是购、产、销三个环节并存和继起的运动过程。

第二篇"资本的周转"，包括第 7—17 章，共 11 章。中心是说明资本的周转速度和资本的使用效果之间的关系。

第三篇"社会总资本的再生产和流通",包括第 18—21 章,共 4 章。中心是说明社会资本再生产实现中的各种比例关系,特别是两大部类的比例关系。

上述三篇可归纳为两部分:第一、第二篇主要论述个别资本流通的形式和条件,第三篇主要论述社会资本流通的形式和条件。

第一篇以货币资本为研究的出发点,第二篇以生产资本为研究的出发点,第三篇以商品资本为研究的出发点。

(三)学习《资本论》第二卷的现实意义

在典型的社会主义条件下,虽然没有以追求剩余价值为目的的资本流通,但仍然存在资金流通。当然,资本流通和社会主义资金流通所反映的生产关系是不同的,不过,作为流通从物质要素的本质来说却是相同的。例如,生产与流通的一般关系、循环与周转的客观过程、固定资金与流动资金的划分以及社会再生产的条件等,在资本主义条件下和在社会主义制度下大体上都是一样的。因此学习和研究《资本论》第二卷对于我们做好宏观调控和微观管理、加速资金周转、节约资金使用、提高资金利用效果、实现国民经济稳定协调发展都具有重要指导意义。既然明确了社会主义条件下和资本主义条件下资本和资金循环与周转的物质运行条件及过程具有共同性,那么,统一使用"资本"这个概念也未尝不可。

为了坚持马克思《资本论》的阶级性,我认为对"资本"一词的运用不可泛化。在社会主义市场经济中,私有制经济的"资本",仍应明确它是带来剩余价值的价值这一定义;在国有、集体、合作等公有制经济中,可考虑不使用"资本"一词,其价值形态使用"资金"一词,其物质形态使用"资产"一词。上述区分,在中国学术界曾经得到认同,但近些年运用比较混乱,故在此特作以上说明,不知读者有何见教。

第二节 《资本论》第二卷第一篇学习提示

这一篇篇名是"资本形态变化及其循环",研究的是单个产业资本的运动。共有6章,可分作两部分:第一部分包括1—4章,主要分析资本的形态变化。第二部分包括第5、第6章,主要是分析流通时间和流通费用。

产业资本在流通中依次经过三个阶段。

第一阶段:购,在市场上进行,资本家在市场上购买劳动力和生产原材料,为进行资本生产做准备,即 $G—W\begin{cases}A\\Pm\end{cases}$。

第二阶段:产,在企业内推进生产过程 P,也就是使劳动力 A 和生产资料 Pm 相结合,生产一个包含 m 的商品 W′。

第三阶段:销,这是以售卖商品为内容的流通阶段。资本家作为售卖者的身份出现,将商品 W 卖出,实现 m。

与资本流通的三个阶段相适应,资本在循环中顺次采取三种形式,即货币资本、生产资本和商品资本。每一种资本形式都以本身为出发点,然后经过不同的形式变换,又回到自己原来的形式上,这就是资本循环。资本的流通就是采取这种不断循环的形式。

有三种资本形式,就有三种资本的循环。第1章阐述"货币资本的循环";第2章阐述"生产资本的循环";第3章阐述"商品资本的循环";第4章"循环过程的三个公式",是对以上三种循环进行综合分析。

资本的循环或者说资本的流通,既需要一定的时间,也需要一定的费用。所以,第5章研究流通时间,第6章研究流通费用。

从本篇的研究对象来看,前四章的研究内容是重要的;从社会主义市场经济发展的实际需要来看,后两章的内容也不可忽视。

第三节 《资本论》第二卷第一篇基本原理

一 货币资本的循环

货币资本循环公式：G—W…P…W′—G′，可以简化为 G—G′。

马克思为什么首先分析货币资本的循环？

第一，资本首先表现为一定数量的货币。

无论从理论上还是从历史上看，资本的货币形式都先于其他形式。

第二，既是作为一种特殊的资本形式来分析的，又是作为一般的资本循环形式来分析的。因为"货币资本的循环，是产业资本循环的最片面、从而最明显和最典型的表现形式；产业资本的目的和动机——价值增殖，赚钱和积累——表现得最为醒目（为贵卖而买）"。① 这是马克思的一个著名论断。

本章采取从分析到综合的方法，先分析三阶段，然后对货币资本循环进行总体考察。

第一阶段：G—W，购买阶段。

从形式上看与一般商品流通相同，但从资本家购买物品的内容来看，则和一般商品流通有本质区别。因为货币 G—商品 W 中包含了货币 G—劳动力 A。马克思说："G—A 一般被看作是资本主义生产方式的特征。"②

在 G—W 中还包括有一定量的生产资料 Pm。正如马克思所说："G—Pm 所以必要，只是为了实现在 G—A 中购买的劳动量。"③

---

① 《资本论》第二卷，人民出版社2004年版，第70页。
② 《资本论》第二卷，人民出版社2004年版，第36页。
③ 《资本论》第二卷，人民出版社2004年版，第36页。

还要研究 A 和 Pm 的量的比例。马克思说："$G—W\begin{cases}A\\Pm\end{cases}$ 不仅表示一种质的关系；……它还表示一种量的关系，即用在劳动力 A 上面的货币部分和用在生产资料 Pm 上面的货币部分的量的关系。这种量的关系一开始就是由一定数量的工人所要耗费的超额即剩余劳动的量决定的。"①

那么，工人的剩余劳动越多，所需要的 Pm 是多是少？

马克思说："要购买的生产资料的数量和规模，必须足以使这个劳动量得到充分的利用。"②

还要注意："如果货币是第一次转化为生产资本，或者对它的所有者来说是第一次执行货币资本的职能，他就必须在购买劳动力之前，首先购买厂房、机器等等生产资料；因为劳动力一旦归他支配，他就必须具备生产资料，以便能够把劳动力当作劳动力来使用。"③

$G—W\begin{cases}A\\Pm\end{cases}$ 是以资本主义生产资料所有制为基础的，即以 Pm 和 A 相分离为基础的。马克思指出："问题的实质，在这里作为 $G—W\begin{cases}A\\Pm\end{cases}$ 行为的基础的，是分配。所谓分配，不是通常意义上的消费资料的分配，而是生产要素本身的分配，其中物的因素集中在一方，劳动力则与物的因素相分离，处在另一方。"④《资本论》第一卷第 4 章的论述与此相关。

马克思说："通过从货币资本到生产资本的转化，资本价值取得了一种实物形式，这种形式的资本价值不能继续流通，而必须

---

① 《资本论》第二卷，人民出版社 2004 年版，第 33 页。
② 《资本论》第二卷，人民出版社 2004 年版，第 33 页。
③ 《资本论》第二卷，人民出版社 2004 年版，第 37 页。
④ 《资本论》第二卷，人民出版社 2004 年版，第 40 页。

进入消费,即进入生产消费。"①

第二阶段:W…P…W′,生产阶段。

在此,A 和 Pm 相结合,生产出一个包含 m 的商品,其价值大于所消耗的资本价值。重要的是,马克思说:"不论生产的社会的形式如何,劳动者和生产资料始终是生产的因素。但是,二者在彼此分离的情况下只在可能性上是生产因素。凡要进行生产,它们就必须结合起来。实行这种结合的特殊方式和方法,使社会结构区分为各个不同的经济时期。"②

第三阶段:W′—G′,流通阶段。

通过这一阶段,剩余价值 m 才能实现。

W 和 G 都包含 m,所以 W′—G′ = W′(W + w)—G′(G + g)。

总循环。货币资本总循环的公式是 G—W$\begin{cases}A\\Pm\end{cases}$…P…W′(W + w)—G′(G + g)。

其特点:

第一,G 是预付,不是花掉,"G…G′,最明白地表示出资本主义生产的动机就是赚钱"③。

第二,生产阶段成为两个流通阶段的中断,这个中断"它只是预付价值增殖的手段,也就是说,发财致富本身才是生产的自身目的"④。

第三,"从价值生出剩余价值,不仅表现为过程的开始和终结,而且明显地表现在金光闪闪的货币形式上"⑤。

第四,货币资本循环,不包括个人消费,而商品资本循环就

---

① 《资本论》第二卷,人民出版社 2004 年版,第 41—42 页。
② 《资本论》第二卷,人民出版社 2004 年版,第 44 页。
③ 《资本论》第二卷,人民出版社 2004 年版,第 67 页。
④ 《资本论》第二卷,人民出版社 2004 年版,第 68 页。
⑤ 《资本论》第二卷,人民出版社 2004 年版,第 68 页。

包括个人消费。

最后还应指出，在货币资本循环的反复进行中，可以看出生产资本和商品资本的循环，因为三种循环是相继进行的。

二　生产资本的循环

生产资本循环公式：P⋯W′—G′—W⋯P，可以简化为：P⋯P。

由上也可以看出，资本的生产过程就是 m 的周期的再生产过程。

简单再生产条件下，生产资本循环为：①

$$P\cdots W' \begin{bmatrix} W \\ + \\ w \end{bmatrix} \begin{bmatrix} G \\ + \\ g \end{bmatrix} \begin{matrix} W \begin{Bmatrix} A \\ Pm \end{Bmatrix} \cdots P \\ \\ w \end{matrix}$$

在简单再生产条件下，作为 P⋯P 中介的 W′—G′—W，包含两段流通：资本价值的流通和 m 的流通。二者从形式上看都表现为简单商品流通，从本质上看都是资本流通。

扩大再生产条件下，生产资本循环为：

$$P\cdots W'-G'-W' \begin{Bmatrix} A \\ Pm \end{Bmatrix} \cdots P'$$

以上假定全部 m 都用于扩大再生产。

第二卷第 2 章对生产资本循环的分析与经济危机有关。马克思在这里说："产品只要卖出，在资本主义生产者看来，一切就都正常。"② 因为如果产品卖不出去，资本价值的循环就会中断，经

---

① 《资本论》第二卷，人民出版社 2004 年版，第 87 页。
② 《资本论》第二卷，人民出版社 2004 年版，第 88 页。

济危机就会发生。

三　商品资本的循环

商品资本循环公式 W′—G′—W…P…W′，可以简化为 W′—W′。

商品资本循环的特点：

第一，在商品资本循环中，是从总流通 W′—G′—W 开始的。"在形式Ⅰ即 G…G′ 中，生产过程出现在资本流通的两个互相补充又互相对立的阶段的中间；……在形式Ⅱ即 P…W′—G′—W…P（P′）中，总流通过程跟随在第一个 P 的后面，发生在第二个 P 的前面；但它的顺序和形式Ⅰ中相反"①，为生产之媒介，故生产资本循环突出了流通过程。

第二，商品资本循环不是从预付资本价值开始，而是从已经增殖的资本价值开始的。

第三，商品资本循环是作为社会总资本循环的形式。马克思说："W′—W′ 是惟一的这样的一个循环，在这个循环中，原来预付的资本价值只形成运动始极的一部分，因而运动一开始就表明是产业资本的总和运动，既是补偿生产资本的那部分产品的运动，又是形成剩余产品的那部分产品（通常部分作为收入花掉，部分要用作积累要素）的运动。"② 马克思又说："这个循环的所有这些特征，都表明这个循环已经超出它作为一个单纯单个资本的孤立循环的范围。"③

四　循环过程的三个公式

产业资本循环"不仅是流通过程和生产过程的统一，而且是

---

① 《资本论》第二卷，人民出版社 2004 年版，第 106—107 页。
② 《资本论》第二卷，人民出版社 2004 年版，第 113 页。
③ 《资本论》第二卷，人民出版社 2004 年版，第 114 页。

它的所有三个循环的统一"①。为什么说是三个循环形式的统一呢？这是因为：

第一，三个循环的前提都是表现为它们的结果，而结果又表现为过程本身所需要的前提。这是形式上的共同点。

第二，从本质上看，三种循环都以价值增殖为目的。

第三，三种循环的区别都是有意识考察的结果。

马克思说："资本作为自行增殖的价值，不仅包含着阶级关系，包含着建立在劳动作为雇佣劳动而存在的基础上的一定的社会性质。它是一种运动，是一个经过各个不同阶段的循环过程，这个过程本身又包含循环过程的三种不同的形式。因此，它只能理解为运动，而不能理解为静止物。"②

但这种运动的连续性靠什么来维持呢？只能靠资本循环中的"并列存在和相继进行"的规程。这既是资本循环的特征也是它的要求，所以很重要。

马克思说："连续性是资本主义生产的特征，是由资本主义生产的技术基础所决定的，虽然这种连续性并不总是可以无条件地达到的。"③为什么呢？马克思指出："就各个单个资本来说，再生产的连续性有时或多或少地会发生中断。第一，价值总量在不同的时期往往以不等的部分分配在各个不同阶段和职能形式中。第二，这些部分可以按照所生产的商品的性质，即按照资本投入的特殊的生产领域，进行不同的分配。第三，在有季节性的生产部门，不论是由于自然条件（如农业、捕鲱鱼等），还是由于习惯（例如在所谓季节劳动上），连续性可能或多或少地发生中断。"④

---

① 《资本论》第二卷，人民出版社2004年版，第119页。
② 《资本论》第二卷，人民出版社2004年版，第121—122页。
③ 《资本论》第二卷，人民出版社2004年版，第118页。
④ 《资本论》第二卷，人民出版社2004年版，第121页。

五 流通时间

第二卷第5章所讲的流通时间是广义的流通时间,即资本通过一次循环所需要的全部时间,包括生产时间和流通时间两部分。马克思说:"资本在生产领域停留的时间是它的生产时间,资本在流通领域停留的时间是它的流通时间。所以,资本完成它的循环的全部时间,等于生产时间和流通时间之和。"①

生产时间依劳动力和生产资料在生产过程中是否结合而分为劳动时间和非劳动时间。劳动时间是劳动力和生产资料结合在一起而使生产资本正在发挥职能的时间。非劳动时间是生产资料虽处于生产领域但没有和劳动力结合起来的时间。其中包括:①自然力作用的时间;②生产资料储备时间;③停工时间(有正常停工如检修和非正常停工如事故之分)。

在生产时间中,只有劳动时间才创造价值和剩余价值。在非劳动时间,由于劳动力没有同生产资料相结合,也即由于雇佣工人没有进行劳动,不可能创造价值和剩余价值。因此,劳动时间在全部生产过程所占的比重越大,资本增殖的效率就越高。"因此,资本主义生产的趋势,是尽可能缩短生产时间超过劳动时间的部分。"②

资本的流通时间包括出售(W—G)和购买(G—W)两部分。出售和购买是资本的两个流通阶段。在出售过程中实现原垫付的资本价值和剩余价值,即 W′(W+w)—G′(G+g)。在购买过程中,资本价值转化为各种生产要素:A 和 Pm。

在资本主义条件下,商品售卖时间较长,购买时间一般来说较短,但不同条件下有不同的过程。

流通时间和生产时间是相互排斥的。资本家总想缩短流通时

---

① 《资本论》第二卷,人民出版社2004年版,第138页。
② 《资本论》第二卷,人民出版社2004年版,第141页。

间，延长生产时间，但常常事与愿违。

六 流通费用

《资本论》第二卷第 6 章论述流通费用问题，但在第三卷第四篇讲商业资本时还有更详细的论述。

资本循环在流通领域所耗费的费用，叫作流通费用。马克思把流通费用分为两类：一类是纯粹流通费，另一类是保管费和运输费。二者的区别在于：①纯粹流通费是只同资本价值形式变化有关的费用，因而它是商品社会所特有的费用；保管费和运输费则是同生产过程在流通领域的继续有关的费用。这种费用在任何社会都是需要的。②纯粹流通费不能转移到商品价值中，这部分费用要由剩余价值来补偿；保管费和运输费则可以转移到商品价值中，因为这部分费用具有生产性。

纯粹流通费包括买卖行为、簿记和货币使用所发生的费用。具体来说：①买卖行为。由货币转化为商品以及由商品转化为货币，这就是买卖行为。为买卖而付出的活劳动和物化劳动，只能使资本在流通领域转换形式，或采取商品形式，或采取货币形式。这种劳动虽为资本正常循环所不可缺少，但不能创造价值和剩余价值。买卖操作就是售货员、采购员、展销员等的业务。②簿记。纯粹流通费除耗费在实际的买卖过程中外，还耗费在簿记上，包括为进行簿记所花费的活劳动和各种物化劳动，如财会人员工资和账本、保险柜等。簿记的职能既不形成产品，也不形成价值，但资本家必须把一部分资本用于雇佣簿记员和购置簿记用品。这部分资本是从生产过程中抽出来的，是对总收益的扣除。从这一点来看，簿记和买卖行为是一样的，但二者又有区别，买卖只同商品交换相联系，簿记则同一切生产过程都有关系，而且生产越社会化，就越需要簿记。③货币使用。随着资本主义的发展，金和银作为货币商品的需要量越来越大，它们的磨损也越来越多，为此而付出的补偿费也属于纯粹流通费。

保管费是生产过程在流通中继续进行而追加的费用。因为这些费用不发生在生产领域而发生在流通领域。马克思说："没有流通的停滞，就不会有储备，……没有商品储备，就没有商品流通。"① 要储备，就要有费用支出。

首先，保管费包括储备品的数量损耗和质量劣化。

其次，支付保管费不是为了价值形式的转化，而是为了保存价值。要保存价值就要首先保存好使用价值，为此就需要费用。

再次，保管费在一定程度上会加入商品价值，因此它会使商品变贵。但由于商品滞销、积压而额外支出的保管费，它和纯粹流通费一样，不加入商品价值，反而要扣除价值。

最后，储备品保管越集中，保管费相对越少。

运输费和保管费一样，都是由生产过程在流通中的继续引起的费用，是带有生产性质的流通费。

运输是连接生产和消费的必要环节。运输有两种：一种是企业内的运输，它就属于生产过程本身；另一种是企业外的运输，这里研究的就是这种运输。

运输业是一个产业部门。运输力是一种生产力。运输费和保管费一样加入商品价值。运输业的劳动生产率越高，运费就越低，加入商品价值的数量就越少，反之则相反。

流通费用的支出，会使商品价格变贵，使商品销售困难。所以，资本家总要设法减少流通费，对我们社会主义流通业来说更应如此。

由上述可见，学习《资本论》第二卷中的循环理论，对于我们改善社会主义的经济管理和生产经营，具有很重要的意义。因为资本循环过程，除去它的社会性质，就物质运动本身来说，社

---

① 《资本论》第二卷，人民出版社2004年版，第163页。

会主义市场经济中的循环和资本主义社会中的循环是一样的。

第四节 需要研究的若干问题

第一，马克思说："簿记对资本主义生产，比对手工业和农民的分散生产更为必要，对公有生产，比对资本主义生产更为必要。但是，簿记的费用随着生产的积聚而减少，簿记越是转化为社会的簿记，这种费用也就越少。"① 簿记如果就是指企业内的会计账本的购买和记账劳务，能有这么重要的意义吗？马克思指的是不是包括企业在内的整个国民经济的统计与核算？这是值得深入思考的问题。

第二，马克思说："没有商品储备，就没有商品流通。"② 在马克思那个时代应该是这样的，但是，到现在随着信息化程度不断提高，例如日本有些企业早就没有仓库了，车间生产出来的产品便直接按计划运交买主，这种情形将会越来越多。所以，现在看来马克思的上述论断需要再斟酌。

---

① 《资本论》第二卷，人民出版社2004年版，第152页。
② 《资本论》第二卷，人民出版社2004年版，第163页。

第十章

《资本论》第二卷第二篇 "资本周转"教学大纲

第一节 《资本论》第二卷第二篇学习提示

一 本篇的研究对象

本篇研究的对象仍然是个别资本的运动,但这里是从资本周转的角度来研究个别资本的运动的,也就是说,研究的对象是资本的周转。

什么是资本的周转?马克思说:"资本的循环,不是当作孤立的过程,而是当作周期性的过程时,叫作资本的周转。"[1] 简单来说,反复进行的资本循环就是资本的周转。资本循环所考察的范围是资本由出发点起又回到出发点止这一运动过程;资本周转所考察的范围,则是资本不断地由出发点又回到出发点这一反复的循环过程。

第二卷第一、第二篇虽然都是研究个别资本的运动,并且都是要通过研究个别资本运动来揭示资本主义生产的实质——剩余价值的生产,但二者研究的具体内容是不同的。

资本循环考察的是个别资本运动的阶段、不同形式及其循环过程。马克思说:"在第二篇,循环是作为周期的循环,也就是作

---

[1] 《资本论》第二卷,人民出版社2004年版,第174页。

为周转来考察的。这里一方面指出了，资本的不同组成部分（固定资本和流动资本）怎样在不同的时间以不同的方式完成各种形式的循环；另一方面又研究了决定劳动期间和流通期间长短不同的各种情况。我们还指出了，循环期间及其组成部分的不同比例，对生产过程本身的范围和年剩余价值率有怎样的影响。"① 这就是说，第二卷第二篇研究的是周转方式与周转时间及其影响。周转时间和周转方式都与周转速度相关。所以，第二篇研究的重点是资本周转速度及其影响，因为周转速度越快资本家所得 m 就越多。

可见，第一篇研究的是抽象一点的问题，而第二篇研究的就比较具体了。这也是一种从抽象到具体的研究方法的运用。

马克思在第二篇是以何种资本形式来分析资本周转问题的呢？我们知道，资本循环主要是以货币资本来表现的，资本周转却主要是以生产资本作为分析对象。为什么呢？这是因为资本主义生产的目的是榨取 m，也就是要使预付资本得到增殖。所以，分析资本周转就要分析预付资本的周转。在商品资本、货币资本和生产资本三种资本形式中，商品资本循环的起点不是预付资本的价值，而是已经增殖的资本价值。所以，分析资本周转不能以商品资本为对象，只能以货币资本和生产资本为对象。在这两种资本形式中，预付资本的价值是出发点，也是复归点。马克思说："至于循环Ⅰ和循环Ⅱ，那么，在主要是研究周转对剩余价值的形成的影响时，我们应该抓住前者；而在主要是研究周转对产品的形成的影响时，我们就应该抓住后者。"② 但是，由于生产资本的不同组成部分具有不同的周转方式和周转时间，与资本周转的快慢关系很大，分析资本周转主要应该分析生产资本的周转。

---

① 《资本论》第二卷，人民出版社2004年版，第391页。
② 《资本论》第二卷，人民出版社2004年版，第173页。

二 本篇的体系结构

第二篇共有 11 章,即第 7—17 章,可分为三个部分,其主要内容和它们之间的关系如下。

第一部分:包括第 7 章"周转时间和周转次数"。这一章是本篇的导论。在这里先给资本周转下了个定义,然后主要讲了资本周转速度的两种表示方法,即周转时间和周转次数。周转速度是本篇研究的重点。

第二部分:包括 7 章,即第 8—14 章,主要分析影响资本周转速度的两种因素。第一个因素在第 8—11 章中阐述,要点是生产资本的构成同资本周转速度的关系。其中,第 8 章阐述"固定资本和流动资本",第 9 章阐述"预付资本的总周转。周转的周期",第 10、第 11 章是批判资产阶级经济学家关于固定资本和流动资本的理论。第 12—14 章分析第二个因素,即劳动时间、生产时间和流通时间同资本周转速度的关系。为此,第 12 章分析"劳动时间",第 13 章分析"生产时间",第 14 章分析"流通时间"。

第三部分:包括 3 章,即 15—17 章,主要阐明资本周转快慢对预付资本量、m′和再生产的影响。为此,第 15 章阐述"周转时间对预付资本量的影响",第 16 章阐述"可变资本的周转",第 17 章阐述"周转时间对剩余价值流通的影响"。

上述三个部分,总体上阐明了资本周转的方式(第一部分)、速度(第二部分)和影响(第三部分),逻辑上十分清晰。

三 本篇研究方法上的特点

(1) 主要是从微观角度研究。
(2) 主要是进行动态研究。
(3) 主要是进行定量研究。

第二节 《资本论》第二卷第二篇基本原理

一 考察资本周转速度的两种方法

分析周转问题的重点是速度,而考察资本周转速度有两种方法:一是周转时间,二是周转次数。

什么是资本周转时间?马克思说:"资本的循环,不是当作孤立的过程,而是当作周期性的过程时,叫作资本的周转。这种周转的持续时间,由资本的生产时间和资本的流通时间之和决定。这个时间之和形成资本的周转时间。"① 马克思认为,"对资本家来说,他的资本的周转时间,就是他必须预付他的资本,以便使它增殖并回到它原有形态的时间"②。

资本周转时间也就是资本周转一次所需的时间。或者说,资本价值从一个循环开始之后到下一个循环开始之前这一段间隔时间。

资本周转时间习惯上按天计算,周转时间与周转速度成反比。

周转次数习惯上是按一年内的周转次数来表示的。为什么要按年来计算周转次数?马克思说:"这个计量单位的自然基础是,在温带这个资本主义生产的祖国,最重要的农产品都是一年收获一次。"③

在第二卷第 7 章第 174 页中,有一个资本周转次数的计算公式:

$$n（资本周转次数） = \frac{U（周转时间的计量单位——年）}{u（一定资本的周转时间）}$$

为了追求更多的 m,资本家总是竭力缩短周转时间,增加周

---

① 《资本论》第二卷,人民出版社 2004 年版,第 174 页。
② 《资本论》第二卷,人民出版社 2004 年版,第 174 页。
③ 《资本论》第二卷,人民出版社 2004 年版,第 174 页。

转次数，加快资本的周转速度。

二 关于固定资本和流动资本

（一）固定资本和流动资本的划分

（1）根据资本不同部分在价值增殖中的作用不同划分为不变资本、可变资本。

（2）根据资本形态不同划分为劳动资料、劳动对象、劳动力。

（3）根据资本在流通中价值转移方式不同划分为固定资本、流动资本。

（二）固定资本和流动资本的区别

1. 二者价值周转的方式不同

固定资本的物质形态是全部参加生产过程，并在多次劳动过程中发挥作用，而其价值是根据磨损程度逐渐转移到新产品中的。在价值转移完之前，它的实物形态一直固定在劳动过程中。流动资本中的劳动对象部分，其使用价值在一次劳动过程中就全部消耗掉了，它的价值也就在一次劳动过程中全部转移到新产品中去了。流动资本中的劳动力价值不是转移到新产品中去的，而是在生产过程中把劳动力的价值再生产出来，不仅生产出它的等价，还生产出 m。但劳动对象和劳动力这两部分价值周转方式总的来说是一样的。劳动力的使用价值一次被消耗，一次被再生产出来，并全部加入新产品中。劳动对象的使用价值也是一次被消耗，一次全部转移到新产品中。

2. 二者周转的时间不一样

固定资本周转一次的时间比较长，流动资本周转一次的时间比较短。所以，前者周转一次，后者可以周转多次。

3. 二者回收的方式和期限不同

固定资本是一次投入和预付，分期逐步回收，全部价值的回收期限较长。

流动资本是一次投入和预付，一次回收，全部价值的回收期限较短。

4. 二者的物质更新方法不同

固定资本的各种物质要素，在其发挥作用的期限内，无须不断购买和更新；而流动资本的各种要素，无论是原料还是劳动力，都要在实物形式上不断更新。

最后要明确，固定资本和流动资本的划分，只适用于生产资本，对货币资本和商品资本这些处于流通领域的资本，不能作如此划分。处于流通领域的资本叫作流通资本，不可与流动资本混淆。

同时，还要特别注意，不能以劳动资料的物理性质来划分固定资本和流动资本，如误认为厂房不会动，就是固定资本，船舶会滑动就是流动资本，这是错误的，其实船舶也是固定资本。

还有，同一种东西是不是固定资本，要根据它在劳动过程中的职能来确定。"牲畜作为役畜，是固定资本；作为肥育的牲畜，则是原料，它最后会作为产品进入流通，因此不是固定资本，而是流动资本。"[①]

三　固定资本的磨损、更新和维修

由上可知，固定资本的周转要比流动资本的周转复杂些，所以，马克思在第 8 章分析了固定资产和流动资本的划分以后，还专门分析了固定资本本身的一系列问题。

（一）固定资本的磨损

固定资本的磨损有两种，即有形磨损和无形磨损，也即物质磨损和精神磨损。

物质磨损是指机器、厂房、建筑物等固定资本的物质要素的

---

① 《资本论》第二卷，人民出版社 2004 年版，第 181 页。

损耗。起因有二：一是由于使用，二是自然力的作用（氧化了、生锈了等）。

精神磨损是在固定资本有效使用期限内，由生产技术进步引起的资本价值的贬值。其中有两种情况：①由于劳动生产率提高，生产同样机器设备的社会必要劳动时间减少，原有固定资本的价值相应下降；②由新的技术的发明和应用，出现了新的效率更高的机器设备，致使原有的机器设备贬值。

（二）固定资本的更新

固定资本的更新是指固定资本在物质形态上的替换、在价值形态上的补偿。固定资本更新和提前更新的原因有：①有形磨损到了该替换的程度；②精神磨损达到了该替换的程度；③竞争迫使更新；④危机或灾祸爆发。

固定资本更新有两种形式：①一次全部更新；②逐渐局部更新，如当年"比利时铁路上的枕木每年更新8%，因而在12年内全部更新了"①。当然这和劳动资料本身的特点有关。

（三）固定资本的折旧基金

固定资本要更新就要设立折旧基金，即逐年按照固定资本磨损程度而提取的货币准备金。折旧基金的年额等于固定资本的原价除以它平均使用的年限。

折旧基金是为了替换已经磨损完了的劳动资料，所以是为了进行简单再生产。但在未用于更新之前，也可把折旧基金用来进行扩大再生产。这就是所谓没有积累也可以进行扩大再生产。讲到这个问题时，马克思提出了一个重要原理，即内涵扩大再生产和外延扩大再生产的划分问题。马克思说："如果生产场所扩大了，就是在外延上扩大；如果生产资料效率提高了，就是在内涵上扩大。这种规模扩大的再生产，不是由积累——剩余价值转化

---

① 《资本论》第二卷，人民出版社2004年版，第191页。

为资本——引起的，而是由从固定资本的本体分出来、以货币形式和它分离的价值再转化为追加的或效率更大的同一种固定资本而引起的。"① 这就是利用折旧基金进行扩大再生产。

（四）固定资本的维修

为了保证固定资本各个物质要素的正常使用，必须进行维护和修理。

固定资本的维持有两种方法：第一，使用。马克思说："固定资本的维持，部分地是依靠劳动过程本身；固定资本不在劳动过程内执行职能，就会损坏。……这种在劳动过程中通过使用而得到的保存，是活劳动的无偿的自然恩惠。"② 第二，支出劳动，如擦洗。为维持固定资本所花去的费用，就是固定资本的维护费用。这种费用属于流动资本，要按年平均计算，分摊到全部产品中。

机器在使用中遇到损伤而必须修理，为此要支付修理费。这种追加资本，也属于流动资本，也要按照固定资本的平均寿命分摊到产品价值中。

除维持费和修理费外，还需要保险费。马克思说："保险必须由剩余价值补偿，是剩余价值的一种扣除。或者，从整个社会的观点来看，必须不断地有超额生产，也就是说，生产规模必须大于单纯补偿和再生产现有财富所必要的规模，——完全撇开人口的增长不说——以便掌握一批生产资料，来弥补偶然事件和自然力所造成的异乎寻常的破坏。"③

四　预付资本的总周转。周转的周期

资本的各个组成部分其周转速度是不同的，那么，如何计算出总的周转速度呢？马克思在本篇第9章里说："预付资本的总周

---

① 《资本论》第二卷，人民出版社 2004 年版，第 192 页。
② 《资本论》第二卷，人民出版社 2004 年版，第 193 页。
③ 《资本论》第二卷，人民出版社 2004 年版，第 198 页。

转，是它的不同组成部分的平均周转。"① 计算方法如表 10 – 1 所示：

表 10 – 1　　　　　　　　预付资本总周转

生产资本的各要素	价值（万元）	一年周转次数	一年周转的总价值（万元）
固定资本小计	30	10	3
厂房	8	1/20	0.4
机器	18	1/10	1.8
其他设备	4	1/5	0.8
流动资本	10	6	60
全部预付资本	40	1.58	63

$$预付资本总周转 = \frac{年周转价值}{预付资本量} = \frac{63 万元}{40 万元} = 1.58 次$$

在这里，马克思提出了经济危机周期性的物质基础的原理。他说："大工业中最有决定意义的部门的这个生命周期现在平均为 10 年。……危机总是大规模新投资的起点。因此，就整个社会考察，危机又或多或少地是下一个周转周期的新的物质基础。"② 现实中，经济危机的周期大约也是 10 年。

五　劳动期间、生产时间和流通时间

影响资本周转速度的除固定资本和流动资本的区分及其比例外，还有劳动期间、生产时间和流通时间的长短。

（一）劳动期间

什么是劳动期间？马克思是在第二卷第 12 章里阐述的，他说："这种由许多依次进行、互相连接的工作日构成的工作日，我

---

① 《资本论》第二卷，人民出版社 2004 年版，第 204 页。
② 《资本论》第二卷，人民出版社 2004 年版，第 207 页。

称为劳动期间。我们讲工作日，指的是工人每天必须耗费劳动力，每天必须劳动的劳动时间的长短。而我们讲劳动期间，指的是一定生产部门为提供一件成品所必需的互相连接的工作日的数目。在这里，每个工作日的产品只是局部产品，它每天继续被加工，到一个或长或短的劳动期间结束的时候，才取得完成的形态，成为一个完成的使用价值。"①

劳动期间的长短是由产品的性质、生产规模和生产技术水平决定的。

劳动期间的长短，不仅会影响资本周转速度，而且会影响预付流动资本的数量。所以，资本主义初期，资本家由于资本不多很少有经营劳动期间长、规模很大的项目。

缩短劳动期间的途径：①改善劳动组织和生产组织；②采用新技术；③主要是在农业和畜牧业中，利用自然条件，缩短劳动时间；④发展信用事业和加快资本的积聚与集中。

（二）生产时间

生产时间包括三部分：①与劳动期间不同的劳动时间；②自然力作用时间；③生产资料储备的时间。

马克思在这里提出："可以看到，生产期间和劳动期间的不一致（后者仅仅是前者的一部分）怎样成为农业和农村副业相结合的自然基础。"②"漫长的生产时间（只包含比较短的劳动时间），从而其漫长的周转期间，使造林不适合私人经营，因而也不适合资本主义经营。资本主义经营本质上就是私人经营，即使由联合的资本家代替单个资本家，也是如此。"③

资本受自然过程支配的时间可因技术进步而缩短，但固定资本会因此而增加。生产资料停留在生产储备形式上的多少，

---

① 《资本论》第二卷，人民出版社 2004 年版，第 257 页。
② 《资本论》第二卷，人民出版社 2004 年版，第 269 页。
③ 《资本论》第二卷，人民出版社 2004 年版，第 272 页。

取决于更新时困难的大小，取决于供应市场的相对距离，取决于交通运输工具发展的情况，等等。此外，还受流通领域情况的制约。

如果生产时间和劳动时间差距过大，固定资本的使用会中断，其间支付的费用和损耗也会转移到产品价值中，而使产品变贵。所以，为了缩短资本周转时间和加快资本周转速度，不仅要尽量缩短劳动时间，而且要尽量缩短生产时间和劳动时间的差距。

（三）流通时间

流通时间长短是影响资本周转速度的一个重要因素。

流通时间由购买和出售两段时间构成。在资本主义条件下，出售时间更具有重要意义。马克思说："流通时间的一部分——相对地说最有决定意义的部分——是由出售时间，即资本处在商品资本状态的时间构成的。流通时间，从而整个周转期间，是按照这个时间的相对的长短而延长或缩短的。"[1]

影响流通时间长短的主要有三个因素：①销售地和生产地的距离。②交通运输条件。③市场供求情况，这一点既影响买，也影响卖。

六　资本周转速度的影响

（一）对预付总资本量的影响

第一，可以加速固定资本周转，加速其更新，避免和减少精神磨损。

第二，节约流动资本。

（二）对年 M' 的影响

年 M' 就是一年生产的 m 与预付 v 的比率，一般用 M' 表示。年

---

[1]《资本论》第二卷，人民出版社2004年版，第276页。

M′与 m′不同。M′不仅反映剥削程度，而且反映资本周转速度。

这一节还讲到资本周转快的部门和资本周转慢的部门必须保持一定的比例。

（三）对 m 流通的影响

资本周转速度不仅对生产有重大影响，而且对 m 流通也有影响。m 流通首先是指 m 实现，也就是包含商品资本转化为货币资本的过程。资本周转越快，m 实现就越快；反之，则越慢。

m 流通还包括 m 的实现方式问题，即 m 如何转化为资本家的个人消费资料和转化为追加的生产资料以扩大再生产。周转快的资本，可以在原预付资本量的基础上扩大再生产，也可以用一部分 m 从事技术改良，或者用以追加流动资本。所以，资本家总是要尽快加速资本周转。

第三节　需要研究的若干问题

一　加速社会主义企业资金周转的功效何在

加速社会主义企业资金周转的功效主要如下。

（1）可以增加利润。

（2）可以节约资金。

（3）可以降低单位产品的价值和价格。

二　《资本论》中的资本周转理论为我们社会主义企业管理提供了哪些启发

核心是缩短生产时间和流通时间。途径如下。

（1）采用新技术。

（2）提高劳动生产率。

（3）改善交通运输条件。

（4）推进信息化数字化。

三　如何加强固定资产管理

（1）合理测定物质磨损。

（2）合理测定精神磨损。

（3）合理确定固定资产折旧率。

（4）合理使用折旧基金。

（5）提高生产性固定资本的比例。

（6）实施固定资产有偿使用制度。

（7）推进固定资产智能化。

（8）提高固定资产完好率。

（9）提高设备使用率。

（10）合理实施固定资产租赁制。

（11）推动固定资产技术创新。

（12）其他。

第十一章

《资本论》第二卷第三篇"社会总资本的再生产和流通"教学大纲

第一节 《资本论》第二卷第三篇学习提示

一 本篇的研究对象

《资本论》第二卷第三篇的篇名是"社会总资本的再生产和流通"。再生产问题,马克思在《资本论》第一卷第七篇已经论述过,本篇再研究再生产问题是因为特别需要。马克思说:"在本书第一册,我们把资本主义生产过程,既作为孤立过程,又作为再生产过程来分析,我们分析了剩余价值的生产和资本本身的生产。资本在流通领域所经历的形式变换和物质变换被假定为前提,而没有进一步加以论述。"① 这就是说:第一卷只是从剩余价值如何转化为资本的角度来研究再生产问题,即只研究了再生产的实质,而对于"资本在流通领域所经历的形式变换和物质变换",只是假定为既有的正常条件,而没有加以论述。第一卷没有论述的问题,正是第二卷应着重研究的对象。但是,关于资本在流通领域所经历的形式变换和物质变换,第二卷前两篇也研究过了,那么,本篇的研究还有何必要和特点呢?我们知道,第二卷前两篇是从个别资本的角度来研究资本在流通中的形式变换和物质变换

---

① 《资本论》第二卷,人民出版社2004年版,第391页。

第十一章 《资本论》第二卷第三篇"社会总资本的再生产和流通"

的。所以，本篇的研究对象就是社会总资本在流通中的形式变换和物质变换问题，也就是社会总资本的再生产和流通问题。这是在第一卷和第二卷前两篇中都未曾论及的。

什么是社会总资本？在资本运动过程中，相互依存、相互制约的个别资本的总和，就是社会总资本。马克思说："社会资本的运动，由社会资本的各个独立部分的运动的总和，即各个单个资本的周转的总和构成。"[①]

我们知道，在资本主义条件下，个别资本，一方面，因归于不同的资本家所有而相互独立、相互排斥；另一方面，又因分工不同而必然相互联系。这就是说，一切企业（单个资本）既必须向其他企业出售自己的产品，又需要别的企业为它提供一部分或全部生产资料，同时还需要别的企业为它提供一部分或全部生活资料。这种相互依存相互制约的个别资本的总和就是社会总资本。马克思说："各个单个资本的循环是互相交错的，是互为前提、互为条件的，而且正是在这种交错中形成社会总资本的运动。"[②]

所谓社会总资本的运动，就是指社会总资本在流通中的形式变换和物质变换问题。具体来说就是：第一，社会总资本的价值是怎样实现的，也就是说社会总产品的各个部分究竟卖给谁？第二，为生产社会总产品所消耗的各种物质资料如何在实物上得到补偿，即资本家从哪里取得生产资料？工人和资本家从哪里取得生活资料？论述至此，我们就能明确本篇的研究中心就是社会总产品怎样在价值上得到补偿、在物质上得到替换的问题。这个问题就是社会总产品的实现问题。列宁说过："实现问题也就是分析社会产品的各部分如何按价值和物质形态补偿的问题。"[③]

由上可见，研究社会总资本的再生产和流通即社会总产品的

---

① 《资本论》第二卷，人民出版社2004年版，第390页。
② 《资本论》第二卷，人民出版社2004年版，第392页。
③ 《列宁全集》第二卷，人民出版社1984年版，第132页。

形式变换和物质变换,同个别资本的再生产和流通即个别资本在流通中的形式变换和物质变换问题是大不相同的。具体表现如下:

第一,社会总资本的再生产和流通,不仅包括生产消费而且包括个人消费。从个别资本来看,个人消费是在资本运动过程以外进行的,它不属于资本流通的范围,但是,从社会角度来看,资本家和工人购买个人消费品的过程,同时也是生产消费品的企业出卖商品的过程,也就是它的商品资本转化为货币资本的过程。这个过程完不成,再生产就无法进行。所以,在社会总资本的运动中必须包括个人消费。

第二,正由于社会总资本的运动包括个人消费,社会总资本的运动不仅包括资本流通,而且包括媒介于个人消费品的一般商品流通。马克思说:"社会总资本的循环却包括那种不属于单个资本循环范围内的商品流通,即包括那些不形成资本的商品的流通。"[1] 商品流通,即工人和资本家购买生活资料的过程。在商品流通条件下,货币的支付不是为了增殖后再回流,而是直接进入消费。

第三,社会总资本的再生产和流通,不仅包括资本价值的流通,而且包括剩余价值的流通。一般来说,剩余价值的流通可分为两部分:一部分作为追加投资加入资本流通;另一部分作为收入用于个人消费,加入一般商品流通。马克思说过:"资本的循环也包括剩余价值的流通,因为剩余价值构成商品资本的一部分,而且还包括可变资本向劳动力的转化,工资的支付。"[2]

第四,社会总资本的再生产和流通,不仅包括价值补偿,还包括物质补偿。研究个别资本再生产主要是揭示个别资本如何增殖,因而可以暂时撇开实物补偿问题,只考察价值补偿就够了。社会总资本的再生产和流通,要能够顺利进行,不仅要研究社会

---

[1] 《资本论》第二卷,人民出版社2004年版,第392页。
[2] 《资本论》第二卷,人民出版社2004年版,第390—391页。

在一年中消耗掉的资本价值是怎样从社会总产品中得到补偿的，而且要研究社会在生产中消费掉的生产资料以及资本家和工人消耗的各种生活资料，是怎样从社会总产品中得到补偿的。

第五，值得关注的是，本篇第20章第1节中提出，对社会总产品再生产和流通的分析，是以商品资本为对象的。这是由于商品资本既包括生产消费，又包括个人消费；既包括资本流通，又包括剩余价值流通和一般商品流通。所以，社会总资本再生产和流通的分析，是以商品资本为对象的。马克思说："在 $W'\cdots W'$ 运动中，正是要通过说明这个总产品 W' 的每一价值部分会变成什么，才能认识社会再生产的条件。在这里，总的再生产过程既包括资本本身的再生产过程，也包括以流通为中介的消费过程。"①

二　本篇的体系结构

本篇共4章，即第18—21章。

第18章"导言"，说明本篇研究的对象和货币资本的作用。为什么把货币资本的作用放在"导言"里讲呢？目前还没有人讲清楚。恩格斯可能也有鉴于此，有意在第2节"货币资本的作用"的开头加了如下一段话："虽然下面阐述的内容属于本篇的后面部分，但我们还是想立即研究一下，就是说，把货币资本作为社会总资本的一个组成部分来考察。"②

第19章"前人对这个问题的阐述"。马克思关于社会资本再生产的理论是在批判资产阶级政治经济学的基础上建立的。因此，在明确了本篇的研究对象之后，就来评价前人的研究成果。第1节首先肯定了重农学派的代表人物魁奈对社会再生产理论的贡献；第2节又着重批判了斯密在社会资本再生产方面的错误；第3节主要说明后人由于受斯密影响，在再生产理论方面没取得什么

---

① 《资本论》第二卷，人民出版社2004年版，第436页。
② 《资本论》第二卷，人民出版社2004年版，第392页。

进展。

第 20 章和第 21 章，马克思正面阐述了自己的再生产理论。前者分析简单再生产，后者分析扩大再生产。在第 20 章里，间或有对资产阶级经济理论进一步批判的内容，见该章第 9、第 10、第 13 节。①

三　本篇的研究方法

本篇在研究方法上还是具体运用了从简单到复杂、从分析到综合的方法，不过对这些方法的运用是在宏观经济的框架内进行的。

四　恩格斯、列宁、斯大林对本篇的评论

这一篇的理论比起《资本论》中的其他理论来说，形成较晚，大约是在 19 世纪 60 年代。因而也就显得更珍贵。恩格斯、列宁、斯大林对这部分理论的评价都很高。

恩格斯在 1895 年 3 月 16 日致维克多·阿德勒的信中认为，第三篇"是重农学派以后第一次在这里对资本主义社会商品和货币的总循环最出色的阐述。内容很好，形式却难得可怕"②。

列宁在《卡尔·马克思》一文中说："马克思在《资本论》第二卷中对社会总资本的再生产的分析，也是极其重要的和新颖的。马克思在这里考察的也不是个别现象，而是普遍现象；不是社会经济的零星部分，而是全部社会经济的总和。"③

斯大林指出："马克思的再生产公式决不只限于反映资本主义生产的特点；它同时还包含有对于一切社会形态——特别是对于社会主义社会形态——发生效力的许多关于再生产的基本原

---

① 《资本论》第二卷，人民出版社 2004 年版，第 483—549 页。
② 《马克思恩格斯全集》第三十九卷，人民出版社 1974 年版，第 414 页。
③ 《列宁选集》第二卷，人民出版社 1972 年版，第 594 页。

理。……马克思的再生产理论的这一切基本原理，不仅对于资本主义社会形态是有效的，而且任何一个社会主义社会在计划国民经济时，不运用这些原理也是不行的。"①

马克思的社会资本再生产理论对于今天我国社会主义初级阶段的宏观经济发展具有非常现实、非常重要的指导意义。马克思的社会资本再生产理论告诉我们：两大部类之间以及两大部类内部各部门之间必然在价值上和物质上形成一定的比例关系。如果违反了按比例发展规律，就必然要受到客观规律的惩罚。

第二节 《资本论》第二卷第三篇基本原理

一 分析社会资本再生产的两个理论前提

马克思在《资本论》第二卷第20章里分析了社会资本再生产的两个理论前提。社会资本再生产是个十分复杂的问题，归根结底是社会总产品的实现问题，通俗地说就是无论是生产资料还是生活资料，该卖的都能卖出去，该买的都能买进来。这是社会资本再生产的核心问题。为了给社会资本再生产的研究铺平道路，马克思提出了两个理论前提：

第一，把社会总产品从使用价值上（从物质上）分为生产资料和消费资料两部分；相应地把社会生产分为生产资料的生产和消费资料的生产两部分。生产资料的生产称为第一部类（Ⅰ），消费资料的生产称为第二部类（Ⅱ）。

第二，把社会总产品从价值上分为C、V、M三部分。

这两个理论前提的提出，使社会总产品的实现问题迎刃而解，否则社会总产品的价值补偿和物质替换即实现问题就无法得到说明。列宁说，实现问题就是，"如何为资本主义的每一部分产品按

---

① 《苏联社会主义经济问题》，人民出版社1961年版，第64页。

价值（不变资本、可变资本和额外价值）和按物质形式（生产资料和消费品，其中包括必需品和奢侈品）在市场上找到代替它的另一部分产品"①。

重农学派代表人物魁奈曾经分析过社会资本再生产的条件，并且作出了重大贡献。古典学派的代表人物亚当·斯密也试图分析社会资本再生产问题。但都是由于缺乏上述两个理论前提，未能得出科学的结论。例如，斯密就认为，无论个别商品或社会总产品，其价值都是由工资、利润和地租三种收入决定的。实际上就是认为个别商品或社会总产品其价值都是由 V+M 构成的。这显然是不正确的。

只有马克思在他确定的上述两个理论前提的基础上，才第一次正确地阐明了社会资本再生产问题。

二 关于社会资本简单再生产的条件

马克思在《资本论》第二卷第 20 章里分析了资本主义简单再生产，即没有积累的、规模不变的再生产。既然资本主义再生产的特点是扩大再生产，那么为什么先分析简单再生产呢？这是因为：

第一，简单再生产是扩大再生产的重要组成部分、实践基础。

第二，简单再生产是扩大再生产的出发点，因为剩余价值的积累只有在简单再生产的基础上才会有一部分转化为资本。

第三，分析社会总产品实现问题，困难不在于扩大再生产，而在于简单再生产的产品实现。

第四，从现实来看，每年扩大再生产离不开简单再生产，要以此为基础实现扩大再生产。

要使简单再生产能够正常进行，必须具有一定的条件，有了

---

① 《列宁全集》第三卷，人民出版社 1959 年版，第 25 页。

第十一章 《资本论》第二卷第三篇 "社会总资本的再生产和流通"

这个条件，社会总产品的各个部分才能在价值上得到补偿，在实物上得到替换。

为了分析简单再生产的条件，马克思列举如下公式：

Ⅰ 4000c + 1000v + 1000m = 6000 生产资料

Ⅱ 2000c + 500v + 500m = 3000 生活资料

为了分析的方便，马克思运用抽象分析方法，设置了以下假定条件：第一，假定不变资本的价值会在一年之内全部转移到新产品中；第二，假定劳动生产率不变；第三，假定资本有机构成不变。

要进行简单再生产，两个部类的产品必须相互交换，根据各部分产品在价值上补偿和实物上替换的需要，两个部类的产品交换有如下几个方面。

（1）第一部类 c 即Ⅰ4000c，可以在本部类内部实现其价值。

（2）第二部类 v 和 m 即Ⅱ（500v + 500m），可以在本部类内部实现其价值。

（3）经过两大部类内部交换以后，还剩下Ⅰ（v + m）和Ⅱc 有待实现。这两部分产品必须而且能够相互交换。这两部分产品的交换，可以使第一部类的工人和资本家得到生活资料，使第二部类已消耗的生产资料得到补充，这样简单再生产就能继续进行了。

Ⅰc 和Ⅱ（v + m）无论多少都可以在本部类内进行，关键在于Ⅰ（v + m）必须和Ⅱc 相等，大于或小于都必然使有的产品或者卖不出去，或者该买的买不进来。

所以，Ⅰ（v + m）=Ⅱc 就是简单再生产的基本条件，也是简单再生产条件下的产品实现条件。

根据Ⅰ（v + m）=Ⅱc 这个公式，可推导出以下两个公式：

（1）Ⅰ（c + v + m）=Ⅰc +Ⅱc，这说明第一部类的产品及其价值必须同两大部类对生产资料的需求相等，多于或少于都会导致发展失衡。

(2) Ⅱ(c+v+m) = Ⅰ(v+m) + Ⅱ(v+m),这说明第二部类的全部产品及其价值必须同两大部类对生活资料的需求相等。同时也说明第二部类当年生产的全部生活资料等于两大部类创造的国民收入。

以上三个公式都可以表示简单再生产的条件,但因为后两个公式是由前一个公式引导出来的,所以,简单再生产的基本公式就是 Ⅰ(v+m) = Ⅱc。

三 关于社会资本扩大再生产的条件

马克思在《资本论》第二卷第21章分析了社会资本扩大再生产问题。扩大再生产的源泉是积累,积累就是剩余价值资本化。所以,一般来说,要进行扩大再生产,资本家就不能把全部剩余价值用于个人消费,而必须把其中一部分当作 c 用于购买 Pm,相应地把另一部分当作 v 用于购买追加的 A。因此,要实现扩大再生产,第一部类的全部产品除维持简单再生产所需要的生产资料外,还必须有余额,所以 Ⅰ(v+m) > Ⅱc 就是扩大再生产的前提条件,否则就不能进行扩大再生产。

在扩大再生产条件下,社会总产品的实现同简单再生产条件下一样,也需要进行三个方面的交换。

(1) Ⅰc 在第一部类内部交换。

(2) Ⅱ(v+m) 在第二部类内部交换。

(3) 两个部类有关部分相互交换。交换部分必须相等,才能使社会总产品在价值上得到补偿、在实物上得到替换。用公式表示即 Ⅰ(V+Δv+m/x) = Ⅱ(C+Δc)。

这就是第一部类在扩大再生产条件下,需要以生产资料向第二部类换取的消费资料,必须同第二部类在扩大再生产条件下,需要以生活资料向第一部类换取的生产资料相等,否则社会产品就不能全部实现。所以,Ⅰ(V+Δv+m/x) = Ⅱ(C+Δc),就是扩大再生产的实现条件。

要进行积累实现扩大再生产，不仅要求第一部类能够为全社会提供追加的生产资料，即ⅠΔC + ⅡΔC，而且要求第二部类能够为全社会提供追加的生活资料，也就是ⅠΔv + ⅡΔv。因此，在扩大再生产条件下必须：Ⅱ（C + m − m/x）> Ⅰ（V + m/x）。为什么呢？因为第二部类用于积累的部分（M − m/x）不仅包括需要向第一部类购买追加的生产资料，还包括第二部类工人向本部类资本家购买追加的生活资料。

但是，在扩大再生产条件下，要使两大部类的产品都得到实现，还必须求得两个部类相交换的部分实现平衡，所以，扩大再生产条件下的实现条件是Ⅰ（C + M − m/x）= Ⅱ（V + m/x）+ ⅠΔv + ⅡΔv。

应该说明：Ⅰ（V + m/x）> Ⅰ（V + m/x）不过是Ⅰ（v + m）> ⅡC的进一步演进。Ⅰ（C + M − m/x）= Ⅱ（V + m/x）+ ⅠΔv + ⅡΔv，不过是扩大再生产条件下社会总产品的实现条件，即Ⅰ（V + Δv + m/x）= Ⅱ（C + Δc）的进一步演进。

下面进一步研究演进的细节。

第一个进一步演进前：Ⅰ（v + m）> ⅡC。演进后：Ⅰ（V + m/x）< Ⅱ（V + m/x）。前半部分较演进前减少，后半部分较演进后增加。

第二个进一步演进前：Ⅰ（V + Δv + m/x）= Ⅱ（C + Δc）。演进后：Ⅰ（V + m/x）+ ⅠΔv + ⅡΔv = Ⅱ（C + m − m/x）。等号后的 m − m/x 即ⅡΔc + ⅡΔv。可见，等号前后都增加了ⅡΔv。

第三节　需要研究的若干问题

一　再生产的类型划分

再生产的类型大体分为两类：自然再生产和经济再生产。

马克思说:"经济的再生产过程,不管它的特殊的社会性质如何,在这个部门(农业)内,总是同一个自然的再生产过程交织在一起。"①

经济再生产包括物质资料再生产、劳动力再生产和生产关系再生产三种类型。其中,物质资料再生产如果按照资本作用范围大小,可划分为个别资本再生产和社会资本再生产两种类型;如果按照再生产规模大小,可划分为简单再生产、扩大再生产和不完备再生产三种类型。马克思说:"年产品的价值可以减少,而使用价值量不变;年产品的价值可以不变,而使用价值量减少;价值量和再生产的使用价值量也可以同时减少。这一切就在于,再生产不是在比以前更有利的情况下进行,就是在更困难的情况下进行。后者可能造成的结果,是出现一个不完备的——有缺陷的——再生产。"②

扩大再生产包括外延扩大再生产和内涵扩大再生产两种类型。马克思说:"从社会的观点看,是规模扩大的再生产。如果生产场所扩大了,就是在外延上扩大;如果生产资料效率提高了,就是在内涵上扩大。"③

二 货币资本量和扩大再生产的关系

马克思对货币资本量和扩大再生产的关系的论述是放在第18章第2节里。这个问题与我们强调在社会主义经济发展中要提高经济效益有密切关系。我们可以运用《资本论》中这方面的理论,在不增加预付货币资金的条件下,争取更大的经济效益。

一般来说,有多少钱办多少事,要扩大再生产就必须追加货币资本,但是,"并入资本中的各种生产要素的扩大,在一定的界

---

① 《资本论》第二卷,人民出版社2004年版,第399页。
② 《资本论》第二卷,人民出版社2004年版,第438页。
③ 《资本论》第二卷,人民出版社2004年版,第192页。

限之内，不是取决于预付货币资本的量"①。为什么呢？马克思接着分析了八个方面的原因：①加强对劳动力的剥削；②加强对自然物质的利用；③更有效地利用固定资本；④充分利用自然力；⑤组织劳动协作和提高单个工人的熟练程度；⑥提高劳动生产力；⑦资本集中便于扩大再生产；⑧缩短资本周转时间。

马克思说，上述"这一切显然和真正的货币资本问题无关。这只是表明，预付资本——一个既定的价值额，它在它的自由形式上，在它的价值形式上，是由一定的货币额构成的——在转化为生产资本之后，包含着生产的潜力，这些潜力的界限，不是由这个预付资本的价值界限规定的，这些潜力能够在一定的活动范围之内，在外延方面或内涵方面按不同程度发挥作用"②。

三　马克思再生产理论中有没有生产资料优先增长的思想

对于马克思再生产理论中有没有生产资料优先增长的思想，学术界有不同看法。从马克思的再生产图式看是没有的，因为马克思是在假定生产技术不变、有机构成不变这样的条件下来分析问题的。列宁也说过，在马克思的图式中，"根本不能得出第Ⅰ部类比第Ⅱ部类占优势的结论，因为这两个部类在这里是平行发展的"③。在技术进步条件下，生产资料优先增长规律的确是列宁明确提出的，但不能因此否认马克思有这种思想和理论。研读了《资本论》，我们就应知道：马克思曾经说过，资本主义社会同野蛮人社会一个重要区别在于："资本主义社会把它所支配的年劳动的较大部分用来生产生产资料（即不变资本），而生产资料既不能以工资形式也不能以剩余价值形式分解为收入，而只能作为资本

---

① 《资本论》第二卷，人民出版社2004年版，第393页。
② 《资本论》第二卷，人民出版社2004年版，第395页。
③ 《列宁全集》第一卷，人民出版社1984年版，第64页。

执行职能。"① 马克思还说过："为了从简单再生产过渡到扩大再生产，第Ⅰ部类的生产要能够少为第Ⅱ部类制造不变资本的要素，而相应地多为第Ⅰ部类制造不变资本的要素。"②

关于生产资料优先增长问题，在《资本论》中还有一系列更明确的提法。比如，提出："资本的不变部分比可变部分日益相对增长的这一规律。"③ 又如，马克思说："随着机器生产在一个工业部门的扩大，给这个工业部门提供生产资料的那些部门的生产首先会增加。"④

马克思在《资本论》里还说过："劳动生产率的提高正是在于：活劳动的份额减少，过去劳动的份额增加，但结果是商品中包含的劳动总量减少；因而，所减少的活劳动大于所增加的过去劳动。"⑤

在《剩余价值理论》第三册里，马克思说："重要的是，产品应按什么比例补偿过去劳动（即不变资本）和支付活劳动。资本主义生产的规模越大，——从而积累资本越大，——用来生产机器和原料的资本所转化成的机器和原料，在［总］产品价值中占的份额也就越大。因此，以实物形式，或者通过不变资本各个不同部分的生产者之间的交换，必然返回生产的产品部分就越大。属于生产的产品部分的比例也就更大，代表活劳动，新加劳动的部分相对来说也就更小。"⑥ 通过以上对马克思有关生产资料生产优先增长论述的研读，毫无疑问，马克思阐明的生产资料生产优先增长理论应该得到充分的肯定，马克思的社会资本再生产理论中包含生产资料生产优先增长理论应该得到明确的认定。

---

① 《资本论》第二卷，人民出版社2004年版，第489页。
② 《资本论》第二卷，人民出版社2004年版，第559页。
③ 《资本论》第一卷，人民出版社2004年版，第718页。
④ 《资本论》第一卷，人民出版社2004年版，第510页。
⑤ 《资本论》第三卷，人民出版社2004年版，第290页。
⑥ 《马克思恩格斯全集》第二十六卷第三册，人民出版社1974年版，第401页。

第十二章

《资本论》第三卷第一篇"剩余价值转化为利润和剩余价值率转化为利润率"教学大纲

第一节 《资本论》第三卷概述

这一章是《资本论》第三卷的第一篇,所以增设《资本论》概述一题。这样,本章就形成四个部分。

一 第三卷的编辑出版过程

《资本论》第三卷的卷名为"资本主义生产的总过程"。这一卷是在马克思逝世11年后即1894年出版的,这时距第一卷出版已隔27年之久,距第二卷出版也相隔9年之久。这一卷仍是由恩格斯编辑出版的。恩格斯在第三卷序言中详细讲述了这一卷的编辑出版过程。第二卷出版后,恩格斯以为第三卷很快就可以出版,但第三卷用了9年时间才问世,原因如下。

第一,恩格斯编辑出版第三卷的时候年龄为65—74岁,身体不好,特别是视力不佳,晚上无法工作。

第二,恩格斯其他工作太忙,一是国际工运的工作,二是马克思、恩格斯其他著作的编辑出版,此外还有《资本论》第一卷英文版的最后审核,该书于1886年11月定稿出版。

第三,第三卷的初稿极不完备,如第4章只有题目,没有内容。有的"不仅要整理引证的材料，而且要整理思路"①。特别是手稿字迹难以辨认。编辑时，恩格斯先口授，请人誊清，再修改，很费工夫。第三卷原稿的完整性远不及第二卷，每篇除开头部分外，越往下越带有草稿的性质。

我们为什么要说明第三卷出版之难呢？因为意大利资产阶级学者洛里亚曾经妄言："可见，我过去的说法不是没有道理的，我曾说过，马克思经常拿第二卷来威胁自己的反对者，但这第二卷始终没有出版，这第二卷很可能是马克思在拿不出科学论据时使用的一种诡计。"② 现在第三卷（马克思原打算第二、第三卷编在一起统称第二卷）出版了，就彻底粉碎了洛里亚之流的污蔑！

二　第三卷的研究对象

第三卷的研究对象是资本主义生产的总过程，也就是"资本运动过程作为整体考察时所产生的各种具体形式"③。

所谓作为整体的资本运动，就是指从资本的生产过程、流通过程和分配过程相统一的角度所考察的资本运动过程。因而它不同于第一卷只考察资本的直接生产过程，也不同于第二卷只考察资本的流通过程，而是从总体上研究资本的运动。

"资本运动过程作为整体考察时所产生的各种具体形式"是什么？这就是工业资本、商业资本、借贷资本和银行资本以及农业资本等。对这些资本不是只考察它的生产过程，也不是只考察它的流通过程或分配过程，而是从总体上考察。既然要考察资本的具体形式，"因此，我们在本册中将阐明的资本的各种形态，同资本在社会表面上，在各种资本的互相作用中，在竞争中，以及在生产当事人自己的通常意识中所表现出来的形式，是一步一步地

---

① 《资本论》第三卷，人民出版社2004年版，第9页。
② 《资本论》第三卷，人民出版社2004年版，第22页。
③ 《资本论》第三卷，人民出版社2004年版，第29页。

接近了"①。

研究资本的各种具体形式要说明什么问题呢？核心的问题就是剩余价值的分配问题，即在各个资本主义剥削集团之间的分配问题。恩格斯说："第三卷所阐述的就是剩余价值的分配规律。"② 又说："大家知道，第一卷研究了'资本的生产过程'，第二卷研究了'资本的流通过程'。第三卷将研究'资本主义生产的总过程'……前两卷对剩余价值的研究，只能以剩余价值留在它的第一个占有者即工业资本家手里的时间为限；只能一般地指出，这个第一个占有者根本不一定是，或者哪怕在通常看来也不是它的最终的所有者。然而最明显的是，而且甚至从社会的表面就可以看到，资本的一般运动正是表现为剩余价值在各有关方面之间，在商人、货币债权人、土地所有者等等之间的分配。这样，在剩余价值走完前两卷所揭示的过程之后，剩余价值的分配就像一根红线一样贯串着整个第三卷。"③

总之，《资本论》第三卷的研究对象就是剩余价值在资产阶级各个剥削集团之间的分配问题。也可以按恩格斯在《资本论》第二卷序言中所说，《资本论》第三卷是研究"剩余价值在资本家阶级内部进行分配的规律"④。

三 第三卷的体系结构

第三卷共七篇52章，可分为三部分。

第一部分是第一篇至第三篇，分析平均利润和生产价格的形成，中心是说明在工业资本家内部是怎样瓜分剩余价值的。

第二部分是第四篇至第六篇，分析商业资本如何获得商业利

---

① 《资本论》第三卷，人民出版社2004年版，第30页。
② 《马克思恩格斯全集》第二十二卷，人民出版社1965年版，第511页。
③ 《马克思恩格斯全集》第二十二卷，人民出版社1965年版，第512页。
④ 《资本论》第二卷，人民出版社2004年版，第15页。

润（第四篇），生息资本如何获得利息（第五篇），土地所有者如何获得地租和农业资本家如何获得平均利润（第六篇），中心是说明工业资本家以外，资本主义各个剥削集团如何瓜分剩余价值。

第三部分，第七篇，是对全卷和全书的总结。

以上是通常的划分方法，另一种划分方法是分为四部分。

第一部分，分析利润，包括第一篇至第四篇。

第二部分，分析利息，包括第五篇，利息只是平均利润的一部分。

第三部分，分析地租，包括第六篇，地租是平均利润以上的余额，即超额利润。

第四部分，第七篇，是对全卷和全书的总结。

四　第三卷的研究方法

第三卷成功地运用了从抽象上升到具体的方法，集中表现在转化形式上。这和《资本论》的叙述方法有关。马克思认为，通过对经济现象由表及里、由此及彼的深入研究认识了事物的本质以后，在叙述过程中就可以从本质出发解释现象，从内容出发说明现象，以及用抽象的一般原理分析特殊的具体事物。第三卷关于转化形式的方法就是建立在这个原理基础上的。

关于从本质到现象、从抽象到具体转化的分析方法在写作第一卷时马克思也运用过，如工资就是劳动力价值和价格的转化形式，但总的来说，第一卷的分析方法的特点还不是分析转化形式。

第三卷分析方法的特点，则是分析转化形式。第一卷分析了剩余价值的本质，第三卷就进一步说明剩余价值如何转化为利润。这是转化的第一个层次。进而又分析利润如何转化为平均利润。这是转化的第二个层次。平均利润又表现为产业利润和商业利润。这是转化的第三个层次。产业利润和商业利润又转化为企业主收入和利息两部分。这是转化的第四个层次。地租也是剩余价值的深层转化形式，不过它不是由平均利润转化来的，而是由平均利润的余额转化来的。这是转化的第五个层次。

总之，在第三卷中，分析的进程每向前转化一步，就更接近资本主义经济生活的现实，同时每向前转化一步，也就更深刻地暴露了资本主义生产关系的实质。

通过剩余价值转化形式的分析，就阐明了剩余价值在各个资本主义剥削集团之间的分配，从而也就阐明了资产阶级的内部矛盾，以及资产阶级和大土地所有者之间的矛盾。

至此，我们可以作出如下概括：

第一卷研究对象是资本的生产过程，中心是阐明剩余价值的产生。

第二卷研究对象是资本的流通过程，即资本在流通中的形式变换和物质变换问题，中心是阐明剩余价值的实现。

第三卷研究对象是资本主义生产的总过程，即"资本运动过程作为整体考察时所产生的各种具体形式"，中心是阐明剩余价值的分配。

前两卷主要揭露资产阶级和无产阶级之间的矛盾，后一卷则主要揭露资产阶级的内部矛盾。

恩格斯对第三卷给予了很高的评价。他在1885年4月23日致尼·弗·丹尼尔逊的信中说："现在我正在搞第三卷，这是圆满完成全著的结束部分，甚至使第一卷相形见绌。……这个第三卷是我所读过的著作中最惊人的著作，极为遗憾的是作者未能在生前把这项工作做完，亲自出版并看到此书必定会产生的影响。在这样清楚地叙述了以后，就不可能再有任何直接的异议了。最困难的问题这样容易地得到阐明和解决，简直象是做儿童游戏似的，并且整个体系具有一种新的简明的形式。"[1]

---

[1] 《马克思恩格斯全集》第三十六卷，人民出版社1975年版，第299页。

恩格斯在1885年5月5日马克思生日时为《资本论》第二卷写的"序言"中还说过："这个第二册的卓越的研究，以及这种研究在至今几乎还没有人进入的领域内所取得的崭新成果，仅仅是第三册的内容的引言，而第三册，将阐明马克思对资本主义基础上的社会再生产过程的研究的最终结论。"[①]

五　学习和研究第三卷的现实意义

《资本论》第三卷的研究对象使它同社会主义现代化建设的关系紧密相连。

第一，马克思关于平均利润和生产价格的理论，为研究社会主义市场经济中价值规律的作用，提供了理论支撑，也为政府制定价格政策提供了理论依据和借鉴。

第二，各种具体职能资本形式如商业资本、借贷资本、银行资本、农业资本等，抽取它们的资本性质，作为一种职能经济门类，在以社会化大生产为基础的社会主义市场经济中仍然存在。因而马克思的相关理论，对这些职能产业部门的发展仍然具有重要的理论指导意义。

第三，第三卷中的地租理论，对于我们开发、利用和经营土地资源以及房地产运营都有指导意义。

第四，第三卷中的剩余价值分配理论，对于我们研究社会主义条件下"纯产品（净产值）的分配"提供了重要的理论借鉴。

第五，第三卷中步步具体化、步步深入的转化形式的分析方法，对于我们研究社会主义经济问题也有重大的启发和借鉴意义。

总之，《资本论》第三卷所阐明的各方面理论，对于我们实施对社会主义市场经济的宏观管理均具有重要价值。

[①] 《资本论》第二卷，人民出版社2004年版，第25页。

第二节 《资本论》第三卷第一篇学习提示

一 本篇的研究对象

本篇篇名是"剩余价值转化为利润和剩余价值率转化为利润率"。恩格斯在《资本论》第二卷序言中讲到第三卷时说:"在那里将第一次说明,从理解一般剩余价值到理解剩余价值转化为利润和地租,从而理解剩余价值在资本家阶级内部进行分配的规律,需要经过多少中间环节。"① 本篇将阐明从一般剩余价值到它的最具体的现象形式的第一层转化,即从剩余价值到利润的转化和从剩余价值率到利润率的转化,因而这一篇是《资本论》前两卷对剩余价值本质分析过渡到第三卷对剩余价值现象形式分析的一个枢纽。

二 本篇的研究方法

通过"转化分析"来运用从抽象到具体的叙述方法是本篇研究方法的特征。本篇在完成从剩余价值到利润这一大转化中,包含3个转化:①产品价值中 $c+v$ 转化为成本价格 k;②剩余价值转化为利润 p;③剩余价值率转化为利润率 p'。与此相对应:①劳动的消耗转化为资本的消耗;②剩余价值的占有转化为资本的自行增殖;③剥削程度转化为资本的获利程度。

三 本篇的体系结构

本篇共7章,可分为三个部分。

第一部分:包括第1—2章。这一部分是从质的方面分析。第1章把生产费用作为整个分析的出发点,说明商品价值中的所费

---

① 《资本论》第二卷,人民出版社2004年版,第15页。

资本（c+v）如何转化为成本价格，以及剩余价值如何转化为利润。第 2 章分析剩余价值率如何转化为利润率。

第二部分，包括第 3—6 章，主要是进行量的方面的分析。也就是分析影响利润率的各种因素。

第三部分，包括第 7 章，是小结。着重阐明剩余价值转化为利润和剩余价值率转化为利润率后，进一步掩盖了资本主义的剥削关系。

第三节　《资本论》第三卷第一篇基本原理

一　剩余价值转化为利润

（一）问题的提出

剩余价值转化为利润是在第三卷第 1 章"成本价格和利润"里讲的。第一卷已经阐明剩余价值是雇佣工人的剩余劳动创造的，因而只同可变资本有关。也就是说，资本家获得剩余价值只同他垫支的可变资本有关。但在资本主义的现实生活中，是人们看到资本家不断地拿到利润。其实利润只是一个现象，它的本质是剩余价值。那么，剩余价值是怎样转化为利润这个现象形态的呢？

（二）商品价值中的 c+v 转化为成本价格

一个商品的价值是由 c+v+m 构成的，c+v 是用以补偿生产中所消耗的生产资料的价值和所使用的劳动力的价值的部分，也就是资本家在生产中所耗费的资本价值，所以对资本家来说，这就是成本价格，也叫作生产费用。

为什么 c+v 成为成本价格也即生产费用呢？这是因为"商品使资本家耗费的东西和商品的生产本身所耗费的东西，无疑是两个完全不同的量"[①]。为什么呢？因为"商品的资本主义费用是用

[①] 《资本论》第三卷，人民出版社 2004 年版，第 30 页。

资本的耗费来计量的,而商品的实际费用则是用劳动的耗费来计量的。所以,商品的资本主义的成本价格,在数量上是与商品的价值或商品的实际成本价格不同的;它小于商品价值"①。商品的生产,对资本家来说,耗费的只是 c+v,即所费资本。商品价值中的 m 部分耗费的只是工人的无偿劳动,并没有耗费资本家分文,所以它不包括在成本价格或生产费用之中。这样,"商品成本价格和预付资本的这种差别只是证明:商品的成本价格仅仅是由商品的生产上实际耗费的资本构成的"②。于是成本价格就等于 c+v,商品价值就等于成本价格加 m,即 w=k+m。

(三) 成本价格的出现掩盖了不变资本和可变资本的本质区别

马克思说:"就成本价格本身的形成来说,只有一个区别会显现出来,即固定资本和流动资本的区别。"③ 不变资本和可变资本的区别也就消失了。把商品生产上耗费的 c+v 笼统地归结为成本价格,就使这两种资本在价值增殖中的不同作用被抹掉了,价值增殖的过程就被掩盖了,也就是把资本家剥削工人获取 m 的事实掩盖起来了。

(四) 剩余价值转化为利润

在资本家眼里,剩余价值不仅是所费资本即成本价格的增殖额,而且是所用资本即全部预付资本的增殖额。这就是说,资本家认为,剩余价值的产生不仅与生产中所耗费的一定量资本有关,而且与那些虽然投入生产中但还没有被消耗的资本同样有关。所以,资本家认为:"剩余价值既由预付资本中那个加入商品成本价格的部分产生,也由预付资本中那个不加入商品成本价格的部分产生;总之,同样由所使用的资本的固定组成部分和流动组成部分产生。……剩余价值,作为全部预付资本的这样一种观念上的

---

① 《资本论》第三卷,人民出版社2004年版,第33页。
② 《资本论》第三卷,人民出版社2004年版,第40页。
③ 《资本论》第三卷,人民出版社2004年版,第39页。

产物，取得了利润这个转化形式。……也就是商品价值＝成本价格＋利润。"①

（五）剩余价值转化为利润掩盖了资本主义剥削关系

利润和剩余价值的物质内容虽然相同，但剩余价值是本质，利润是转化形式或表现形式。可是利润却有一个神秘的外衣。这件神秘的外衣是由资本主义生产关系决定的。在资本主义生产关系下，不变资本和可变资本的区别在成本价格这一概念的掩盖下不见了。所以剩余价值及其表现形式就没有被看作可变资本的产物，而被歪曲地看作预付总资本的产物，从而掩盖了资本主义的剥削关系。对此，马克思在第一篇第1章中还批判了托伦斯等人的资产阶级经济学的有关谬论。②

二 剩余价值率 m′转化利润率 p′

剩余价值率 m′转化利润率 p′这个问题马克思是在《资本论》第三卷第2章里论述的。

（一）利润率 p′的形成和实质

p′表示资本家实际获利的程度。资本家关心的只是超过预付资本的余额。资本家不仅把不变资本和可变资本混在一起，而且对他来说，实际获利的程度不是取决于 m 和 v 之比，即 m′，而是取决于 p 和全部预付资本之比，即 p′。资本家关心的就是 p′的高低。

p′是资本家观念上的一种产物。从生产过程来看，剩余价值或利润表现为商品价值超过商品成本价格的余额。所以有此看法，同所有制有关。"他所以是一个资本家，能完成对劳动的剥削过程，也只是因为他作为劳动条件的所有者同只是作为劳动力的占

---

① 《资本论》第三卷，人民出版社2004年版，第43—44页。
② 参见《资本论》第三卷，人民出版社2004年版，第46—48页。

有者的工人相对立。"①

（二）p′掩盖了资本主义的剥削关系

马克思说："剩余价值和剩余价值率相对地说是看不见的东西，是要进行研究的本质的东西，而利润率，从而剩余价值作为利润的形式，却会在现象的表面上显示出来。"② 马克思又说："剩余价值通过利润率而转化为利润形式的方式，只是生产过程中已经发生的主体和客体的颠倒的进一步发展。"③

在资本主义生产过程中，主体和客体的颠倒表现有：①劳动的全部主观（工人）生产力表现为资本的生产力；②死劳动统治和支配活劳动。

马克思1868年4月30日在致恩格斯的信中说："利润在我们看来首先只是剩余价值的另一个名称或另一个范畴。因为通过工资的形式，全部劳动表现为已经得到了报酬，所以它的无偿部分似乎必然不是产生于劳动，而是产生于资本，而且不是产生于可变资本部分，而是产生于全部资本。因此，剩余价值获得了利润的形式，两者之间并没有数量上的差别。这只是剩余价值的使人发生错觉的表现形式。"④ m借助p′转化为p以后，进一步发展了主客体颠倒的关系，表现为利润不是由工人创造的，而是超过全部预付资本的余额，是由资本自身产生的。

主客观关系进一步颠倒的原因在于：①p′实际上只表示预付资本的增殖程度；②总资本与m没有任何内在联系；③p′不是也不能表明m的来源。

总之，"资本表现为一种对自身的关系，在这种关系中，资本作为原有的价值额，同它自身创造的新价值相区别"⑤。马克思

---

① 《资本论》第三卷，人民出版社2004年版，第49页。
② 《资本论》第三卷，人民出版社2004年版，第51页。
③ 《资本论》第三卷，人民出版社2004年版，第53页。
④ 《马克思恩格斯全集》第三十二卷，人民出版社1974年版，第71页。
⑤ 《资本论》第三卷，人民出版社2004年版，第57页。

说:"我们越往后研究资本的增殖过程,资本关系就越神秘化,它的内部机体的秘密就暴露得越少。在这一篇中,利润率和剩余价值率在数量上是不同的;相反地,利润和剩余价值被看作是同一个数量,只是形式不同。在下一篇我们会看到,外在化的过程将进一步发展,并且利润在数量上也将表现为一个和剩余价值不同的量。"[1]

(三) 影响利润率的各种因素

马克思在《资本论》第三卷第3—6章分析了影响利润率水平的各种因素。在这里马克思由对利润率质的分析转入了对量的分析。他在对利润率进行量的分析时,假定单个资本的利润量和剩余价值量是相等的,并且仍然坚持运用抽象法逐一分析各因素和利润率水平的关系。他说:"利润率是许多变数的函数,如果我们要知道这些变数怎样对利润率发生影响,我们就必须依次研究每个变数单独的影响,不管这种孤立的影响对同一资本来说在经济上是不是可能发生。"[2]

第一,剩余价值率对利润率的影响,呈正比例关系(见第3章)。

第二,资本有机构成对利润率的影响,按反比例方向发展(见第3章)。

第三,资本周转速度对年利润率的影响,呈正相关关系(见第4章)。

第四,不变资本节约程度对利润率的影响,呈正相关关系(见第5章)。

第五,价格变动对利润率的影响(见第6章)。这里所说的价格是指原材料价格,而且假定原材料价格变动与其价值变动是一致的。马克思说:"在其他条件不变的情况下,利润率的高低和原

---

[1] 《资本论》第三卷,人民出版社2004年版,第57页。
[2] 《资本论》第三卷,人民出版社2004年版,第68页。

料价格成反比。"①

第四节 需要研究的若干问题

本篇需要研究的主要是资本主义经济的调节问题。本篇第6章论及这一问题。研究这一问题同研究我国社会主义初级阶段对市场经济的宏观调控有较大关联，所以我们应该认真研究。

在资本主义商品经济中有哪些调节方式和调节手段呢？

第一，价值规律自发调节。在资本主义市场经济中，价值规律对生产的调节作用，是通过市场供求关系的变化来决定价格的升降，并通过价格的升降来调节生产、决定生产的增减。因此，所谓市场调节、价格调节或供求调节等，便都是指价值规律对经济的自发调节。马克思指出："直接的刺激一旦过去，'到最便宜的市场上购买'……这个竞争的一般原则一旦重新取得统治地位，人们就会重新让'价格'去调节供给。"② 他又说："原料价格的突然暴跌，会阻碍原料的再生产。"③ "要真正改良原料，使它不仅按需要的数量，而且按需要的质量来提供，例如，要由印度来供给达到美棉那样质量的棉花，那就要求欧洲存在着持久的、不断增加的和稳定的需求。"④

第二，垄断组织的调节作用。马克思在写《资本论》的后期，某种形式的垄断组织已经出现，可以进行一些人为的调节了。马克思说："在原料昂贵时期，产业资本家就联合起来，组成协会，来调节生产。例如，1848年棉价提高以后的曼彻斯特就是这样。爱尔兰亚麻的生产也有过类似的情形。"⑤

---

① 《资本论》第三卷，人民出版社2004年版，第122页。
② 《资本论》第三卷，人民出版社2004年版，第136页。
③ 《资本论》第三卷，人民出版社2004年版，第135页。
④ 《资本论》第三卷，人民出版社2004年版，第137页。
⑤ 《资本论》第三卷，人民出版社2004年版，第136页。

第三，资产阶级国家的经济政策对经济的调节作用。恩格斯在他为《资本论》添加的脚注中写道："迅速而巨大地膨胀起来的现代生产力，一天比一天厉害地不再顺从它们应当在其中运动的资本主义商品交换规律——这个事实，资本家本人今天也越来越强烈地意识到了。"于是"普遍实行保护关税的新狂热"①。资本主义国家实行保护关税政策也好，实行自由贸易政策也好，都会对经济运行产生一定的调节作用。

此外，信用的发展对资本主义经济也具有一定的调节作用，虽然这一点马克思不是在第三卷第6章里讲的，但也十分重要。马克思说："由于信用，流通或商品形态变化的各个阶段，进而资本形态变化的各个阶段加快了，整个再生产过程因而也加快了。"②

总之，上述各种调节作用都少不了利用价格、税收和信贷等各种调节手段。

尽管在资本主义经济发展中有主观的和客观的一些调节手段，也具有一定的功效，但都无法在全社会范围内对经济进行自觉的科学的全面的有计划的调节，这种历史任务只有社会主义公有制建立以后才有可能由社会主义国家来担当。马克思说："一切企图对原料生产进行共同的、全面的和有预见的控制——这种控制整个说来是和资本主义生产的规律根本不相容的，因而始终只是一种善良的愿望，或者只是在面临巨大危险和走投无路时例外采取的一种共同步骤——的想法，都要让位给供求将会互相调节的信念。"③ 恩格斯在他为《资本论》写的脚注中写道："虽然生产需要调节，但是负有这个使命的，肯定不是资本家阶级。"④

在看到以上论述之后，我们可能会产生一个想法：既然资本

---

① 《资本论》第三卷，人民出版社2004年版，第136页注（16）。
② 《资本论》第三卷，人民出版社2004年版，第494页。
③ 《资本论》第三卷，人民出版社2004年版，第136页。
④ 《资本论》第三卷，人民出版社2004年版，第136页注（16）。

主义经济发展过程中，有各种调节手段可以利用，那有没有这种可能——它也可以力争最大限度地发挥一切调节手段的积极作用，特别是今后有了人工智能这种调节的技术手段，来实现使人满意的宏观调控的效果呢？我认为要取得这个问题的正确答案，必须承认市场经济的阶级性。在资本主义市场经济发展中，随着科技手段的日益多元和进步，宏观调控的效果会不断改善。但这种改善首先对谁有利是值得关注的。我认为在资本主义私有制的市场经济条件下，宏观调控的效益，首先得利的或者说得利最大的必然是资产阶级特别是大资产阶级，而不可能是无产阶级和广大劳动群众。

第十三章

《资本论》第三卷第二篇"利润转化为平均利润"教学大纲

第一节 《资本论》第三卷第二篇学习提示

一 本篇的研究对象

本篇的篇名为"利润转化为平均利润"。本篇的研究对象是平均利润和生产价格的形成。

如果说从 m 到 p 的转化以及从 m′ 到 p′ 的转化是第一个层次的转化，那么从利润转化为平均利润就是第二个层次的转化。在这个第二层次的转化中，同时存在三个方面的转化：①利润率到平均利润率的转化；②利润到平均利润的转化；③价值到生产价格的转化。

在第二个层次的转化上，就个别资本而言，它所带来的剩余价值和它所实现的利润在数量上已经不一致了；它的商品价值和生产价格也不一致了，从而使平均利润和剩余劳动的关系、商品生产价格和生产商品的社会必要劳动时间在更大程度上脱离了，于是资本主义生产关系的实质就进一步被掩盖了。资产阶级学者为这种现象所困扰。他们不能解释使用不同数量的活劳动的等量资本为什么能够得到等量利润，也就是说，如果按照商品价值交换，同量资本就不能取得同量利润，即平均利润；反之，如果要取得平均利润，商品就不能按价值交换。

资产阶级学者无法解决上述难题。在此情况下，斯密只好承认劳动创造价值的原理在资本主义以前是适用的，到了资本主义社会，价值就要由工资、利润和地租来构成。这就是说，他无奈地放弃了自己曾经坚持过的劳动价值论。李嘉图虽然一贯坚持劳动价值论，但也无法解决平均利润和价值规律的矛盾，结果促成李嘉图学派的彻底破产。对此可参见恩格斯所写的《资本论》第二卷序言的有关部分。

由本篇可知，马克思在政治经济学史上第一次科学地解决了上述难题。他创立了平均利润和生产价格理论，在坚持劳动价值论的基础上，论证了平均利润率规律和生产价格等一系列范畴，成功地解决了劳动价值理论和平均利润率之间的所谓矛盾。所以我们可以看到马克思在分析上述三个转化的同时，还强调了三个"决定"：①社会必要劳动时间决定商品价值量；②剩余价值决定平均利润；③价值决定生产价格。这三个"决定"证明了马克思是在坚持劳动价值论和剩余价值论的基础上，解决上述矛盾的。

本篇在研究方法上也具有一定的特殊性，就是在研究剩余价值如何转化为利润以及剩余价值率如何转化为利润率时，只考察个别资本的运动就可以了，而为了阐明平均利润率和生产价格的形成，考察的范围就必须扩大到社会资本的运动过程中。也就是说，本篇在研究利润转化为平均利润时是以社会资本的运动为背景的。

二 本篇的体系结构

第三卷第二篇共 5 章，即第 8—12 章。第 8 章分析不同生产部门为什么具有不同的利润率，并且提出等量资本获得等量利润似乎与价值规律相矛盾。第 9 章分析了平均利润率的形成和平均利润形成以后商品价值转化为生产价格的问题，并且论证了生产价格和价值的一致性。第 10 章是第 9 章的继续，它阐明了平均利润率是怎样形成的。为此，马克思专门分析了竞争，因为利润率是通过竞争而平均化的。这一章还研究了市场价格和市场价值问题。第11、第12章是对前几章的补充，进一步强调劳动决定价值、价值决定生产价格的原理。

简单来说，第8章是提出问题，第9、第10章是回答问题，第11、第12章是补充说明问题。第8、第9、第10章应是研读的重点。

第二节 《资本论》第三卷第二篇基本原理

一 各部门不同利润率的形成

各部门不同利润率的形成，马克思是在《资本论》第三卷第8章里论述的。

利润率的平均化起源于不同部门利润率的差异，所以要研究平均利润就要先分析不同部门利润率的差别是怎样形成的。

事物都是有差别的，利润率的差别是由其他方面的差别引起的，如剩余价值率的差别、价格水平的差别，等等。马克思说："各国的不同的利润率，大多是以各国的不同的剩余价值率为基础的；但在这一章，我们比较的，却是同一剩余价值率所产生的不同的利润率。"① 马克思在这里主要分析了影响利润率的两方面的差别：一是资本构成上的差别，二是资本周转时间上的差别。这两方面的差别是不同部门利润率不同的主要原因。具体分析如下。

第一，各部门资本构成不同引起利润率的差别。马克思有时把固定资本和流动资本之比，也叫作资本构成。但马克思又说："至于由固定资本和流动资本组成的资本构成的比率，就它本身来说，它根本不会影响利润率。"② 马克思在这里所说的资本构成是

---

① 《资本论》第三卷，人民出版社2004年版，第169页。
② 《资本论》第三卷，人民出版社2004年版，第169页。

第十三章 《资本论》第三卷第二篇"利润转化为平均利润"

指资本的有机构成。即"由资本技术构成决定并且反映这种技术构成的资本价值构成,叫作资本的有机构成"①。资本构成不同引起利润率的差别,原因就在于资本有机构成不同就意味着可变资本在总资本中所占的比重不同。各生产部门资本构成与利润率的关系,实质上是由可变资本推动的剩余劳动决定的。可变资本所占比重越大,推动的剩余劳动就越多,从而利润就越多,利润率也就越高。

第二,各部门资本周转时间不同引起利润率的差别。这一原因仍然同所用可变资本有关。资本周转一次,可变资本推动一次剩余劳动。所以两个相等的可变资本,由于周转时间不同,它们在一年内推动的剩余劳动也不同,生产的年剩余价值量也不等,从而利润和利润率也不等。结论是,"在资本构成相同,其他条件也相同时,利润率和周转时间成反比"②。也就是说,周转时间越短,利润率就越高,当然这里指的是年利润率。要注意,马克思在此讲的是不同部门之间因构成不同和周转时间不同而造成利润率的不同,其实,在同一部门由于技术和经营管理等原因也会出现资本构成和周转时间的差别,从而造成利润率的差别。不过马克思把这些细微之处舍象掉了。

马克思说:"至于由固定资本和流动资本组成的资本构成的比率,就它本身来说,它根本不会影响利润率。它只有在两种场合才会影响利润率:或者是这种不同的构成与可变部分和不变部分的不同比率相一致,因而利润率的差别是由可变资本和不变资本的比率的差别引起的,而不是由固定资本和流动资本的比率的差别引起的;或者是固定组成部分和流动组成部分的不同比率引起了实现一定量利润所需的周转时间的差别。"③ 可见,造成利润率

---

① 《资本论》第三卷,人民出版社2004年版,第163页。
② 《资本论》第三卷,人民出版社2004年版,第169页。
③ 《资本论》第三卷,人民出版社2004年版,第169页。

差别的主要原因还是可变资本的比重和周转时间的长短。

二 平均利润率的形成和商品价值转化为生产价格

（一）平均利润率和平均利润的形成

平均利润率和平均利润的形成，马克思是在《资本论》第三卷第9章论述的。

不同的利润率通过竞争而形成平均利润率。马克思说："不同生产部门中占统治地位的利润率，本来是极不相同的。这些不同的利润率，通过竞争而平均化为一般利润率，而一般利润率就是所有这些不同利润率的平均数。按照这个一般利润率归于一定量资本（不管它的有机构成如何）的利润，就是平均利润。"[①]

竞争的基础是什么？马克思说："不管所生产的价值和剩余价值多么不同，成本价格对投在不同部门的等量资本来说总是一样的。成本价格的这种等同性，形成各个投资竞争的基础，而平均利润就是通过这种竞争确定的。"[②]

竞争的实现途径是什么？也就是如何通过竞争来达到不同利润率的平均化，这就是资本的转移。

"一般利润率取决于两个因素：

"1. 不同生产部门的资本的有机构成，从而各个部门的不同的利润率；

"2. 社会总资本在这些不同部门之间的分配，即投在每个特殊部门因而有特殊利润率的资本的相对量；也就是，每个特殊生产部门在社会总资本中所吸收的相对份额。"[③]

这就是说，平均利润率的计算不是一个简单的算术平均数，而是一个加权平均数。

[①] 《资本论》第三卷，人民出版社2004年版，第177页。
[②] 《资本论》第三卷，人民出版社2004年版，第172页。
[③] 《资本论》第三卷，人民出版社2004年版，第182页。

还应特别认知，平均利润率只表明一个趋势，很难有一个完全精确的数字。马克思说："总的说来，在整个资本主义生产中，一般规律作为一种占统治地位的趋势，始终只是以一种极其错综复杂和近似的方式，作为从不断波动中得出的、但永远不能确定的平均数来发生作用。"①

（二）生产价格的形成

生产价格的形成，马克思是在《资本论》第三卷第9章中论述的。马克思说："商品的生产价格，等于商品的成本价格加上依照一般利润率按百分比计算应加到这个成本价格上的利润，或者说，等于商品的成本价格加上平均利润。"② 生产价格的形成还可参见《资本论》第三卷第174—176页上的表格。

生产价格的形成使个别部门的剩余价值和平均利润不等，价值和生产价格不等。但从全社会来看，剩余价值总量和利润总量是相等的，价值总量和生产价格总量是相等的。而且，"生产价格的变化显然总是要由商品的实际的价值变动来说明，也就是说，要由生产商品所必需的劳动时间的总和的变动来说明。价值不变，而只是它的货币表现发生变动的情形，在这里当然完全不予考察"③。所以，生产价格的形成并不违背价值规律，生产价格不过是价值的转化形式。

平均利润和生产价格的形成进一步掩盖了资本主义的剥削关系。剩余价值率转化为利润率、剩余价值转化为利润已经掩盖了资本主义的剥削。这时剩余价值率和利润率虽不一致，但就个别企业来看剩余价值量和利润量还是相等的。自平均利润和生产价格形成以后，资本成了一种社会权力。"资本就意识到自己是一种社会权力，每个资本家都按照他在社会总资本中占有的份额而分

---

① 《资本论》第三卷，人民出版社2004年版，第181页。
② 《资本论》第三卷，人民出版社2004年版，第177页。
③ 《资本论》第三卷，人民出版社2004年版，第186页。

享这种权力。"① 等量资本要求获得等量利润。"不同的资本家在这里彼此只是作为一个股份公司的股东发生关系，在这个公司中，按每100资本均衡地分配一份利润。因此，对不同的资本家来说，他们的各份利润之所以有差别，只是因为每个人投在总企业中的资本量不等，因为每个人在总企业中的入股比例不等，因为每个人持有的股票数不等。"② 这样就给人以假象，好像利润是资本创造的，而不是剥削工人的无酬劳动的结果。

之所以出现此种假象是因为资本主义经济又向前发展了，资本主义越向前发展，其假象就越多。在此情况下：第一，资本家并不关心生产什么商品，只关心生产剩余价值；第二，一切生产部门好坏一个样。

无论在理论上还是在历史上商品按价值交换都是先于按生产价格交换的。马克思说："商品按照它们的价值或接近于它们的价值进行的交换，比那种按照它们的生产价格进行的交换，所要求的发展阶段要低得多。按照它们的生产价格进行的交换，则需要资本主义的发展达到一定的高度。"③ 商品按价值交换，可以在自耕农和手工业者那里看到，即可以在小商品生产者那里看到。马克思在第三卷第10章中说，按商品价值交换只需要三个条件：①商品交换已非偶然现象；②商品大体是按照彼此的需要生产的；③没有人为的或自然的垄断存在。

商品按生产价格交换则必须具备更高的条件：①资本有更大的活动性。一是消除自然垄断以外的一切垄断，二是信用制度有了很大发展，三是所有生产部门都已资本主义化，四是有很高的人口密度。②劳动力能迅速转移。一是废除了限制劳动力转移的法律；二是工人对劳动内容无所谓；三是一切生产部门的劳动都

---

① 《资本论》第三卷，人民出版社2004年版，第217页。
② 《资本论》第三卷，人民出版社2004年版，第178页。
③ 《资本论》第三卷，人民出版社2004年版，第197页。

最大限度地化为简单劳动,工人没有职业偏见;四是工人受资本主义生产方式的支配。

(三) 马克思平均利润和生产价格学说的重要理论意义

第一,这一学说科学地解决了资产阶级古典经济学所无法解决的矛盾,即价值规律和等量资本获得等量利润而不是等量剩余劳动获得等量利润这一客观现实之间的矛盾。马克思指出:"以前的经济学,或者硬是抽掉剩余价值和利润之间、剩余价值率和利润率之间的差别,以便能够坚持作为基础的价值规定,或者在放弃这个价值规定的同时,也放弃了对待问题的科学态度的全部基础。……这种混乱最好不过地表明,那些陷在竞争斗争中,无论如何不能透过竞争斗争的现象来看问题的实际资本家,必然也不能透过假象来认识这个过程的内在本质和内在结构。"[1]

第二,平均利润和生产价格学说为阐明剩余价值如何在各个资本主义剥削集团之间的瓜分奠定了基础。

第三,平均利润学说具有重要的革命意义。平均利润学说表明:"每个特殊资本都只作为总资本的一部分,每个资本家事实上都只作为总企业的一个股东,按照各自资本股份的大小比例来分享总利润。"[2] 所以,工人不仅受直接雇佣自己的个别资本家的剥削,而且受整个资本家阶级的剥削。工人和资本家之间的矛盾不是个人之间的矛盾,而是阶级之间的矛盾。马克思说:"我们在这里得到了一个像数学一样精确的证明:为什么资本家在他们的竞争中表现出彼此都是假兄弟,但面对整个工人阶级却结成真正的共济会团体。"[3] 因此,无产阶级要获得解放,只反对个别资本家是不行的,必须团结一致,推翻整个资产阶级。

---

[1] 《资本论》第三卷,人民出版社2004年版,第188—189页。
[2] 《资本论》第三卷,人民出版社2004年版,第232页。
[3] 《资本论》第三卷,人民出版社2004年版,第220页。

三 关于市场价值

关于市场价值，马克思是在《资本论》第三卷第 10 章里论述的。

（一）市场价值概念和市场价值的决定

市场价值是区别于个别价值的社会价值或平均价值。马克思说："市场价值，一方面，应看作一个部门所生产的商品的平均价值，另一方面，又应看作是在这个部门的平均条件下生产的并构成该部门的产品很大数量的那种商品的个别价值。"[1] 他又说："现在假定这些商品的很大数量是在大致相同的正常社会条件下生产出来的，因而社会价值同时就是这个很大数量的商品由以构成的各个商品的个别价值。"[2] 也就是说，如果中等生产条件生产的商品量占很大数量，市场价值就按中等生产条件下的商品的个别价值来决定；如果劣等生产条件生产的商品量占很大比重，市场价值就由劣等生产条件下商品的个别价值来决定。

（二）部门内竞争，形成商品的市场价值，部门间竞争形成商品的生产价格

马克思说："竞争首先在一个部门内实现的，是使商品的不同的个别价值形成一个相同的市场价值和市场价格。但只有不同部门的资本的竞争，才能形成那种使不同部门之间的利润率平均化的生产价格。这后一过程同前一过程相比，要求资本主义生产方式有更高的发展。"[3]

（三）供求关系和市场价值的关系

供求决定市场价格和市场价值的偏离，从而自发地发挥商品生产调节者和商品流通调节者的作用。马克思说："供求关系一方

---

[1]《资本论》第三卷，人民出版社 2004 年版，第 199 页。
[2]《资本论》第三卷，人民出版社 2004 年版，第 203 页。
[3]《资本论》第三卷，人民出版社 2004 年版，第 201 页。

第十三章 《资本论》第三卷第二篇"利润转化为平均利润" 教学大纲 197

面只是说明市场价格同市场价值的偏离,另一方面是说明抵消这种偏离的趋势,也就是抵消供求关系的作用的趋势。"① 那么供求和市场价值的关系到底是怎样的呢?

第一,不是供求决定市场价值,而是市场价值决定供求。马克思说:"供求比例并不说明市场价值,而是相反,市场价值说明供求的变动。"②

第二,供求可以影响商品市场价值的实现。马克思说:"要使一个商品按照它的市场价值来出售,也就是说,按照它包含的社会必要劳动来出售,耗费在这种商品总量上的社会劳动的总量,就必须同这种商品的社会需要的量相适应,即同有支付能力的社会需要的量相适应。"③

第三,供求不决定价值,但是因为使用价值是价值的前提。所以供求一致就是价值的前提。若供过于求,那一部分商品的使用品就等于无用,因而也无价值。所以,供求一致就成为价值的前提。马克思说:"如果某种商品的产量超过了当时社会的需要,社会劳动时间的一部分就浪费掉了,这时,这个商品量在市场上代表的社会劳动量就比它实际包含的社会劳动量小得多。……因此,这些商品必然要低于它们的市场价值出售,其中一部分甚至会根本卖不出去。"④

第四,供求可以间接影响价值。为什么呢? 马克思说:"如果需求非常强烈,以致当价格由最坏条件下生产的商品的价值来调节时也不降低,那么,这种在最坏条件下生产的商品就决定市场价值。这种情况,只有在需求超过通常的需求,或者供给低于通常的供给时才可能发生。最后,如果所生产的商品的量大于这种

---

① 《资本论》第三卷,人民出版社 2004 年版,第 212 页。
② 《资本论》第三卷,人民出版社 2004 年版,第 213 页。
③ 《资本论》第三卷,人民出版社 2004 年版,第 214 页。
④ 《资本论》第三卷,人民出版社 2004 年版,第 208—209 页。

商品按中等的市场价值可以找到销路的量，那么，那种在最好条件下生产的商品就调节市场价值。"① 上述两个方面的情况，可以看作供求可以间接地影响商品的价值。

第三节 需要研究的若干问题

一 关于所谓"转形问题"

从19世纪的庞巴维克到20世纪70年代的萨缪尔逊都说马克思在《资本论》第一卷中让商品按价值交换，第三卷中则是让商品按生产价格交换，因而第三卷和第一卷有矛盾。现在人们又提出，在价值向生产价格转化中，由于在资本主义社会生产资料通常是在市场购买，因此，在成本价格中包含了一个已经实现的利润。这样，全社会的价值总和能否同生产价格一致，就成了问题。庞巴维克的观点见1884年发表的《资本与利息》和1886年发表的《马克思主义理论体系的终结》。萨缪尔逊的观点见《马克思剥削概念的理解问题》。在国内，特别是在改革开放以后，一部分经济学者对这个问题的研究和争论也很热烈。

其实这个问题是马克思自己提出来的。马克思说："如果把社会当作一切生产部门的总体来看，社会本身所生产的商品的生产价格的总和等于它们的价值的总和。这个论点好像和下述事实相矛盾：在资本主义生产中，生产资本的要素通常要在市场上购买，因此，它们的价格包含一个已经实现的利润，这样，一个产业部门的生产价格，连同其中包含的利润一起，会加入另一个产业部门的成本价格，就是说，一个产业部门的利润会加入另一个产业部门的成本价格。"②

这个问题又是马克思自己解决的。在《资本论》第三卷第9

---

① 《资本论》第三卷，人民出版社2004年版，第199—200页。
② 《资本论》第三卷，人民出版社2004年版，第179页。

章中马克思说道:"但是,如果我们把全国商品的成本价格的总和放在一方,把全国的利润或剩余价值的总和放在另一方,那么很清楚,我们就会得到正确的计算。例如,我们拿商品 A 来说。A 的成本价格可以包含 B、C、D 等等的利润,A 的利润也可以再加入 B、C、D 等等的成本价格。如果我们进行计算,A 的利润就不会算到它自己的成本价格中,B、C、D 等等的利润也不会算到它们自己的成本价格中。谁也不会把自己的利润算到自己的成本价格中。举例来说,如果有 n 个生产部门,每个部门的利润都等于 p,所有部门合起来计算,成本价格就 = k − np。从总的计算来看,只要一个生产部门的利润加入另一个生产部门的成本价格,这个利润就已经算在最终产品的总价格一方,而不能再算在利润一方。如果这个利润算在利润一方,那只是因为这个商品本身已经是最终产品,它的生产价格不加入另一种商品的成本价格。"①

从全社会来看,生产价格和价值在量上是一致的。"不过这一切总是归结为这样的情形:加入某种商品的剩余价值多多少,加入另一种商品的剩余价值就少多少,因此,商品生产价格中包含的偏离价值的情况会互相抵消。"②

商品的成本价格和生产该商品所消耗的生产资料的价值不一定相等,因为生产资料所包含的价值和它所实现的价值不一样。这种误差"对我们现在的研究来说,这一点没有进一步考察的必要"③。我很赞成马克思对这个问题的最后表态,即"对于我们现在的研究来说,没有进一步考察的必要"。因为政治经济学研究的对象是人与人的关系,而不是数学,过多地去计算实在是浪费时间。④

---

① 《资本论》第三卷,人民出版社 2004 年版,第 179—180 页。
② 《资本论》第三卷,人民出版社 2004 年版,第 181 页。
③ 《资本论》第三卷,人民出版社 2004 年版,第 185 页。
④ 对转形问题的研究,还可参阅陶文达的《〈资本论〉中的价值转形问题与萨缪尔逊的经济学》一文,该文载于《经济理论与经济管理》1983 年第 1 期。

二　最终产品问题

马克思在《资本论》第三卷第9章阐述一般利润率的形成和商品价值转化为生产价格问题时，讲到了最终产品。

"最终产品"有各种划分方法。

第一，按生活需要划分：①最终总产品，凡最终脱离劳动过程的产品都包括在内，等于总产值，即 c+v+m；②最终净产品，等于国民收入，即 v+m；③最终纯产品，是指生活消费品，即 m。

第二，按部门划分：①企业最终产品；②部门最终产品；③社会最终产品，即消费品。典型意义的最终产品是生活消费品，马克思说："这样，虽然最终产品（麻布，在这里代表全部可消费的产品）由新加劳动和不变资本构成，以致这种消费品的最后生产者只能消费产品中归结为最后阶段上加进的劳动，即归结为工资和利润总额，归结为他们的收入的那一部分，但是，一切不变资本的生产者也都只是以可消费的产品形式来消费即实现自己的新加劳动。"①"一般说来，只有作为原料加入最终产品的那些产品，才可以说它们是作为产品被消费的。"②

总之，可以说不再作为原料、辅助材料或生产工具和生产设备进入生产过程的劳动产品就是最终产品，也就是属于最终产品的是指各种各样的最终消费品和出口品。中国社会科学院经济研究所编纂的《现代经济辞典》将最终产品一词界定为，"作为生产过程最终结果的货物和服务。最终产品是相对于中间产品而言的，是生产活动的最终目的。最终产品用于最终消费、资本形成和出口"③。

---

① 《马克思恩格斯全集》第二十六卷第一册，人民出版社1972年版，第132页。
② 《马克思恩格斯全集》第二十六卷第一册，人民出版社1972年版，第133页。
③ 《现代经济辞典》，凤凰出版社、江苏人民出版社2004年版，第1314页。

于光远于2003年提出了四种消费品理论。他说："把生存资料作为我说的第一种消费品；把享受资料作为我说的第二种消费品；把现代交通工具和现代通讯工具作为我说的第三种消费品；把现代发展工具（以电脑为标志。——引者注）作为第四种消费品；然后再写一段毒品，讲讲它对社会生产力所起的破坏作用。"① 我认为于光远提出的这四种消费品都属于最终产品，因为它们都不再进入生产过程了。

三 社会主义市场经济中利润率平均化问题

20世纪60年代，中国经济学界曾讨论过社会主义商品经济问题，当年经济理论工作者便都肯定了社会主义条件下平均利润和生产价格的存在。那么，在今天，还有没有不利于利润率平均化的障碍呢？应该说还有，主要表现在以下一些问题上。

第一，行业垄断的存在。

第二，地方保护主义的存在。

第三，国际上的反对贸易自由化，搞贸易保护主义的行为还存在。

为了消除利润率平均化的障碍，我们在国内还要深化改革，在国际上还要大力推进经济全球化、构建人类命运共同体。

---

① 于光远：《我的四种消费品理论》，知识产权出版社2004年内部版，第10页。

第十四章

《资本论》第三卷第三篇"利润率趋向下降的规律"教学大纲

第一节 《资本论》第三卷第三篇学习提示

本篇是《资本论》中篇幅在 100 页以下的四篇中的一篇，共 62 页。其余三篇是第一卷第二篇"货币转化为资本"，共 36 页；第一卷第五篇"绝对剩余价值和相对剩余价值的生产"，共 32 页；第一卷第六篇"工资"，共 38 页。

一 本篇的研究对象

这一篇的篇名为"利润率趋向下降的规律"。可知本篇的研究对象是资本主义利润率发展的趋势。马克思在《资本论》中对利润一般的分析，到本篇达到高峰。本卷第一篇是分析利润的本质；第二篇分析不同利润率如何形成一般利润率即平均利润率；本篇是论述一般利润率形成以后它本身发展的趋势，即揭示利润率趋向下降规律。

资本主义的利润率具有下降趋势这个问题，在第一卷第七篇和本卷前两篇里都已涉及了。第一卷中已经肯定了资本有机构成提高是客观经济规律，即"由于社会劳动生产率的增进，花费越来越少的人力可以推动越来越多的生产资料"①。本卷前两篇则指明在其他条件不变的情况下，资本有机构成的高低和利润率的高低成反比。但把利润率趋向下降的规律正式揭示出来是在本篇完成的。马克思通过阐述利润率趋向下降的规律，进一步揭示了资本主义生产关系和生产力的矛盾，告诉人们资本主义本身存在不可克服的矛盾。

二 本篇在全书的地位及其结构

本篇不仅是本卷第一、第二篇所阐述的利润理论的直接继续，而且与本书第一、第二卷存在内在联系。它是第一卷第七篇资本积累理论的继续，也是第二卷第三篇社会总资本的再生产和流通的继续。

就本篇本身而言，它由3章组成，即第13—15章。第13章论证了利润率趋向下降规律本身，对抵消这一规律作用的一切因素暂时舍而不论；同时阐明了这一规律是资本主义积累一般规律的表现，并且指出这个规律是个二重性的规律，即利润率趋向下降的同时必然伴随着利润量的绝对增加。第14章分析与利润率趋向下降规律相反的各种因素，从而证明了利润率的下降不是无阻碍的，因而利润率只具有下降的倾向。第15章阐明利润率趋向下降规律内在矛盾的展开。这一规律的内在矛盾也是整个资本主义生产的内在矛盾。这一章还揭露了资本主义经济危机发生的必然性。所以，本章的论证对资本主义生产方式的历史暂时性是一个深刻的揭露，在全卷和全书具有重要地位。恩格斯在1895年3月16日致阿德勒的信中说："第三篇。第十三至十五章全都非常重要。"②

---

① 《资本论》第一卷，人民出版社2004年版，第743页。
② 《马克思恩格斯全集》第三十九卷，人民出版社1974年版，第414页。

第二节 《资本论》第三卷第三篇基本原理

一 利润率下降的必然性及其表现形式

利润率下降的必然性及其表现形式，马克思是在第三卷第13章论述的。

（一）利润率趋向下降规律是资本主义生产力发展的独特表现

利润率产生下降趋向的原因是随着社会生产力的日益发展，资本有机构成不断提高，可变资本同不变资本相比日益相对减少，以致在劳动剥削程度不变甚至提高时，剩余价值率会表现为不断下降的一般利润率。马克思说："一般利润率日益下降的趋势，只是劳动的社会生产力的日益发展在资本主义生产方式下所特有的表现。"① "因为所使用的活劳动的量，同它所推动的对象化劳动的量相比，同生产中消费掉的生产资料的量相比，不断减少，所以，这种活劳动中对象化为剩余价值的无酬部分同所使用的总资本的价值量相比，也必然不断减少。而剩余价值量和所使用的总资本价值的比率就是利润率，因而利润率必然不断下降。"②

假定 $m' = 100\%$，因资本构成提高而利润率下降，见《资本论》第三卷第235—236页的列示：

如果 $c = 50$，$v = 100$，那么 $p' = 100/150 = 66\frac{2}{3}\%$；

如果 $c = 100$，$v = 100$，那么 $p' = 100/200 = 50\%$；

如果 $c = 200$，$v = 100$，那么 $p' = 100/300 = 33\frac{1}{3}\%$；

如果 $c = 300$，$v = 100$，那么 $p' = 100/400 = 25\%$；

如果 $c = 400$，$v = 100$，那么 $p' = 100/500 = 20\%$。

---

① 《资本论》第三卷，人民出版社2004年版，第237页。
② 《资本论》第三卷，人民出版社2004年版，第237页。

第十四章 《资本论》第三卷第三篇"利润率趋向下降的规律" 教学大纲

从上述可以看出利润率趋向下降的状况。马克思说:"尽管这个规律经过上述说明显得如此简单,但是我们在以后的一篇中将会看到,以往的一切经济学都没有能把它揭示出来。"①

资产阶级经济学家不懂得这一规律。斯密认为,利润率之所以下降,是因为资本积累的增长和随之而来的竞争的加剧。他说:"在同一行业中,如有许多富商投下了资本,他们的相互竞争,自然倾向于减低这一行业的利润;同一社会各种行业的资本,如果全都同样增加了,那末同样的竞争必对所有行业产生同样的结果。"② 马克思说:"竞争使资本的内在规律得到贯彻,使这些规律对于个别资本成为强制规律,但是它并没有发明这些规律。竞争实现这些规律。因此,单纯用竞争来解释这些规律,那就是承认不懂得这些规律。"③ 李嘉图认为由于积累,资本增殖比人口增殖快,故工资会增加,利润会减少。

由上可知,利润率趋向下降的规律是由马克思第一个揭示出来的。

这里有两个问题需要明确:

利润率下降同利润分割无关。利润率趋向下降的规律说明剩余价值对社会总资本的关系,而剩余价值分割为利润、利息和地租则属于分配问题。

利润率下降,在一个国家相继发展的不同阶段如此,在同一时期,不同发展阶段的国家之间也是如此。见下例:

不发达国家:$50c + 100v + 100m = 250$,$p' = 66\frac{2}{3}\%$,$100m/150(c+v)$。

较发达国家:$400c + 100v + 100m = 600$,$p' = 20\%$,$100m/$

---

① 《资本论》第三卷,人民出版社 2004 年版,第 237 页。
② 《国民财富的性质和原因的研究》上册,商务印书馆 1972 年版,第 81 页。
③ 《马克思恩格斯全集》第四十六卷下册,人民出版社 1980 年版,第 271 页。

500（c+v）。

但是，两个国家的p′差别，可以因下述情况而消失，甚至颠倒过来：在不发达国家，由于劳动生产率比较低，工人提供的剩余劳动比较少，结果m′也比较低。较发达国家，劳动生产率比较高，因而能够占有较多的m，所以m′也比较高。

总之，利润率趋向下降的规律，就是在所投总资本中，转化为活劳动的部分越来越小，因而这个总资本所吸收的剩余劳动，同其本身的总量相比也越来越小。这一规律还可表述为"利润率不断下降的规律，或者说，所占有的剩余劳动同活劳动所推动的对象化劳动的量相比相对减少的规律"[1]。

（二）利润率趋向下降的规律，表现为利润率的下降和利润量的同时增加

利润率的下降并不排斥剩余劳动绝对量的增大。这是因为利润率下降是由于可变资本相对减少而不是绝对减少。所以，尽管利润率下降，但是资本所使用的劳动者人数、所推动的劳动量、所吸收的剩余劳动的绝对量，从而它所带来的剩余价值量，也就是它所生产的利润的绝对量仍然可以绝对增加。

利润率下降、利润量同时增加是资本主义积累规律作用的必然结果。

资本主义的生产过程同时就是资本积累过程。资本积累，一方面由于资本有机构成提高而使利润率有下降趋向，另一方面可以使利润量增加。这是因为：①资本积累，使可供剥削的劳动人口增加，使资本可以支配越来越大的劳动大军。②工作日的延长和强化，工资总额减少，都会使利润量绝对增加。

利润率下降、利润量增加的条件是总资本量增加。

第一，总资本已定，有机构成提高，利润率下降，利润量也

---

[1]《资本论》第三卷，人民出版社2004年版，第241页。

第十四章 《资本论》第三卷第三篇 "利润率趋向下降的规律"

减少。但是，如果总资本量增加，在利润率下降的情况下，利润量也可能增加。

第二，要使利润量不变或增加，就要使资本比利润率下降依照更大的比例来增加。

第三，资本主义越发展，使用同量的劳动力，需要更多的总资本。这和资本有机构成提高有关。

所以，利润率下降和绝对利润量增加是产生于同一些原因，这些原因就是资本积累、资本总量增加、劳动生产率提高。

（三）利润率趋向下降的规律，还表现为单个商品价格下降和商品总量所实现的利润总量增加

马克思说："利润率因生产力的发展而下降，同时利润量却会增加，这个规律也表现为：资本所生产的商品的价格下降，同时商品所包含的并通过商品出售所实现的利润量却会相对增加。"[①]

为什么呢？

第一，随着生产力的发展，单个商品价格下降，是因为单位商品中包含的活劳动量减少了，物化劳动也减少了，随之商品的价值量也减少了。

第二，劳动生产率提高，商品价格下降，但商品的利润量会因为剩余价值率的提高而增加。

第三，单位商品价格下降，单个商品的利润量和利润率下降，但由于商品总量的增加，利润总量也会增加。

马克思还说过："商品价格下降，而变得便宜的更大量商品的利润量增加，这种情况实际上只是利润率下降，而利润量同时增加这个规律的另一种表现。"[②]

恩格斯在本卷第 13 章补写的书稿[③]中指出，利润率有按总资

[①] 《资本论》第三卷，人民出版社 2004 年版，第 251 页。
[②] 《资本论》第三卷，人民出版社 2004 年版，第 256 页。
[③] 参见《资本论》第三卷，人民出版社 2004 年版，第 253—254 页。

本计算的利润率和按成本价格计算的利润率。用今天的话语来讲，就是资本利润率和成本利润率。

二 阻碍利润率下降的因素

为什么把一般利润率下降称为趋向下降的规律呢？这是因为还有许多因素发挥相反的作用，阻碍利润率的下降。第三卷第14章分析了这个问题，章名就叫"起反作用的各种原因"。马克思说："必然有某些起反作用的影响在发生作用，来阻挠和抵消这个一般规律的作用，使它只有趋势的性质，因此，我们也就把一般利润率的下降叫作趋向下降。"[①] 那么，有哪些因素阻碍利润率下降呢？马克思在第三卷第14章里分6节逐一分析了这些阻碍因素。

第一，劳动剥削程度的提高。提高剥削程度有两种方法，在此主要是加强绝对剩余价值生产。如果是加强相对剩余价值生产，反而会降低利润率。马克思说："并且利润率下降的趋势特别会由于工作日的延长所产生的绝对剩余价值率的提高而减弱。"[②]

第二，工资被压低到劳动力的价值以下。这只是作为经验的事实提出，"实际上同资本的一般分析无关，……但它是阻碍利润率下降趋势的最显著的原因之一"[③]。

第三，不变资本各要素变得便宜。不变资本价值的下降，使不变资本价值同它的物质量不按同一比例增加，从而减弱资本有机构成提高的程度。不变资本各要素变得便宜，可以使现有资本贬值，从而使资本总量减少。

第四，相对过剩人口。相对过剩人口的存在，首先，可以使劳动力价值低廉；其次，"一些生产部门出于其本性而更加强烈地

---

① 《资本论》第三卷，人民出版社2004年版，第258页。
② 《资本论》第三卷，人民出版社2004年版，第260页。
③ 《资本论》第三卷，人民出版社2004年版，第262页。

反对由手工劳动转化为机器劳动"①；最后，一些新的生产部门如生产奢侈品的部门，则建立在活劳动占优势的基础上。前者会使剩余价值率提高，后两者会使资本有机构成降低。

第五，对外贸易。对外贸易有二重作用：一方面进口廉价原料，高价推销工业品，可以提高利润率，从而阻碍利润率下降；另一方面促进扩大生产规模，提高资本有机构成，又会降低利润率。对外贸易具有较高的利润率因而会提高一般利润率。资本主义国家的对外贸易，无论是商品输出还是资本输出，都会获得更多利润，从而阻碍利润率下降。在国外获得的大量利润会不会在国内参加利润的平均化呢？在没有垄断的情况下，回答是肯定的。

第六，股份资本的增加。随着资本主义的发展，股份资本日益增加，但股份企业并不要求得到平均利润，只要求得到股息，同量资本所获得的股息要小于平均利润。"因此，这些资本不参加一般利润率的平均化，因为它们提供的利润率低于平均利润率。如果它们参加进来，平均利润率就会下降得更厉害。"② 特别是股份资本正好存在于资本有机构成高的部门，它不参加利润率的平均化，就意味着其他部门可以保持较高的利润。投在铁路上的资本就是如此。

可见，在有了股份公司的情况下，社会"资本的一部分只作为生息资本来计算和使用"③。这就不会把其他资本的利润率降下来。

三　利润率趋向下降规律的作用如何加剧了资本主义的基本矛盾

《资本论》第三卷第 15 章论述了利润率趋向下降规律的作用

---

① 《资本论》第三卷，人民出版社 2004 年版，第 263 页。
② 《资本论》第三卷，人民出版社 2004 年版，第 268 页。
③ 《资本论》第三卷，人民出版社 2004 年版，第 267 页。

如何加剧了资本主义的基本矛盾。

资本主义的基本矛盾是生产力和生产关系的矛盾。利润率趋向下降规律由于下述原因而加剧了资本主义的基本矛盾。

第一，生产扩大和价值增殖的矛盾加剧。在资本主义生产方式下，存在生产发展的无限性和价值增殖的有限性之间的矛盾。即作为手段的扩大生产和作为目的的价值增殖之间的矛盾。马克思说："资本主义生产的真正限制是资本自身，……手段——社会生产力的无条件的发展——不断地和现有资本的增殖这个有限的目的发生冲突。"①

第二，人口过剩和资本过剩的矛盾。随着资本积累的发展，造成了"一方面是失业的资本，另一方面是失业的工人人口"②。这会导致劳动力和生产资料无法结合起来，从而造成人力、物力的巨大浪费。

第三，生产和消费的矛盾的发展。马克思说："资本的目的不是满足需要，而是生产利润，因为资本达到这个目的所用的方法，是按照生产的规模来决定生产量，而不是相反，所以，在立足于资本主义基础的有限的消费范围和不断地力图突破自己固有的这种限制的生产之间，必然会不断发生不一致。"③"资本主义生产不是在需要的满足要求停顿时停顿，而是在利润的生产和实现要求停顿时停顿。"④ 这就必然要爆发生产过剩的经济危机。

上述一切说明了："资本主义生产不是绝对的生产方式，而只是一种历史的、和物质生产条件的某个有限的发展时期相适应的生产方式。"⑤

---

① 《资本论》第三卷，人民出版社2004年版，第278—279页。
② 《资本论》第三卷，人民出版社2004年版，第279页。
③ 《资本论》第三卷，人民出版社2004年版，第285页。
④ 《资本论》第三卷，人民出版社2004年版，第288页。
⑤ 《资本论》第三卷，人民出版社2004年版，第289页。

第三节 需要研究的若干问题

经济危机问题是资本主义经济发展中特有的重大问题，但在《资本论》中没有专门的篇章来阐述，不过在本篇第 15 章涉及较多，因此，我们就以此为基础结合《资本论》中其他部分的相关论述，加以粗略探讨。

马克思在第一卷第一篇分析了危机的可能性。①

马克思在第一卷第六、第七篇论述了危机给工人阶级带来的灾难：失业和贫困等。②

马克思在第二卷第二篇第 9 章，论述了经济周期的长度、阶段和物质基础。马克思说："可以认为，大工业中最有决定意义的部门的这个生命周期现在平均为 10 年。……在周期性的危机中，营业要依次通过松弛、中等活跃、急剧上升和危机这几个时期。虽然资本投入的那段期间是极不相同和极不一致的，但危机总是大规模新投资的起点。因此，就整个社会考察，危机又或多或少地是下一个周转周期的新的物质基础。"③

马克思在第二卷第三篇第 20、第 21 章，论述了部门平衡和经济危机的关系。他说过："尽管是规模不变的再生产，但危机——生产危机——还是会发生。"④ 他又说："在这种生产的自发形式中，平衡本身就是一种偶然现象。"⑤ 马克思还说过："这就是说，第 Ⅱ 部类的生产过剩了，而这只有通过一次大崩溃才能恢复平衡。"⑥

---

① 《资本论》第一卷，人民出版社 2004 年版，第 135、161—162 页。
② 《资本论》第一卷，人民出版社 2004 年版，第 627、741、769—774 页。
③ 《资本论》第二卷，人民出版社 2004 年版，第 207 页。
④ 《资本论》第二卷，人民出版社 2004 年版，第 524 页。
⑤ 《资本论》第二卷，人民出版社 2004 年版，第 557 页。
⑥ 《资本论》第二卷，人民出版社 2004 年版，第 587—588 页。

马克思在第三卷第二篇第 10 章里，讲到供求变化会造成生产过剩或生产不足。特别是在第三篇第 15 章里，论述了经济危机的必然性。

马克思说："劳动生产力的发展使利润率的下降成为一个规律，这个规律在某一点上和劳动生产力本身的发展发生最强烈的对抗，因而必须不断地通过危机来克服。"① 他还说过："在资本主义生产方式内发展着的、与人口相比惊人巨大的生产力，以及虽然不是与此按同一比例的、比人口增加快得多的资本价值（不仅是它的物质实体）的增加，同这个惊人巨大的生产力为之服务的、与财富的增长相比变得越来越狭小的基础相矛盾，同这个不断膨胀的资本的价值增殖的条件相矛盾。危机就是这样发生的。"②

《资本论》第三卷第 25 章还阐述了信用危机与经济危机的关联性。③ 利用银行信用进行信用投机，会使整个商业界充满欺诈。信用投机的发展，使市场商品大量过剩，导致经济危机的爆发。在繁荣时期信用制度的膨胀已经孕育危机，当危机来临时，货币信贷紧缩，支付普遍停滞，首先是商业、银行，接着是工厂纷纷倒闭。

马克思指出："信用制度加速了生产力的物质上的发展和世界市场的形成；使这二者作为新生产形式的物质基础发展到一定的高度，是资本主义生产方式的历史使命。同时，信用加速了这种矛盾的暴力的爆发，即危机，因而促进了旧生产方式解体的各要素。"④

---

① 《资本论》第三卷，人民出版社 2004 年版，第 287 页。
② 《资本论》第三卷，人民出版社 2004 年版，第 296 页。
③ 参见《资本论》第二卷，人民出版社 2004 年版，第 458—467 页。
④ 《资本论》第三卷，人民出版社 2004 年版，第 500 页。

马克思特别强调:"危机永远只是现有矛盾的暂时的暴力的解决,永远只是使已经破坏的平衡得到瞬间恢复的暴力的爆发。"① 可知,要想消灭经济危机就必须消灭资本主义制度。

---

① 《资本论》第三卷,人民出版社2004年版,第277页。

第十五章

《资本论》第三卷第四篇"商品资本和货币资本转化为商品经营资本和货币经营资本(商人资本)"教学大纲

第一节 《资本论》第三卷第四篇学习提示

一 本篇的研究对象

《资本论》第三卷第四篇的篇名是"商品资本和货币资本转化为商品经营资本和货币经营资本（商人资本）"。这一篇研究的对象是商业资本和商业利润。商业资本又称商人资本。它分为两类：商品经营资本和货币经营资本。这两类商业资本都要依据平均利润率获得商业利润。本篇通过对商业资本和商业利润的研究，中心是阐明商业资本家如何参与 m 的瓜分。

从本篇开始，《资本论》的理论分析达到了一个新的高度，即依据从抽象到具体的方法，从本篇开始研究资本的具体形式。马克思在第一卷和第二卷分析资本生产过程和流通过程时，撇开了资本的具体形式，只从一般的意义上考察资本。虽然第一卷对资本的分析，第二卷对货币资本、生产资本和商品资本的分析，都是以产业资本为背景，但在那里仍然是从一般的意义上讲资本的，并不是把它们作为同商业资本、生息资本、银行资本相并列的资本形式来考察的。本篇所研究的商业资本则是一种具体的特殊的资本形式。从一般资本转化为一种特殊资本也是一种转化层次。从货币转化为资本，再从一般资本转化为特殊资本是转化的进一步推进。第三卷前三篇研究利润范畴时，也没有涉及资本的具体形式，只是从一般意义上把利润作为总资本的产物。本篇所研究的商业利润则是一种具体的特殊的利润形式。从一般利润或者说从平均利润到商业利润的转化，这是从 m 开始的一系列转化形式的又一个转化层次。

本篇相对第一卷、第二卷和第三卷前三篇来说，虽然是从抽象分析转入了具体分析，但在对特殊的具体的资本形式即商业资本和特殊的 m 形式商业利润进行具体分析的过程中，用的仍然是抽象法。这里研究的只是和流通过程中商品形式变化有关的商业资本，而把现实流通过程中的运输、保管、分装等以及投机倒把等现象都舍而不论，这当然是为了更好地揭示商业资本和商业利润的本质。

二 本篇的研究方法

本篇的研究仍然坚持了逻辑方法与历史方法相一致的原则。从历史上看，是先有商业资本而后在商业资本的促进下或者说在商业资本的基础上，才有了产业资本。在理论的分析上，则是先考察产业资本，而后才把商业资本作为产业资本的一种派生形式进行研究。这种分析方法是否违背了马克思在《资本论》中坚持的逻辑的方法与历史的方法相统一的原则呢？不然！这是因为前资本主义的商业资本必然早于资本主义的产业资本，而资本主义的商业资本是从产业资本中派生出来的，于是只能先分析产业资本才能说明商业资本；只能先分析产业利润，才能说明商业利润。

三 本篇的体系结构与理论意义

本篇的研究和第二卷第一篇的研究具有内在关系。这是因为：

产业资本处在流通过程中所发生的职能，一旦由于分工，交给商人去独立运作，商品资本和货币资本就转化为商品经营资本和货币经营资本。总的来说，就是产业资本中的流通资本转化为商人资本或商业资本。

在第二卷第一篇是从个别资本循环的角度来研究商品资本的运动的，在本篇则是把商品资本作为社会总资本再生产过程中的一个独立形式来研究的。因而二者的研究角度是有区别的。

本篇共5章，即第16—20章，可分为三部分：第一部分包括第16、第17、第18章，分析商品经营资本。其中，第16章分析商品经营资本的形成、特征及其在资本主义发展过程中的作用；第17章分析商业资本如何以商业利润的形式占有平均利润，并且分析了商业劳动的被剥削性质；第18章分析商业利润如何通过周转分摊到每个商品价格中去。第二部分包括第19章，分析商业资本的另一种形式——货币经营资本。第三部分包括第20章，分析资本主义以前的商业资本，说明其职能和获利方式都不同于资本主义的商业资本。

马克思通过对商业资本和商业利润的研究，阐明了商业资本如何参加利润率平均化的问题，使平均利润和生产价格这一经济范畴的内涵更具体、更完整，从而最终完成了对平均利润和生产价格理论的创建。

第二节 《资本论》第三卷第四篇基本原理

一 商品经营资本的形成和作用

这部分理论包含在第三卷第16章中。

（一）商品经营资本的形成

1. 商品经营资本是商品资本的转化形式

《资本论》第二卷在研究产业资本的循环时曾经阐明，产业资

第十五章 《资本论》第三卷第四篇"商品资本和货币资本转化为商品经营资本和货币经营资本（商人资本）"教学大纲

本在它的运动中，顺次采取货币资本、生产资本和商品资本这三种不同形态，并完成不同职能。整个运动过程用公式表示即 G—W…p…W′—G′。

在第二卷假定产业资本循环的每一个阶段，包括商品资本的实现阶段，即 W′—G′，都是由产业资本自己完成的。但是，随着资本主义的发展，一部分商品资本就逐渐从产业资本的运动中分离出来。它们的职能固定地由一部分不从事生产活动而专管商品买卖的商业资本家来承担。这样，商品资本就转化成了商业资本。马克思说："只要处在流通过程中的资本的这种职能作为一种特殊资本的特殊职能独立起来，作为一种由分工赋予特殊一类资本家的职能固定下来，商品资本就成为商品经营资本或商业资本。"①

商品经营资本只能是流通资本一部分的转化形式。马克思说："商品经营资本不外是这个不断处在市场上、处在形态变化过程中并总是局限在流通领域内的流通资本的一部分的转化形式。我们说一部分，是因为商品的买和卖有一部分是不断地在产业资本家自身中间直接进行的。"②

总之，商业资本不外是商品资本的转化形式，是产业资本的一个独立部分。

2. 商品经营资本从产业资本分离出来之后仍然执行商品资本的职能

产业资本家把商品卖给商人之后，对产业资本家来说，他的商品资本固然已经实现。他的商品资本已经变成了货币资本。但是，对商品本身来说，它并没有因此而退出流通领域，它只是变更了所有者，商品中所包含的价值并没有最后实现。也就是说，商品资本的职能还有待商人继续完成。只有当商人把商品卖给消费者，商品从流通领域进入消费领域时，商品资本到货币资本的

---

① 《资本论》第三卷，人民出版社 2004 年版，第 298 页。
② 《资本论》第三卷，人民出版社 2004 年版，第 299 页。

转化才最后结束，商品资本的职能才全部实现。所以，马克思说："商人的活动不过是为了把生产者的商品资本转化为货币所必须完成的活动，不过是对商品资本在流通过程和再生产过程中的职能起中介作用的活动。如果专门从事这种卖出以及买进活动的，不是独立的商人，而只是生产者的代理人，那么这种联系就始终是一清二楚的。"①

可见，商业资本的职能和商品资本的职能实际上是一回事，所不同的是，商品资本是由产业资本家附带经营的，而商业资本是由商人专门经营的。马克思说："商品经营资本无非是生产者的商品资本，这种商品资本必须经历它转化为货币的过程，必须在市场上完成它作为商品资本的职能；不过这种职能已经不是表现为生产者的附带活动，而是表现为一类特殊资本家即商品经营者的专门活动，它已经作为一种特殊投资的业务而独立起来。"② 这时，商品经营资本已经从产业资本中分离出来，它就不再是产业资本的一个单纯的环节，而是作为一个独立的资本来发挥作用。

3. 商品资本独立为商业资本的条件

第一，专人经营。商品的买卖不由产业资本家兼任，而是由已经成为商人的人专门作为独立业务来承担。

第二，专门投资。商人必须有自己独立的投资，他们必须有预付资本。

(二) 商业资本的作用

对产业资本来说，商业资本的作用有：①可以为产业资本家节约流通资本，从而便于他扩大生产规模；②可以使产业资本家节省销售时间，以利于他集中精力管理生产。

对总资本来说，商业资本的作用有：①商业资本家经营商业相较于产业资本家亲自经营商业可以节约资本。②可以加快资本

---

① 《资本论》第三卷，人民出版社2004年版，第301页。
② 《资本论》第三卷，人民出版社2004年版，第301页。

的周转速度，使商品资本更快地转化为货币资本。③马克思说："商人资本的一次周转，不仅可以代表一个生产部门许多资本的周转，而且可以代表不同生产部门若干资本的周转。"①

商业资本既不创造价值也不创造 m，但有利于产业资本家增加 m。为什么呢？首先，它既然有助于流通时间的缩短，那么它就有利于产业资本家攫取更多 m，从而有利于提高利润率。其次，它既然有利于市场的扩大，并对资本之间的分工发挥中介作用，那么它就能使产业资本按更大的规模经营，提高生产效率、促进产业资本积累。最后，它既能节约流通资本，也有利于增加生产资本。

马克思在第 16 章还论述了商业资本本身的周转问题。他说："商人资本周转得越快，总货币资本中充当商人资本的部分就越小；商人资本周转得越慢，总货币资本中充当商人资本的部分就越大。"②又说："商人预付的货币资本的流通速度取决于：1. 生产过程更新的速度和不同生产过程互相衔接的速度；2. 消费的速度。"③ 马克思还说过："再生产过程进行得越迅速，货币作为支付手段的职能越发展，也就是说，信用制度越发展，这个部分（指商人资本——引者注）同总资本相比就越小。"④

二 商业利润的来源及其实现形式

（一）商业利润只能是总生产资本所生产的 m 的一部分

第二卷第 5 章"流通时间"的分析表明，资本在流通领域内的纯粹职能就是买卖商品，既不生产价值，也不生产 m。这种情况，不因商业资本的独立化而有所改变。马克思说："流通时间越

---

① 《资本论》第三卷，人民出版社 2004 年版，第 307 页。
② 《资本论》第三卷，人民出版社 2004 年版，第 308 页。
③ 《资本论》第三卷，人民出版社 2004 年版，第 309 页。
④ 《资本论》第三卷，人民出版社 2004 年版，第 310—311 页。

等于零或近于零，资本的职能就越大，资本的生产效率就越高，它的自行增殖就越大。"①

独立化的商业资本对价值和 m 的实现及商品的现实交换起中介作用。这种流通中执行职能的资本和生产中执行职能的资本一样，都是资本再生产中不可缺少的。因此，商业资本必然要和产业资本一样获得年平均利润。但由于商业资本不生产 m，它获得的平均利润只能是生产资本所生产的 m 的一部分。

（二）商业资本的利润不是来自商品加价

商业资本不生产价值和 m，所以从现象上看，商业资本家获得的利润就好像是来自商品加价。其实这是一个假象。我们分析平均利润时，把商业资本排除了，并未加以考察，现在商业资本已经独立出来了，因而就可以说明商业利润是从哪里来的。

（三）商业资本获取商业利润的关键在于它参与了一般利润率的形成

假定：一年中预付总产业资本为 $720c + 180v = 900$，$m' = 100\%$，

商业总价值为 $720c + 180v + 180m = 1080$，平均利润率 $= 180 \div 900 = 20\%$。

现在假定加进了 100 商业资本，整个社会总资本：$900 + 100 = 1000$，

平均利润率则为 $180 \div 1000 = 18\%$。

这样，产业资本家只能按 $720c + 180v + 162m = 1062$ 的价格把商品卖给商业资本家；商业资本家再按 $1062 + 18 = 1080$ 的价格把商品卖给消费者。可见，商业资本家的利润率，"只是由于他的出售价格超过他的购买价格的余额才获得的。不过，他还是没有高于商品的价值或高于商品的生产价格出售商品，而正是因为他是

---

① 《资本论》第二卷，人民出版社 2004 年版，第 142 页。

低于商品的价值或低于商品的生产价格从产业资本家那里购买商品的"①。

我们应进一步弄清，100 的商业资本何以能周转得了 1080 的商品资本？理由就在于它的周转次数多，但每次不能取得 18% 的平均利润率，而是全年得到 18% 的平均利润率。

由于商业资本参加了平均利润率的形成，对前面说过的生产价格等于成本价格加平均利润的原理必须作补充说明，要说明的是平均化的过程不仅在产业资本之间进行，而且商业资本也参与了。因此，现在讲生产价格就必须把这层意思包括进来。这就是说，"总商品资本的实际价值或实际生产价格 = k + p + h（在这里，h 代表商业利润）"②。需要注意，马克思在此提出了一个实际生产价格概念用以和生产价格概念相区别。这里说的生产价格等于出厂价格。而实际生产价格包括商业利润，故比出厂价格高。实际生产价格等于出厂价格加商业利润。

（四）商业资本不能成为商品价值的要素

商业资本参加利润平均化，它可以使平均利润率降低，却不能使商品价值增加。因为：第一，这里的货币资本同产业资本的固定资本类同，因为它没有被消耗掉。第二，商业资本家的货币资本无非是产业资本家转化为货币资本的商品资本，只是商业资本家的货币资本把最后消费者的支付提前而已。

三　流通费用的补偿及其获得利润的方式

这里阐述第 17 章"商业利润"中的有关部分。

（一）什么是纯粹流通费

商业资本家除了为购买商品而预付货币资本，还要为流通费用预付一笔追加资本。在第二卷第 5 章里，流通费用有：①纯粹

---

① 《资本论》第三卷，人民出版社 2004 年版，第 318 页。
② 《资本论》第三卷，人民出版社 2004 年版，第 318 页。

流通费；②保管费用；③运输费用。这里只考察纯粹流通费，即用于买卖方面的费用。如果比照生产资本，把纯粹流通费也分为 c 和 v，那么建营业厅、购办公用具、支付邮资等就属于 c，商业员工的工资则属于 v。

（二）商业资本家预付的纯粹流通费必须获得利润

纯粹流通费对于商品买卖来说是必不可少的，但它既不能增加价值，也不能创造 m。这笔纯粹流通费无论是产业资本家预付还是商业资本家预付都是一样的。既然在产业资本家预付时，必然要计算利润，那么商业资本家预付也必须获得利润，而且必须获得平均利润。

（三）纯粹流通费是怎样获得利润的

流通时间和流通中的资本对生产时间和生产资本是一种限制，因而它会降低利润率。马克思在《资本论》第二卷第 5 章里说过："资本的流通时间，一般说来，会限制资本的生产时间，从而也会限制它的价值增殖过程。限制的程度与流通时间持续的长短成比例。"① 这一情况，不会因商业资本家执行流通中的中介职能而改变。不同的是，由于商业资本家替代产业资本家执行流通中的职能，加速了资本的循环和周转，从而延缓了 p' 的降低。

预付纯粹流通费假定为 50，以后的平均利润率是这样的：

180／（900 + 100 + 50）= 17.14%。

产业资本家可按如下价格把产品卖给商人：

900 +（900 × 17.14%）= 1054.26。

商业资本家再按如下价格把产品卖给消费者：

1054.26 +（150 × 17.14%）+ 50 = 1129.97。

由上可见，纯粹流通费作为商业资本预付的货币资本，是通过参加 p' 平均化，在商品的售卖价格中实现它所获取的利润的。

---

① 《资本论》第二卷，人民出版社 2004 年版，第 142 页。

实际的平均 p′比上述的还要低，因为商业资本家是不可能按 1129.97 即高于 1080 的商品价值来出卖商品的，上面之所以出现 1129.97，是因为其中加上了 50 的纯粹流通费，这就需要研究纯粹流通费应如何得到补偿。

在商品价值 c + v + m 中，c + v 是补偿生产资本中 c 和 v 的，于是纯粹流通费就只能由 m 来补偿。这就是说需要从 m 中把它减去。同时，预付在纯粹流通费中的资本，也要在商业利润形式上分割一部分作为平均利润拿走。这样，实际平均利润率应为 (180 − 50) / (900 + 100 + 50) = 12.38%。

这样算来，产业资本家的出售价格应为 900 + 900 × 12.38% = 1011.43；

商业资本家的出售价格应为 1011.43 + 150 × 12.38% + 50 = 1011.43 + 18.57 + 50 = 1080。

这样，商品就不是按高于其价值而是按等于其价值出售的。

四　商业可变资本的补偿及其获得利润的方式

这里继续阐述第 17 章"商业利润"。题目还可以表述为"商业劳动的性质及商业劳动者工资的补偿"。

商业员工也是雇佣工人，商业劳动力是用商业资本家的 v 而不是用作为收入来花费的货币购买的。因此，商业资本家购买这种劳动力的目的是资本增殖，不是用于私人服务，这种劳动力的价值也是由生产和再生产劳动力所必需的生活资料的价值决定的。

由于商业资本只在流通中起作用，产业工人不能直接为商业资本家创造 m。但商业员工的无酬劳动却为商业资本家创造了占有 m 的条件。可见，商业员工的无酬劳动是商业利润的源泉。

商业劳动属于熟练劳动，有较高的工资，但随着资本主义的发展，工资有下降的趋势。这是因为：

第一，由于商业事务所内部的分工不断细化，劳动能力只需要有片面的发展。

第二，随着科学和国民教育的发展，商业知识和语言知识等可以更迅速更便宜更容易地生产出来。

第三，国民教育的普及，使商业劳动者的竞争者增加。

商业员工的工资是社会总 m 的扣除，这种劳动的增加，始终是 m 增加的结果，而绝不是 m 增加的原因。"商人资本决不是别的东西，而只是一部分在流通过程中执行职能的产业资本的独立化的形式。"① 随着资本主义生产规模的扩大，如果没有商业资本家的经营活动，产业资本家自己也必须雇佣从事商品买卖的员工。如果把商品经营活动交给商业资本家去做，比产业资本家自己去干要合算得多。因此，产业资本家也就愿意从 m 中扣除一部分交给商业资本家，作为补偿商业的可变资本及与此相应的利润。

对商业资本家来说，商业劳动也是直接的生产劳动。"对产业资本来说，流通费用表现为并且确实是非生产费用。对商人来说，流通费用表现为他的利润的源泉，在一般利润率的前提下，他的利润和这种流通费用的大小成比例。因此，对商业资本来说，投在这种流通费用上的支出，是一种生产投资。所以，它所购买的商业劳动，对它来说，也是直接生产的。"②

五　商业资本周转的特点及其对商品价格的影响

这里讲述的是第 18 章"商人资本的周转。价格"的内容。

（一）商业周转的特点

第一，与产业资本周转相比，商业资本周转只是流通时间，而产业资本周转是生产时间和流通时间的统一，即包括整个生产过程。

第二，产业资本周转在流通中的形态变化为 $W_1—G—W_2$，是

---

① 《资本论》第三卷，人民出版社 2004 年版，第 333 页。
② 《资本论》第三卷，人民出版社 2004 年版，第 336 页。

同一货币两次转手，货币运动是商品交换的媒介；商业资本周转的形态变化（只能是在流通中）为 G—W—G′，是同一商品两次转手，商品运动是货币流回到商人手中的媒介。商业资本一年中周转的次数，取决于 G—W—G′一年中反复进行的次数。

第三，商业资本周转与货币周转相比，有相似之处，也有区别之处。相似之处在于：一个流通 10 次的货币，会实现 10 倍于它的商品价值；同样，一个周转 10 次的商业资本，也能实现 10 倍于它的商品价值。区别在于：货币作为流通手段流通时，是同一货币经过不同人的手。货币流通量是由流通速度来弥补的。但是，货币作为商业资本来周转，是同一货币资本反复买卖商品，但从流通中取出的货币总是比投入的货币多，这是因为商业资本周转是作为预付资本来周转的，即今天付出了，明天就可能收回了。

第四，商业资本的周转只表示买和卖的反复；而产业资本的反复周转，表示再生产过程的周期性更新。生产时间的长短是对商业资本周转的第一个限制；个人消费的速度和规模是对它的第二个限制；生产消费暂时按下不表，依道理讲它应该是第三个限制。

（二）商业资本周转对危机的促进作用

商业资本会缩短生产资本 W—G 的阶段。由于资本主义信用制度的作用，商业资本家能够支配社会总资本中很大的部分，因此，在他购买的商品未完全卖出之前，就能重新购买，造成虚假需求，促使生产盲目发展。

马克思说："商人资本的周转，不仅能够对不同产业资本的周转，而且还能够对商品资本形态变化的相反的阶段（即 W—G，同时就是另一产业资本的 G—W 阶段。——引者注）

起中介作用。"① 但由于商业资本的独立化，它的运动在一定限度内就不受再生产过程的制约，因而就离开了再生产过程的内部联系。如上所述会出现虚假需求，于是只能由危机来恢复商业资本和再生产过程的内部联系。所以，危机最初不是发生在零售商业中，而是发生在大量购进商品的大商业和大量放款的大银行中。

（三）商业资本周转速度对商业价格的影响

第一，商品出售价格的两个限制因素：生产价格（出厂价格）和平均 p'。这里撇开竞争的假象。如为了打败竞争对手而杀价。商品的出售价格绝不是由商人主观决定的。马克思说："商人怎么干，完全取决于资本主义生产方式的发展程度，而不是取决于商人的愿望。"②

第二，商业资本周转对利润率的影响。产业资本的周转对一般利润率产生直接影响；而商业资本的周转对一般利润率只发生间接的影响。在社会总资本中，商业资本的相对量越小，产业资本的相对量就越大，从而一般利润率就越高。而商业资本在社会总资本中的相对量又由它本身的周转速度决定。它的周转速度越快，所需的商业资本就越小，因而在社会总资本中占的相对量就越小，这就可以间接提高一般利润率。

第三，商业资本周转对商品出售价格的影响。商业资本的周转次数不能直接影响利润率，但可以直接影响价格。这是因为如果商业资本周转速度快，它周转的商品数量就多，而将这一定量的商业利润分摊到单位商品上的份额就必然减少，商品价格也就必然降低。但不能由此认为流通过程本身也决定商品的价格，似乎商人可以任意加价，似乎周转本身也决定价格。其实决定商品价格的是生产价格和平均利润率，是价值，是生产商品的社会必要劳动时间。

---

① 《资本论》第三卷，人民出版社 2004 年版，第 340 页。
② 《资本论》第三卷，人民出版社 2004 年版，第 342 页。

六　货币经营资本及其补偿来源

马克思说："商人资本或商业资本分为两个形式或亚种，即商品经营资本和货币经营资本。"① 关于商品经营资本的有关理论，在前面已经阐明了；关于货币经营资本的有关理论，马克思是在第三卷第19章论述的。

马克思说，"货币在产业资本和现在我们可以补充进来的商品经营资本的流通过程中（因为商品经营资本把产业资本的一部分流通运动当作自己特有的运动承担起来）所完成的各种纯粹技术性的运动，当它们独立起来，成为一种特殊资本的职能，而这种资本把它们并且只把它们当作自己特有的活动来完成的时候，就把这种资本转化为货币经营资本了。"② 简言之，货币经营资本就是专门经营与货币流通有关的各种技术性业务的资本。货币经营业也是一种商业。

货币经营资本是为商业资本和产业资本服务的。所以，"货币经营者所操作的货币资本的总量，就是商人和产业家的处在流通中的货币资本；货币经营者所完成的各种活动，只是他们作为中介所实现的商人和产业家的活动"③。

货币资本在产业资本和商业资本的循环中，都只执行货币的职能，它在执行货币职能的过程中，又必然引起一系列纯粹技术性的业务。例如，货币作为流通手段，就会引起货币出纳、簿记等业务；货币作为支付手段，就会引起凭票收款、付款和相互清偿债务等业务；货币作为贮藏手段，就会引起保管货币的业务；货币作为世界货币，就必然引起大量的汇兑业务。随着资本主义经济的发展，上述各种货币流通中的技术性业务，便由商人和产

---

① 《资本论》第三卷，人民出版社2004年版，第297页。
② 《资本论》第三卷，人民出版社2004年版，第351页。
③ 《资本论》第三卷，人民出版社2004年版，第359页。

业家兼营变为由专门的资本家来经营，这种资本家就是货币经营资本家。货币经营资本家出现之后，就使货币流通中的各种技术性业务独立出来，并使之集中、缩短和简化。

货币经营业从历史上看，首先是从国际贸易中发展起来的。汇兑业和金银贸易业是货币经营业最原始的形式。

货币经营资本家为经营货币商品，必须垫付一定量的资本，其中一部分设置营业室、购买办公用品等；另一部分则用于雇佣营业人员。投入货币经营业的资本也要获得平均利润，否则就不会有人在这个行业投资。如果没有专门的资本家经营货币商品的业务，那就会造成每个商业资本家和产业资本家自己垫付资本去分散经营这些业务，从而会使用更多的资本，耗费更多的劳动。

这样就出现一个问题，即经营货币资本所垫付的资本是怎样得到补偿的呢？由于经营货币商品投入的人力、物力的价值，既不能在流通中再生产出来，也不能转移过来，只会在流通中消耗掉。所以，这部分垫付资本和商品经营资本中的纯粹流通费用一样只能从生产领域中雇佣工人所创造的剩余价值中得到补偿。至于这部分资本所获得的利润，也只能来源于生产领域中雇佣工人所创造的剩余价值。正如马克思所指出的："货币经营者的利润不过是从剩余价值中所作的一种扣除，因为他们的活动只与已经实现（即使只是在债权形式上实现）的价值有关。"①

第三节 需要研究的若干问题

一 关于"名义价值问题"

《资本论》第三卷第17章，有两处讲到"名义价值"，但其意义不同。

---

① 《资本论》第三卷，人民出版社2004年版，第359页。

第十五章 《资本论》第三卷第四篇"商品资本和货币资本转化为商品经营资本和货币经营资本（商人资本）"教学大纲　229

一处是马克思在第三卷第 17 章第 315 页中讲的："商人不仅要在流通中并通过流通来实现他的利润，而且要在流通中并通过流通才获得他的利润。这一点看来好像只有按下述方式才能做到：商人把产业资本家按商品生产价格，或者就总商品资本来看，按商品价值卖给他的商品，高于它的生产价格出售，即对商品价格实行名义上的加价，因而，就总商品资本来看，也就是高于它的价值出售，并且把商品的名义价值超过它的实际价值的这个余额攫为己有；一句话，就是商品卖得比它的原价贵。"①

这个名义价值是马克思在分析商业利润来源时提出的一种解决问题的假设。

马克思说："这就是从现象上最初表现出来的情形：商业利润通过商品加价而实现。事实上，认为利润来自商品价格的名义上的提高或商品高于它的价值出售这整个看法，是从对商业资本的直觉中产生的。"②但是，马克思接着揭露："只要仔细考察一下，马上就可以看到，这不过是假象。"③

那么，真相是什么呢？马克思说："正像产业资本之所以能实现利润，只是因为利润作为剩余价值已经包含在商品的价值中一样，商业资本之所以能实现利润，只是因为产业资本在商品的价格中实现的并非全部的剩余价值或利润。因此，商人的出售价格之所以高于购买价格，并不是因为出售价格高于总价值，而是因为购买价格低于总价值。"④

马克思在另一个地方提到"名义价值"是在分析流通费用补偿问题时。他说："商人除了为购买商品而预付的货币资本以外，总是还要预付一个追加的资本，用来购买和支付这种流通手段。

---

① 《资本论》第三卷，人民出版社 2004 年版，第 315 页。
② 《资本论》第三卷，人民出版社 2004 年版，第 316 页。
③ 《资本论》第三卷，人民出版社 2004 年版，第 316 页。
④ 《资本论》第三卷，人民出版社 2004 年版，第 319 页。

如果这个成本要素是由流动资本构成的，它就全部作为追加要素加入商品的出售价格，如果这个成本要素是由固定资本构成的，它就按照自己损耗的程度，作为追加要素加入商品的出售价格；不过，这样一个要素，即使它和纯粹的商业流通费用一样不形成商品价值的实际追加，也会作为一个形成名义价值的要素加入商品的出售价格。但是，这全部追加资本不管是流动的还是固定的，都会参加一般利润率的形成。"① 名义价值问题讲的是纯粹流通费的补偿形式问题，即作为售卖价格追加在商品的价格上以取得补偿。这同纯粹流通费的补偿来源不同。关于补偿来源，马克思在《资本论》第二卷第6章《流通费用》中已经明确，"一般的规律是：一切只是由商品的形式转化而产生的流通费用，都不会把价值追加到商品上。这仅仅是实现价值或价值由一种形式转变为另一种形式所需的费用。投在这种费用上的资本（包括它所支配的劳动），属于资本主义生产上的非生产费用。这种费用必须从剩余产品中得到补偿，对整个资本家阶级来说，是剩余价值或剩余产品的一种扣除，就像对工人来说，购买生活资料所需的时间是损失掉的时间一样"②。

商品有了名义价值以后，社会商品总价值和总价格是否还相等呢？似乎不相等，其实不然。例如，假设社会一年生产的商品为纸张100吨，价值1000；粮食10000吨，价值2000；衣服1000件，价值20000，总计价值为23000。假如社会购买力也是23000，那么，可以全部实现。现在由纸张50吨用于纯粹流通费中的广告费；那么，50吨纸的价值500将从23000中扣除。被扣除的500将作为名义价值加到其他商品上。结果最终卖给购买者的商品售卖总价格仍为23000。500吨纸因为商人自己用了，所以没有售卖价格，于是就保持了社会商品总价值和总价格的一致。于是，纯

---

① 《资本论》第三卷，人民出版社2004年版，第321页。
② 《资本论》第二卷，人民出版社2004年版，第167页。

粹流通费的补偿问题，就在劳动价值论的基础上得到了解决。

二　怎样认识马克思在《资本论》第三卷第四篇第 17 章中提出的课题

马克思在分析流通费用特别是其中的可变资本部分的补偿问题时提出："此外，本来还应当研究：第一，只有必要劳动才加入商品价值这个规律，在流通过程中是如何起作用的；第二，积累在商人资本上是怎样表现的；第三，商人资本在实际的社会总再生产过程中是怎样执行职能的。"① 这是马克思在《资本论》中唯一提出应当研究而未阐明的一些问题。这些问题都十分重要，但是目前尚无人能够提供合理的答案，值得我们后人进行研究。

三　马克思"商业资本"理论的运用如何有利于社会经济的发展

（一）商业是一个特殊的交换活动

首先，它不是劳动的直接交换，而是劳动产品的交换。

其次，它不是一般的劳动产品的交换而是商品交换。

再次，它不是物物交换，而是借助于货币的交换。

最后，它不是生产者和消费者直接交换，而是以商人为中介的交换。

因此，商业是社会发展到一定程度时，由于社会分工的进化出现的一种特殊交换活动和部门。它不是可有可无的，它是社会进步的必然产物。

（二）加强商业发展有利于提高经济效益

马克思说："只要商人资本没有超过它的必要的比例，那就必须承认：

---

① 《资本论》第三卷，人民出版社 2004 年版，第 322 页。

1. 由于分工，专门用于买卖的资本（……），小于产业资本家在必须亲自从事他的企业的全部商业活动时所需要的这种资本。

2. 因为商人专门从事这种业务，所以，不仅生产者可以把他的商品较早地转化为货币，而且商品资本本身也会比它处在生产者手中的时候更快地完成它的形态变化。

3. 就全部商人资本同产业资本的关系来看，商人资本的一次周转，不仅可以代表一个生产部门许多资本的周转，而且可以代表不同生产部门若干资本的周转。"①

总之，正像马克思在《资本论》第二卷里说过的："一个商人（在这里只是看作商品的形式转化的当事人，只是看作买者和卖者）可以通过他的活动，为许多生产者缩短买卖时间。因此，他可以被看作是一种机器，它能减少力的无益消耗，或有助于腾出生产时间。"②

（三）加强商业有利于社会经济的发展

第一，商业独立化后，能够使生产者集中精力从事生产，减少因推销商品而分散精力。"如果商人仍然是商人，那么，生产者就可以把出售商品的时间节省下来用于监督生产过程，而商人则必须把他的全部时间用于出售商品。"③

第二，商业独立化后，能够节省生产部门投入推销商品方面的人力、物力、财力。现在"把麻布卖掉的职能，……由商人从生产者手里接过来了，成为商人的特殊业务了，而以前，这种职能是生产者在完成生产麻布的职能以后要由自己去完成的"④。

第三，商业独立化后，可以使生产者在商品最终出售给消费者以前就提前转化为货币。对生产者来说，形态变化的过程缩短

---

① 《资本论》第三卷，人民出版社 2004 年版，第 307 页。
② 《资本论》第二卷，人民出版社 2004 年版，第 148 页。
③ 《资本论》第三卷，人民出版社 2004 年版，第 306—307 页。
④ 《资本论》第三卷，人民出版社 2004 年版，第 300 页。

了，但只是要在商人手中继续进行下去。然而事情由此对生产者有利，因为"他就会用由此得到的货币购买必要的生产资料，他的资本就会再进入生产过程；他的生产过程就会继续进行下去，不会发生中断"①。相反，如果生产者必须等到他的商品，"实际上已经不再是商品，已经转入最后的买者手中，即转入生产消费者或个人消费者手中，那么，他的再生产过程就会中断。或者，为了使再生产过程不致中断，他就必须限制他的业务"②。

第四，商业独立化后，可以节省生产者的货币准备金。"如果没有商人的介入，流通资本中以货币准备金形式存在的部分，同以生产资本形式使用的部分相比，必然会不断增大，与此相适应，再生产的规模就会受到限制。而现在，生产者能够把他的资本中较大的部分不断地用于真正的生产过程，而把较小的部分用作货币准备金。"③

第五，商业独立化后，也有利于满足消费者需要。《资本论》虽然没有专门对此进行论述，但对生产者有利的事情，对消费者也应是有好处的。

---

① 《资本论》第三卷，人民出版社2004年版，第305页。
② 《资本论》第三卷，人民出版社2004年版，第306页。
③ 《资本论》第三卷，人民出版社2004年版，第306页。

第十六章

《资本论》第三卷第五篇"利润分为利息和企业主收入。生息资本"教学大纲

第一节 《资本论》第三卷第五篇学习提示

一 本篇的编辑过程

恩格斯在《资本论》第三卷序言中叙述了第五篇编纂时遇到的困难，他写道："主要的困难在第五篇。那里讨论的也是整个这一册最复杂的问题。正当马克思写这一篇时，上面提到的重病又突然发作了。因此，这一篇不但没有现成的草稿，甚至没有一个可以按照其轮廓来加以充实的纲要，只不过是开了一个头，不少地方只是一堆未经整理的笔记、评述和摘录的资料。……但真正的困难是从第三十章开始。从这章起，不仅要整理引证的材料，而且要整理思路，因为思路不时为插入的句子、离题的论述等等所打断，然后再在别处展开，而且往往是完全附带地展开的。"[①]

二 本篇的研究对象

本篇题为"利润分为利息和企业主收入。生息资本"。生息资本和商业资本一样，都是一种古老的资本形式，在不同的历史阶段有不同的表现。前资本主义时期的生息资本表现为高利贷资本；

---

① 《资本论》第三卷，人民出版社2004年版，第8—9页。

资本主义时期的生息资本则表现为借贷资本。借贷资本和高利贷资本的形成过程和所反映的生产关系是完全不同的。本篇的研究对象是借贷资本的形成和随之而来的利润分解为利息和企业主收入，以及借贷资本的运动形式——资本主义的信用。

资本主义发展到一定阶段，产业资本循环中的三种不同的资本形式，就分离开来独立为各种特殊的资本。商品资本独立化为商业资本，货币资本独立化为借贷资本。利息和企业主收入是平均利润在借贷资本家和职能资本家（产业资本家、商业资本家等）之间的分割。由职能资本进而分析借贷资本、由平均利润进而分析利息和企业主收入，这是从剩余价值开始的转化形式分析的又一次深入，从而对资本主义经济运动的研究，就进入了一个更具体、更接近生活实际的高度。

三 本篇的体系结构

本篇共16章，即第21—36章，共315页，是《资本论》中篇幅最大的一篇，而且只有这一篇分正篇（第21—28章）和续篇（第29—36章）两部分。本篇可以归纳为以下五个部分。

第一部分：生息资本及其同职能资本的关系，包括第21—24章。主要论述生息资本的特点，生息资本同产业资本和商业资本的关系，以及利润如何分割为利息和企业主收入两部分。

第二部分：银行资本和虚拟资本，包括第25—29章。主要论述信用的产生和信用在资本主义生产中的作用，以及银行如何成为虚拟活动的中心。在第26章和第28章里，还批判了资产阶级的通货学派和银行学派。

第三部分：货币资本积累和现实资本积累，包括第30—32章。主要论述借贷资本的货币资本以及产业资本与商业资本的职能资本同现实资本的关系。

第四部分：信用制度下的流通手段，包括第33—35章。主要论述信用与货币流通的关系，也就是借贷资本和货币资本的关系。这一研究涉及整个资本主义信用即货币制度。

第五部分：生息资本的历史，包括第 36 章。对生息资本进行历史考察，主要论述高利贷资本的特征及其向资本主义借贷资本的转化，阐明借贷资本和高利贷资本的根本区别。

四 第三卷第五篇的理论意义

马克思在本篇不仅从理论上更进一步揭露出资本的具体形态，彻底揭穿了这些现象形态的欺骗性，并且从生产的积聚出发，对信用以及借助信用而形成的股份公司和银行等这些资本集中的新形式作了分析，特别是还预见到资本主义自由竞争向垄断的发展。

马克思在本篇第 33—35 章，对自己的货币学说的发展还有进一步阐释。

对于本篇的学习和研究，恩格斯在 1895 年 3 月 16 日致奥地利社会民主党创始人和领导人之一维克多·阿德勒（1852—1918年）的信中说过："第五篇。第二十一至二十七章非常重要。第二十八章不那么重要。第二十九章重要。第三十至三十二章总的说来对于你的目的是不重要的，第三十三和第三十四章谈的是纸币等等，也重要；第三十五章关于国际汇兑率，重要，第三十六章你会感到非常有趣，也好懂。"[①] 恩格斯的上述意见和建议，是提供给个别人作参考的，具有具体的针对性，不能看作具有普遍意义的指导意见。例如，第 27 章，我就认为在本篇、本卷乃至全书都应看作具有特别重要的意义，但并不排斥恩格斯认为它对维克多·阿德勒来说并不重要。

---

① 《马克思恩格斯全集》第三十九卷，人民出版社 1974 年版，第 414—415 页。

第二节 《资本论》第三卷第五篇基本原理

一 生息资本和利息

（一）生息资本是一种资本商品

产业资本和商业资本都是职能资本，所以，都要获得平均利润。生息资本不是职能资本，它是货币资本的一种特殊形式。它是职能资本的货币资本形态的独立化。它能够使资本家占有剩余价值，从而转化为一种自行增殖的特殊资本。马克思说："这样，货币除了作为货币具有的使用价值以外，又取得一种追加的使用价值，即作为资本来执行职能的使用价值。在这里，它的使用价值正在于它转化为资本而生产的利润。就它作为可能的资本，作为生产利润的手段的这种属性来说，它变成了商品，不过是一种特别的商品。或者换一种说法，资本作为资本，变成了商品。"[1]

假定年平均利润率为20%，拥有10000元的货币资本家，就拥有生产2000元利润的权利。如果他把10000元让给职能资本家使用，也就是把生产2000元利润的权利让给了后者。后者就应从2000元中取出500元作为利息交给货币资本家。因此，利息不外是一部分利润的特别名称。在这里，资本的所有权和使用权就分离了。

可见，货币当作生产利润的手段时就转化为资本商品。这种商品的流通，不是买卖关系，而是借贷关系。为简单起见，从第21章到第24章，马克思假定货币资本家和职能资本家是直接发生借贷关系的。

这两种资本家既相互对立又相互联系。货币资本家如果不把货币贷给职能资本家使用，货币就不能当作资本来发生职能，也

---

[1] 《资本论》第三卷，人民出版社2004年版，第378页。

就不能取得利息。借入货币的职能资本家之所以能取得利润,首先是因为货币资本家借了钱给他。接着他能把借入的钱投入生产与工人的劳动相结合。

总之,货币作为资本商品贷放就形成了生息资本。生息资本的形成是资本所有权与使用权分离的结果。

(二) 生息资本的特别的流通

生息资本的特别流通形式是 G—G′。这个特别的流通形式掩盖了生息资本和职能资本的关系,是资本最具有拜物教性质的一种表现形式。也就是说,它最具有欺骗性,好像是钱生了更多的钱。它实际上是以职能资本的运动为前提、为中介的。如以商业资本为中介,即为

$G-G-W-G'_1-G'_2$

如以产业资本为中介,即

$$G-G-W{<}^A_{PM}\cdots P\cdots W'-G'_1-G'_2$$

由上式我们可以看到,它是两次支出,先是货币作为生息资本,从货币资本家手中贷给职能资本家,再由职能资本家把它用来购买商品:劳动力和生产资料。

同时它又是两次回流。先把它作为 G'_1 或 G + 平均利润,从运动中流回到职能资本家手中;再由职能资本家让它带回一部分利润,作为已经实现的 G'_2,即作为 G + 利息再偿还给货币资本家。

(三) 利息的来源及利息率的确定

利息是由职能资本家分割给货币资本家的平均利润的一部分。它的本质是剩余价值,表现为资本商品的价格。马克思说:"如果价格表示商品的价值,那么,利息则表示货币资本的增殖,因而

第十六章 《资本论》第三卷第五篇"利润分为利息和企业主收入。生息资本"教学大纲

表现为一个为货币资本而支付给贷出者的价格。"① 他又说:"生息资本虽然是和商品绝对不同的范畴,但却变成特种商品,因而利息就变成了它的价格,这种价格,就像普通商品的市场价格一样,任何时候都由供求决定。"②

上述不过是一种形象的说法,当然利息和普通的商品价格是不同的。马克思说:"同样不要忘记,这里支付的,是利息,而不是商品价格。如果我们把利息叫作货币资本的价格,那就是价格的不合理的形式,与商品价格的概念完全相矛盾。"③ 他又说:"利息是资本的价格这种说法,从一开始就是完全不合理的。……一个价值额怎么能够在它本身的价格之外,在那个要用它本身的货币形式来表示的价格之外,还有一个价格呢?价格毕竟是和商品的使用价值相区别的商品的价值(市场价格也是这样,它和价值的区别,不是质的区别,而只是量的区别,只与价值量有关)。和价值有质的区别的价格,是荒谬的矛盾。"④

决定利息和利息率的因素,涉及第22章"利润的分割。利息率。'自然'利息率"有关内容。利息首先有个界限。平均利润是它的最高界限,它的最低界限是不能小于零。利息量的大小取决于三个因素:一是总资本的大小,二是平均利润的大小,三是利息在平均利润中所占的比重。利息率的高低决定于两个因素:一是平均利润率的高低;二是生息资本的供求状况,即贷出者和贷入者的竞争。

关于利息率的变化趋势。第一,平均利润率有下降趋势,利息率决定于平均利润率,所以,也有下降趋势。此外,食利者阶级的增加和资本主义信用制度的发展,也会使生息资本的供给增

---

① 《资本论》第三卷,人民出版社2004年版,第397页。
② 《资本论》第三卷,人民出版社2004年版,第411页。
③ 《资本论》第三卷,人民出版社2004年版,第396页。
④ 《资本论》第三卷,人民出版社2004年版,第396—397页。

加,从而在平均利润率不下降的情况下,利息率也会下降。第二,利息率与经济周期的关系。利息率低与繁荣期相适应,利息率高与危机期相适应。

二 利息和企业主收入

利息和企业主收入马克思是在第三卷第 23 章里论述的。章名为"利息和企业主收入"。

(一) 平均利润由量的分割怎样转化为质的分割

利息表现为资本所有权的果实,企业主收入表现为执行职能的资本使用权的果实。所以,即使资本的使用者是用自有资本经营的,也具有双重身份:资本的所有者。他的资本则是作为所有权的资本和作为使用权的资本的统一。利息是在生产过程之外的、当作所有权的资本的果实,企业主收入则是在生产过程之内的当作职能的资本的果实。利润的这两部分:利息和企业主收入,当它们和资本的这两重规定性联系起来的时候,单纯量的分割便转化为质的分割了。

为什么呢?

第一,大多数资本家不仅用自有资本而且用借入资本来经营,他们就从经验中感到这种分割。

第二,生息资本产生利息,早在资本主义以前就已经发生,借入资本要支付利息,被认为是自明之理。

第三,无论产业资本家的资本是自有的还是借入的,在资本主义社会总有一个货币资本家存在。货币资本当作生息资本,利息就当作这种特殊资本的剩余价值形式,来同产业资本家相对立。用自有资本经营的资本家,他必然把他的平均利润的一部分看作利息,看成他的资本本身在生产过程之外生出的果实,而把总利润中余下的部分看成单纯的企业主收入。

(二) 平均利润的质的分割进一步掩盖了资本主义的剥削关系

第一,利息和企业主收入本来是剩余价值的分割部分,现在表现为好像是与剩余价值无关,而好像是由资本和利润本身的性质产生的。

第二,企业主收入也被表现得与雇佣劳动无关,而只与利息相对立。如果平均利润已定,企业主收入率就不是由工资决定,而是与利息率成反比。

第三,与货币资本家相比,在职能资本家看来,他所得到的企业主收入和不劳而获的利息不同,而是"监督劳动"的工资。并且他的"监督劳动"是复杂劳动,因而他的工资也应该比工人高。

(三) 监督劳动和指挥劳动的二重性

马克思说:"凡是直接生产过程具有社会结合过程的形态,而不是表现为独立生产者的孤立劳动的地方,都必然会产生监督和指挥的劳动。不过它具有二重性。

"一方面,凡是有许多个人进行协作的劳动,过程的联系和统一都必然要表现在一个指挥的意志上,表现在各种与局部劳动无关而与工场全部活动有关的职能上,就像一个乐队要有一个指挥一样。这是一种生产劳动,是每一种结合的生产方式中必须进行的劳动。

"另一方面,——完全撇开商业部门不说——凡是建立在作为直接生产者的劳动者和生产资料所有者之间的对立上的生产方式中,都必然会产生这种监督劳动。这种对立越严重,这种监督劳动所起的作用也就越大。"[1]

所以,职能资本家的管理活动,不过是一种剥削活动。至于他的管理劳动的必要性,亚里士多德早就说过:"这种监督劳动没有什么博大高深的地方,因此,主人一旦有了足够的财富,他就会把干这种操心事的'荣誉'让给一个管家。"[2]

---

[1] 《资本论》第三卷,人民出版社2004年版,第431页。
[2] 《资本论》第三卷,人民出版社2004年版,第433页。

马克思说："合作工厂提供了一个实例，证明资本家作为生产上的执行职能的人员已经成为多余的了，就像资本家自己发展到最成熟时，认为大地主是多余的一样。"①

三 借贷资本的运动形式——资本主义的信用

马克思在第三卷第 25 章里论述了商业信用特别是银行信用的问题。在第 30—32 章里又进一步论述了这两种信用。在前面第 21—24 章的研究中，假定货币所有者是直接把货币贷给职能资本家的；为了更直接地揭露资本拜物教的性质，作这样的假定是必要的。但是马克思认为现实经济生活很复杂，研究不能停留在这一步。从第 25 章开始，研究上升到更具体的阶段，即进一步研究了介于货币资本家和职能资本家之间的银行信用。因为银行信用是在商业信用的基础上产生的，所以先分析了商业信用。

借贷资本是在贷者和借者之间不断运动的，资本主义信用就是借贷资本运动的形式。根据贷放资本的不同形式，信用又可分为商业信用和银行信用两种。

(一) 商业信用

商品信用和商品买卖是结合在一起的。商业信用就是商品买卖中的延期付款。它主要是为商品买卖服务的，即为商品价值和使用价值的实现服务的。

商业信用的工具是商业票据。票据又分为期票和汇票两种。期票是债务人向债权人开出的承诺在一定期限内支付现款的债务凭证。汇票是由债权人向债务人发出的令其向第三者或持票人支付一定现款的凭据。马克思说："大体说来，货币在这里只是充当支付手段，也就是说，商品不是为取得货币而卖，而是为取得定期支付的凭证而卖。为了简便起见，我们可以把这种支付凭证概括为

---

① 《资本论》第三卷，人民出版社 2004 年版，第 435 页。

票据这个总的范畴。这种票据直到它们期满,支付日到来之前,本身又会作为支付手段来流通;它们形成真正的商业货币。……也形成真正的信用货币如银行券等等的基础。"[1]

商业信用的活动范围,只局限在互相熟悉的职能资本家之间,它的量也只局限在职能资本中的闲置部分。为适应资本主义发展的需要,在商业信用的基础上又产生了银行信用。

(二)银行信用

第一,银行和银行信用的产生。银行和银行信用是同货币经营业的发展联系在一起的。货币经营资本就是专门经营与货币流通有关的各种技术性业务的资本。也可以说,货币经营业就是专门经营货币商品的商业。货币经营资本是为商业资本和产业资本服务的,其具体业务有货币的出纳、保管和兑换等。货币经营业与生息资本结合起来便转化为银行业。

第二,银行作为债权人和债务人的中介,其业务包括吸收存款和放出贷款两个方面。

第三,银行的利润由贷款和存款的利息之差得来。

第四,银行所支配的借贷资本,除自有的货币资本外,主要有以下几个方面的存款:①职能资本家的准备金和暂时闲置的货币资本;②货币资本家的存款;③一切阶级的闲置资本存入银行;④各种只是逐渐花费的收入中的待花费部分,也会存入银行。银行放出贷款主要通过以下渠道:①期票贴现。就是银行用现款购买未到期的期票。所以期票的贴现,实际上是银行通过购买期票,向要求贴现的原期票持有人提供短期贷款。②抵押贷款。以各种有价证券、商品和不动产为抵押的贷款方式。③存款透支。银行以允许超过存款额提款的办法向外贷放资金。此外,银行还以购买股票的方式进行长期投资。

---

[1]《资本论》第三卷,人民出版社2004年版,第450—451页。

第五，银行信用和商业信用的区别：①商业信用是各个职能资本家之间相互提供的信用，因而商业信用的规模要受个别资本数量的限制。银行信用则不受个别资本数量和资本归流的限制。银行家成了货币资本总管理人。一方面，他代表所有借入者；另一方面，他又代表所有贷出者。②商业信用贷出的是商品资本，银行信用贷出的是货币资本。所以银行信用的范围，不受商品流转方向的限制。③银行信用可以比商业信用提供更长的借贷期限。

（三）信用危机与经济危机

利用银行信用进行信用投机，使整个商业界充满欺诈。信用投机的发展，使市场商品大量过剩，导致经济危机的爆发。在繁荣时期信用制度的膨胀已经孕育着危机，当危机来临时，货币信贷紧缩，支付普遍停滞，首先是商业、银行，接着是工厂纷纷倒闭。

四　虚拟资本

在《资本论》第三卷中，从第25章到第33章，马克思结合对信用制度、银行资本以及货币资本和现实资本的关系等问题的分析，论述了虚拟资本问题。

所谓虚拟资本是指能够定期带来收入的以各种有价证券形式存在的资本。它是在借贷资本的基础上产生的。其具体形式有股份公司的股票、国家公债券、公司债券、不动产抵押券和无黄金担保的银行券和银行票据等。

虚拟资本的形成实际上就是收入的资本化。马克思说："人们把每一个有规则的会反复取得的收入按平均利息率来计算，把它算作是按这个利息率贷出的一个资本会提供的收益，这样就把这个收入资本化了；例如，在年收入＝100镑，利息率＝5%时，100镑就是2000镑的年利息，这2000镑现在就被看成是每年取得100镑的法定所有权证书的资本价值。对这个所有权证书的买者来说，这100镑年收入实际代表他所投资本的5%的利息。因此，和资本的现实增殖过程的一切联系就彻底消灭干净了。资本是一个自行增殖的自动机的观念就牢固地树立起来了。"①

马克思对虚拟资本有过十分精辟的概括。他说："银行家资本的最大部分纯粹是虚拟的，是由债权（汇票），国债券（它代表过去的资本）和股票（对未来收益的支取凭证）构成的。在这里，不要忘记，银行家保险箱内的这些证券，即使是对收益的可靠支取凭证（例如国债券），或者是现实资本的所有权证书（例如股票），它们所代表的资本的货币价值也完全是虚拟的，是不以它们至少部分地代表的现实资本的价值为转移的；既然它们只是代表取得收益的要求权，并不是代表资本，那么，取得同一收益的要求权就会表现在不断变动的虚拟货币资本上。"② 这就是说，表现为各种有价证券的虚拟资本之所以称为资本，是因为它们同现实资本一样"代表取得收益的权利"；它之所以称作虚拟的资本，是因为它们本身没有价值，不以"现实资本的价值为转移"，它和再生产过程有联系但不直接参加再生产过程。所以，它并不是真实的资本，而不过是"现实资本的纸制复本"。

例如，一资本家在某股份公司投资500万元，这个股份公司就可以发行票面额为500万元的股票。500万元作为现实资本表现为机器、厂房以及劳动力等；同时，作为这种现实资本的"纸制复本"，还有500万元股票独立存在于投资者的手中。它可以定期为它的持有者带来收入，并可以作为商品出卖，也有自己的价格确定方式。于是，在社会上原来的500万元投资，就表现为1000万元，取得了一个"双重存在"。

虚拟资本作为"现实资本的纸制复本"，它的价值额的涨落，和它有权代表的现实资本的价值变动完全无关。例如，股票这种

---

① 《资本论》第三卷，人民出版社2004年版，第528—529页。
② 《资本论》第三卷，人民出版社2004年版，第532页。

虚拟资本的价值额就不是随现实资本的增减而增减的。它的价值额与股息成正比，而与利息率成反比。假定票面额为500元的股票，每年能提供股息50元，在年利息率为5%的情况下，这张股票的价格就等于50元÷5%＝1000元。

虚拟资本虽然是以借贷资本为基础，但它和借贷资本的含义不同。借贷资本是把作为信用对象的货币作为资本，而虚拟资本则是把信用本身作为资本。

在资本主义制度下，虚拟资本的增长有快于实际资本增长的趋势，这是因为股份公司在发展，股票发行日益增多，公债数量也在增加，特别是利息率有下降趋势。虚拟资本的迅速增长会使资本主义金融市场更加混乱，证券交易中的投机现象更为风行。

五 信用在资本主义经济中的重大作用以及资本主义信用制度的二重性

信用在资本主义经济中具有重大作用，马克思在《资本论》第三卷第27章作了精辟分析。

其作用表现在：

第一，信用可以加速利润率的平均化。因为信用有利于资本的转移。

第二，信用有利于流通费用的减少。因为：①货币本身得到了节约。一是因为很多交易完全用不着货币；二是流通加速了，所以，流通手段节约了；三是金币被纸币代替。②整个再生产过程缩短了，不必卖后再买。③由于再生产过程缩短和流通手段减少，货币准备金也少了。货币准备金是一种闲置资本，计入流通费用里。

第三，信用是股份公司产生的基础。股份公司的广泛建立，必须以信用关系的发展为基础。因为如果没有发达的货币市场和单纯的货币所有者这些信用制度的产物，股票的发行是不可能的。

第四，信用为大资本家提供了一个绝对支配别人资本、别人财产和别人劳动的权利。大资本家通过信用关系而能够支配的资本比只利用自有资本的大无数倍，他通过信用关系所能支配的劳动，也比只利用自有资本的大无数倍。大资本家不仅通过信用关系支配别人的资本、别人的财产，而且能够直接剥夺别人的资本，也就是大鱼吃小鱼。

此外，在资本主义条件下，信用制度还是生产过剩和商业投机的主要杠杆。马克思说："信用制度固有的二重性质是：一方面，把资本主义生产的动力——用剥削他人劳动的办法来发财致富——发展成为最纯粹最巨大的赌博欺诈制度，并且使剥削社会财富的少数人的人数越来越减少；另一方面，造成转到一种新生产方式的过渡形式。"① 为什么这样说呢？马克思指出："信用制度加速了生产力的物质上的发展和世界市场的形成；使这二者作为新生产形式的物质基础发展到一定的高度，是资本主义生产方式的历史使命。同时，信用加速了这种矛盾的暴力的爆发，即危机，因而促进了旧生产方式解体的各要素。"②

第三节 需要研究的若干问题

一 借贷资本是不是产业资本运动中货币资本的转化形态

我们知道，产业资本运动发展到一定阶段，就会分化出某种独立的具体资本形式。商业资本就是产业资本循环中的商品资本形式独立化而形成的。那么，借贷资本是否也是从产业资本中分离出来的一种具体资本形态呢？这是可以肯定的。那么，是产业资本的哪一部分被分离而独立化为借贷资本的呢？因为借贷资本的运动形式就是 G—G′，即从货币到更多的货币，因而它必然是

---

① 《资本论》第三卷，人民出版社2004年版，第500页。
② 《资本论》第三卷，人民出版社2004年版，第500页。

货币资本独立化而形成的。

但是不是都是从作为资本的货币转化而来的呢？不然。其中有一部分不是从货币资本转化来的，而是从收入中分离出来的，被银行集中起来作为借贷资本贷出的，如各阶层存入银行的待花费而未花费的劳动收入，就不是资本，而只是货币收入。但由于这部分所占比重较少，总的还可以说借贷资本是货币资本独立化而形成的。但这是处于何种状态下的货币资本？是否同商业资本的形成一样是正在发生职能的货币资本的独立化？事实上不然。因为正要去购买生产资料和劳动力的货币资本是不会存入银行的，如果存入银行就意味着脱离了产业资本循环的过程。所以，实际上存入银行作为借贷资本使用的是暂时闲置的也即潜在的货币资本。如：①产业资本家待发工资的基金，即可变资本；②产业资本家待购原料的货币资本；③产业资本家待更替固定资产的折旧基金；④货币资本家手中的货币资本。此外，就是各阶层人士的收入。但在这些收入中如是利息收入，还可以看作货币资本，其他劳动收入则不然。

所以，说借贷资本是货币资本的独立化形态，但绝非说其是职能形态上的货币资本的独立化，只可以说是游离形态下或闲置形态下的货币资本的独立化。可见，关键在于要把货币资本的职能形态和潜在形态（暂时闲置形态）区别开来。

如果是职能形态的货币资本，那就应得到平均利润，但借贷资本不是得到平均利润，而是凭借资本所有权名义参与对社会业已形成的利润的瓜分，所以只取得利息即可；而商业资本不同，它作为职能资本的形式之一必定要参加平均利润的形成过程。

职能形态上的货币资本不仅不能转化为借贷资本，相反，它会独立化为商业资本的一个亚种：货币经营资本。

二 借贷资本和银行资本的区别和联系，以及银行资本是不是职能资本

借贷资本和银行资本既有区别又有联系。借贷资本是从产业资本运动中分离出来的，为获得利息而贷给职能资本家的暂时闲置的货币资本。银行资本则是银行家通过经营银行业务获得利润而投下的自有资本，以及通过各种途径而集中到银行的货币资本。

（一）借贷资本和银行资本的区别

第一，借贷资本是从产业资本运动中独立出来的货币资本，银行资本直接是在货币经营业基础上产生的。

第二，借贷资本如采取银行信用形式，则都表现为货币。银行资本的物质存在形式有两种：一是现金，包括银行券；二是各种有价证券。

第三，借贷资本的运动形式是商业信用和银行信用；银行资本的运动除银行信用外，还有有价证券的买卖。还有的有价证券如股票，就只取息而不还本。

第四，借贷资本是一种资本商品，利息可以看作它的价格。银行资本是一种部门资本，用于借贷则为借贷资本，不用于借贷则不是借贷资本。

第五，借贷资本是真实的资本，而银行资本中很多是虚拟资本。

（二）借贷资本和银行资本的联系

第一，借贷资本借助银行信用而运动。

第二，银行资本中用于借贷的部分就是借贷资本。

第三，银行资本的存在以借贷资本的存在为前提，银行资本的发展以借贷资本的发展为条件。

第四，借贷资本和银行资本可以互相转化。借贷资本供求决定利息率。利息率高低与有价证券价格成反比，如有价证券价格低时，借贷资本可以转化为有价证券，即银行资本；相反，银行

资本也可以转化为借贷资本。

（三）银行资本是不是职能资本

银行资本看似职能资本又不是职能资本。

第一，银行资本看似职能资本是因为：①银行自有资本要获得平均利润；②银行资本是由职能资本中的货币经营资本转化而来的。

第二，银行资本不是职能资本是因为：①银行资本大部分为虚拟资本；②银行资本不参加剩余价值的生产和实现。

三 如何理解《资本论》中的"自我扬弃"理论

马克思说："工人自己的合作工厂，是在旧形式内对旧形式打开的第一个缺口，虽然它在自己的实际组织中，当然到处都再生产出并且必然会再生产出现存制度的一切缺点。但是，资本和劳动之间的对立在这种工厂内已经被扬弃，虽然起初只是在下述形式上被扬弃，即工人作为联合体是他们自己的资本家，也就是说，他们利用生产资料来使他们自己的劳动增殖。这种工厂表明，在物质生产力和与之相适应的社会生产形式的一定的发展阶段上，一种新的生产方式怎样会自然而然地从一种生产方式中发展并形成起来。"[①]

马克思又说："资本主义的股份企业，也和合作工厂一样，应当被看作是由资本主义生产方式转化为联合的生产方式的过渡形式，只不过在前者那里，对立是消极地扬弃的，而在后者那里，对立是积极地扬弃的。"[②] 马克思还说过："把股份制度——它是在资本主义体系本身的基础上对资本主义的私人产业的扬弃；随着它的扩大和侵入新的生产部门，它也在同样的程度上消灭着私

---

① 《资本论》第三卷，人民出版社 2004 年版，第 499 页。
② 《资本论》第三卷，人民出版社 2004 年版，第 499 页。

人产业。"① 马克思说，股份公司"在这里直接取得了社会资本（即那些直接联合起来的个人的资本）的形式，而与私人资本相对立，并且它的企业也表现为社会企业，而与私人企业相对立。这是作为私人财产的资本在资本主义生产方式本身范围内的扬弃"②。

马克思以上各段的论述都包含在《资本论》第三卷第27章中。此外，在第36章"资本主义以前的形态"中，马克思还进一步讲到了信用制度和银行制度问题。他说："银行制度同时也提供了社会范围的公共簿记和生产资料的公共分配的形式，但只是形式而已。"③

马克思又说："信用制度和银行制度把社会上一切可用的、甚至可能的、尚未积极发挥作用的资本交给产业资本家和商业资本家支配，以致这个资本的贷放者和使用者，都不是这个资本的所有者或生产者。因此，信用制度和银行制度扬弃了资本的私人性质，从而自在地，但也仅仅是自在地包含着资本本身的扬弃。"④

马克思还说："毫无疑问，在由资本主义的生产方式向联合起来劳动的生产方式过渡时，信用制度会作为有力的杠杆发生作用；但是，它仅仅是和生产方式本身的其他重大的有机变革相联系的一个要素。"⑤

以上论述构成了马克思在《资本论》中的关于资本主义生产方式自行扬弃的理论。如何理解这个理论，特别是这种自我扬弃能不能自发地走向社会主义，或者说，在资本主义制度内部能否产生社会主义因素？下面谈些笔者自己的看法。

第一，在资本主义生产方式的发展过程中，它不是一成不变的，它是会发生某些质变的，包括对资本本身的扬弃。

---

① 《资本论》第三卷，人民出版社2004年版，第497页。
② 《资本论》第三卷，人民出版社2004年版，第494—495页。
③ 《资本论》第三卷，人民出版社2004年版，第686页。
④ 《资本论》第三卷，人民出版社2004年版，第686页。
⑤ 《资本论》第三卷，人民出版社2004年版，第686—687页。

第二，扬弃具有否定的意思，但它和"剥夺""变革""革命"等这些具有彻底否定的意思不同。具体来说，合作工厂的扬弃是在合作工厂范围内对劳动与资本的对立关系的扬弃，股份公司是采取社会资本形式的联合的私人资本对单个的直接的私人资本的扬弃。

第三，合作工厂之所以被马克思称为积极的扬弃，是因为在合作工厂内部消除了劳动和资本的对立，也就是说消灭了资本主义私有制；而在股份公司中只是一定范围内和一定形式下私人资本表现为社会资本，但没有根本否定资本主义私有制，所以被马克思称为消极的扬弃。

第四，合作工厂的和股份公司的扬弃都是资本主义生产方式内部的扬弃，并没有突破资本主义的窠臼。马克思说过，合作工厂"它在自己的实际组织中，当然到处都再生产出并且必然会再生产出现存制度的一切缺点"①。恩格斯还说过："无论转化为股份公司，还是转化为国家财产，都没有消除生产力的资本属性。"②

第五，合作工厂和信用制度与银行制度为过渡到公有制社会准备了条件，但形成某种事物产生的条件终归只是条件，不等于事物本身。如上面马克思所言："银行制度同时也提供了社会范围的公共簿记和生产资料的公共分配的形式，但只是形式而已。"③合作工厂只能是"由资本主义生产方式转化为联合的生产方式的过渡形式"④。"过渡形式"就是"过渡形式"，它不等于是已经完成的形式。

第六，马克思在第一卷第24章里已经明确讲过，建立社会主义公有制的道路只能是"剥夺剥夺者"。至少到目前为止还没有例

---

① 《资本论》第三卷，人民出版社2004年版，第499页。
② 《马克思恩格斯全集》第二十卷，人民出版社1971年版，第303页。
③ 《资本论》第三卷，人民出版社2004年版，第686页。
④ 《资本论》第三卷，人民出版社2004年版，第499页。

证可以表明，资本主义可以通过自我扬弃实现社会主义。

第七，但是，现代资本主义国家内部合作经济的发展、股份公司和国家垄断资本主义的发展同社会主义变革以及社会主义公有制建立的关联，是应该引起我们高度重视和深入思考的。

第八，马克思有句名言应当引起我们深入地思考，即"这种工厂表明，在物质生产力和与之相适应的社会生产形式的一定的发展阶段上，一种新的生产方式怎样会自然而然地从一种生产方式中发展并形成起来"[①]。马克思的这个深沉的愿望代表了全世界无产阶级和广大劳动人民的美好心愿。我们真诚地期待着一种新的生产方式在资本主义机体内自然而然地形成！但是我们从现实生活的切实感受中意识到，这种美好愿望实现的可能性虽然是存在的，但要变为现实又绝不可能是轻而易举的！

[①]《资本论》第三卷，人民出版社2004年版，第499页。

第十七章

《资本论》第三卷第六篇"超额利润转化为地租"教学大纲

第一节 《资本论》第三卷第六篇学习提示

一 本篇的研究对象

马克思在第三卷的前五篇，首先分析了剩余价值如何转化为利润，进而利润又如何转化为平均利润，接着又分析了利润如何转化为产业利润和商业利润；在借贷资本出现之后，进而又分析了利润如何进一步转化为利息和企业主收入。本篇研究的地租也是利润的一种转化形式，不过不是全部利润的转化形式，而是一部分利润的转化形式，即平均利润以上的超额利润的转化形式。所以，本篇的研究对象可以概括为超额利润的转化形式，即地租。

地租是一种古老的经济现象，在漫长的封建社会就有地租。本篇研究的是资本主义地租，它和封建地租具有如下本质区别。

第一，封建地租体现的是封建地主剥削农民的阶级关系，资本主义地租体现的是资本主义社会大土地所有者、农业资本家和农业工人三大阶级之间的关系。所以，两种地租反映的阶级关系不同。

第二，两种地租所代表的剩余劳动量不同。封建地租是农民的全部剩余劳动或全部剩余产品的表现形式。资本主义地租是农业工人的剩余劳动所创造的 m 的一部分,即超额利润。

第三,封建地租是在封建社会占统治地位的剥削形式,而资本主义社会占统治地位的剥削形式是利润,而不是地租。

在资本主义农业中存在两种垄断:一是土地的资本主义经营垄断;二是土地私有权的垄断。这两种垄断决定了资本主义农业中有两种地租:在第一种垄断的基础上产生了级差地租;在第二种垄断的基础上产生了绝对地租。级差地租又因形成的具体条件不同而有两种形式:级差地租Ⅰ和级差地租Ⅱ。

马克思通过对两种地租形式的分析,揭露了大土地所有者和农业资本家如何瓜分农业工人所创造的 m 及他们在瓜分 m 中的明争暗斗。所以,马克思通过地租问题的研究,揭露了资本主义社会三大阶级的相互关系。

二 本篇的体系结构

本篇包括 11 章,即第 37—47 章,可分为四部分。

第一部分,包括第 37 章,是本篇的导论,主要阐明研究地租问题的前提,以及资本主义地租的实质。

第二部分,包括第 38—44 章,主要论述级差地租问题。其中,第 38 章以工厂利用瀑布为例,说明级差地租的实质及其形成的原因和自然基础;第 39 章分析级差地租的第一种形式;第 40—44 章分析级差地租的第二种形式,并批判了所谓土地收益递减规律。

第三部分,包括第 45—46 章,主要阐明绝对地租问题。其中,第 45 章分析农业土地上的绝对地租;第 46 章分析非农业土地上的绝对地租,即建筑地段的地租和矿山地租。这一章还论述了地价问题。

第四部分,包括第 47 章,从历史发展的过程分析了资本主义地租的产生,并且对小土地占有制的生命力、局限性和在资本主义条件下被消灭的必然性作了精辟的论述。

本篇的体系结构仍然体现了马克思的从抽象到具体的叙述方法，以及逻辑与历史相统一的研究方法。

三 本篇的理论意义

马克思的地租理论是对他的劳动价值理论、剩余价值理论和平均利润与生产价格理论的运用和进一步发展。特别是在劳动价值理论的基础上阐明了绝对地租的形成，从而解决了古典经济学家李嘉图没有也不可能解决的问题。

社会主义条件下仍然存在地租，首先是级差地租，因而马克思的地租理论对于我们进行社会主义现代化建设仍具有重要指导意义。

马克思为进行地租理论研究，曾花费了很大工夫。恩格斯说："马克思为了写地租这一篇，在70年代曾进行了全新的专门研究。……由于俄国的土地所有制和对农业生产者的剥削具有多种多样的形式，因此在地租这一篇中，俄国应该起在第一册研究工业雇佣劳动时英国所起的那种作用。"① 为此，马克思还专门学了俄语，收集了完整的俄国土地资料，并进行了多年研究，打算在重新整理这一篇的手稿时使用，遗憾的是他的这一计划未能实现。

关于这一篇的学习重点，恩格斯在1895年3月16日给维克多·阿德勒的信中讲过："第八篇。地租。第三十七和第三十八章重要。第三十九和第四十章不那么重要，但都需要通读。第四十一至四十三章（级差地租Ⅱ，各种特殊情况）可以比较粗略地读过去。第四十四至四十七章又是重要的，大部分也容易读。"②

---

① 《资本论》第三卷，人民出版社2004年版，第10—11页。
② 《马克思恩格斯全集》第三十九卷，人民出版社1974年版，第415页。

第二节 《资本论》第三卷第六篇基本原理

一 地租的共性和资本主义地租的特性

（一）地租的共性

地租是土地所有权在经济上借以实现的形式。这是地租的共性。土地所有者只有得到地租之后，他的经过法律承认的土地所有权才在经济利益上得到证明和落实。马克思说："不论地租的特殊形式是怎样的，它的一切类型有一个共同点：地租的占有是土地所有权借以实现的经济形式，而地租又是以土地所有权，以某些个人对某些地块的所有权为前提。"①

简言之，地租是以土地所有权的存在为前提的，而土地所有权是以地租的存在为经济上的证明。

那么，什么是土地所有权？马克思说："土地所有权的前提是，一些人垄断一定量的土地，把它当作排斥其他一切人的、只服从自己私人意志的领域。"②

地租不仅证明了土地所有权的实际存在，而且它是土地所有权增殖价值的形式。这是因为"单纯法律上的土地所有权，不会为土地所有者创造任何地租。但这种所有权使他有权不让别人去使用他的土地，直到经济关系能使土地的利用给他提供一个余额，而不论土地是用于真正的农业，还是用于其他生产目的，例如建筑等等"③。这个余额就构成了地租。如果土地所有者丧失了对土地的所有权，他也就不能获得这个余额——地租。所以地租就好像是土地所有权本身的价值增殖形式。马克思说："地租是土地所有权在经济上借以实现即增殖价值的形式。其次，在这里我们看

---

① 《资本论》第三卷，人民出版社2004年版，第714页。
② 《资本论》第三卷，人民出版社2004年版，第695页。
③ 《资本论》第三卷，人民出版社2004年版，第856页。

到了构成现代社会骨架的三个并存的而又互相对立的阶级——雇佣工人、产业资本家、土地所有者。"①

(二) 资本主义地租的特性

资本主义地租是超过平均利润的余额,或者说是超额利润的转化形式。这种地租反映了大土地所有者和农业资本家一起剥削农业工人的矛盾,也包括剥削阶级内部的矛盾,即大土地所有者和农业资本家的矛盾。

(三) "真正的地租" 和实际生活中的地租

马克思说:"真正的地租是为了使用土地本身而支付的,不管这种土地是处于自然状态,还是已被开垦。"② 在实际经济生活中,租佃者交纳的所谓地租,并不完全是为了使用土地本身,还包括其他意图,也就是非真正地租的成分。如:①投在土地上的固定资本如灌溉设备、经营建筑物、平整土地费等的折旧费或利息;②对农业资本家应得平均利润的某些扣除;③对于农业工人应得工资的某些扣除。

二 级差地租的形成

马克思说:"级差地租实质上终究只是投在土地上的等量资本所具有的不同生产率的结果。"③

土地为什么会具有不同的生产率?这和土地的自然条件有关,但土地的自然条件并不是级差地租产生的原因。马克思说:"自然力不是超额利润的源泉,而只是超额利润的一种自然基础,因为它是特别高的劳动生产力的自然基础。"④

那么,形成级差地租的原因到底是什么?原因是在土地有限

---

① 《资本论》第三卷,人民出版社 2004 年版,第 698 页。
② 《资本论》第三卷,人民出版社 2004 年版,第 699 页。
③ 《资本论》第三卷,人民出版社 2004 年版,第 759 页。
④ 《资本论》第三卷,人民出版社 2004 年版,第 728 页。

性基础上形成的资本主义经营垄断。土地有限,好土地更有限。实践证明,同量资本投入肥沃程度以及距离市场远近不同的土地上,或者同量资本连续投在同一块土地上,有的投资生产率高,有的投资生产率低。在存在土地资本主义经营垄断的条件下,如果农业资本家只进行生产率高的投资,农产品就会供不应求,这样农产品的价格就会上涨,直至涨到生产率低的投资也能获得平均利润。所以,农产品的社会生产价格是由生产率低的投资所生产的农产品价值决定的,这样,生产率高的投资就可以得到超额利润。农业中的这个超额利润即超过平均利润的余额,就转化为级差地租。

级差地租有两种形式。

级差地租Ⅰ:以面积相等而肥沃程度或位置距离市场远近不同的各块土地上,投入同量资本而有不同生产率为条件。

级差地租Ⅱ:与连续投入同一块土地上各个资本生产率的差别相联系的地租。

为了更好说明级差地租的形成,这里把《资本论》中的有关图表加以简化并作出说明,见表17-1。

表17-1　　　　　级差地租形成的具体过程

土地等级	投入资本（元）	平均利润（元）	产量（担）	全部产品（元）	个别生产价格（元/每担）	社会生产价格（元）全部	级差地租（元）Ⅰ	级差地租（元）Ⅱ
优等地	100	20	6	120	20	30　　180	60	
中等地	100	20	6	120	24	30　　150	30	
劣等地	100	20	6	120	30	30　　120	0	
第一次投资	100	20	6	120	24	30　　150		30
第二次投资	100	20	6	120	20	30　　180		60

级差地租是由农产品的个别生产价格同它的社会生产价格之间的差额转化而来的。土地的资本主义经营垄断是级差地租产生的原因,农业工人的剩余劳动是级差地租产生的源泉,土地的肥沃程度和距离市场的远近等则是产生级差地租的自然条件,土地私有制的存在只说明这种级差地租在一定条件下(如租约期满了)会落入大土地所有者手中。

在典型的社会主义条件下,因为还存在土地的经营垄断,所以还有级差地租或者说级差收入。不过它不反映剥削和被剥削关系,但它还是造成各个经营单位(如农业合作社)及其成员收入差距的一个原因。社会主义国家可以通过税收等宏观调控手段参与一部分级差地租的分配。

三 绝对地租的形成

马克思在分析级差地租时,假定了最劣等土地不交纳地租。事实上由于土地私有权的存在,不交纳地租是不可能的。因此,在资本主义条件下,凡是租种土地,不论优劣都必须交纳的地租,就是绝对地租。

在资本主义条件下,很长的时期内,农业的资本有机构成要比工业的平均有机构成低。这样,同等数量的资本,在农业中可以推动更多的活劳动。因此,农产品的价值就高于它的社会生产价格、农业部门的 p' 也必然高于工业部门的 p'。在这种情况下,如果农产品按照自己的价值出售,即按照超过社会生产价格的价值出售,农业资本家就会在平均利润以上得到一个超额利润。这个超额利润就构成绝对地租的实体。

必须指出,农产品在它的社会生产价格以上出售,并不等于在它的价值以上出售,农产品的销售价格仍然是以自己的价值为基础的。按照这个价格而获得的一部分超额利润,仍然是农产品价值的组成部分。因此,农业中绝对地租的出现并不违背价值

第十七章 《资本论》第三卷第六篇"超额利润转化为地租"

规律。

为什么工业品要按照社会生产价格出售,农产品却可以经常按照超过社会生产价格的价值出售并得到一部分超额利润?这是因为土地私有权的存在排斥了资本的竞争。为了更好地说明绝对地租的形成,这里把《资本论》中的有关图表加以简化并作出说明,见表17-2。

表17-2　　　　　　　绝对地租形成的具体过程

生产部门	资本有机构成	m′	m	平均p	产品价值	生产价格	绝对地租
工　业	80c+20v	100%	20	20	120	120	0
农　业	60c+40v	100%	40	20	140	120	20

总之,绝对地租就是农产品的价值超过社会生产价格的余额,也就是农业部门的超额利润的转化形式。土地私有权的垄断是绝对地租产生的原因,农业资本有机构成低是绝对地租形成的条件,农业工人的剩余劳动则是绝对地租的源泉。

需要说明的是,当农业资本有机构成已经等于或高于工业有机构成时,还能否形成绝对地租呢?对此,马克思在《资本论》中已经预见到了,并且指出:"如果农业资本的平均构成等于或高于社会平均资本的构成,那么,上述意义上的绝对地租,也就是既和级差地租不同,又和以真正垄断价格为基础的地租不同的地租,就会消失。"[1]

在上述条件下,绝对地租消失后,如因租种土地而要交纳的地租是什么地租呢?马克思说过:绝对地租和级差地租,"这两个地租形式,是惟一正常的地租形式。除此以外,地租只能以真正的垄断价格为基础,这种垄断价格既不是由商品的生产价格决定,

---

[1] 《资本论》第三卷,人民出版社2004年版,第865页。

也不是由商品的价值决定，而是由购买者的需要和支付能力决定"①。这里所说的以垄断价格为基础的地租就是垄断地租。

垄断地租，一般来说是在特别有利的自然条件下，生产出来的土地产品（或者农产品）的价格超过其价值而得到的额外收入。例如，能够生产某种价格高昂的名贵的农产品的土地的地租，就是一种垄断地租。形成垄断地租的那部分垄断价格是由消费者负担的。因此，垄断地租不仅反映了大土地所有者和农业资本家对农业工人的剥削关系，还反映了大土地所有者和农业资本家对广大消费者主要是劳动人民的剥削关系。

绝对地租有两种。马克思说过："绝对地租的先决条件或者是产品价值超过它的生产价格以上的已经实现了的余额，或者是超过产品价值的垄断价格。"② 这就是说，一种绝对地租是超过农产品生产价格的余额，另一种绝对地租是超过农产品价值的垄断价格形成的。

四 土地价格

马克思在本卷第 37 章第 16—20 段和第 46 章第 8—19 段中论述了土地价格问题。前一部分主要分析地价的形成，后一部分主要分析地价的变动。

土地不是劳动产品，也没有价值，但有价格。马克思对地价的定义在《资本论》中有多种表述：

（1）"资本化的地租表现为土地价格或土地价值。"③

（2）"土地价格无非是出租土地的资本化的收入。"④

（3）"土地的价格当然不外是资本化的地租。"⑤

---

① 《资本论》第三卷，人民出版社 2004 年版，第 864 页。
② 《资本论》第三卷，人民出版社 2004 年版，第 910 页。
③ 《资本论》第三卷，人民出版社 2004 年版，第 704 页。
④ 《资本论》第三卷，人民出版社 2004 年版，第 705 页。
⑤ 《资本论》第三卷，人民出版社 2004 年版，第 753 页。

(4)"土地价格不外是资本化的因而是预期的地租。"①

任何一定的货币收入都可以资本化,即都可以作为一个想象的资本的利息。假如平均 p'5%,年地租 200 元,地价就是 200 元÷5% = 20000÷5 = 4000 元。

可见,是地租决定地价,而不是地价决定地租。地租率的升降是不断变化的。什么是地租率?马克思说:"我们把地租率理解为转化为地租的剩余价值部分和生产土地产品的预付资本之间的比率。"② 简单地说,地租率就是地租和预付资本之比。

土地价格可以因地租增加而提高,因为地租会因土地产品价格提高而增加。如果地租因此而提高了,土地价格自然就会提高。土地价格也可以在地租不增加的情况下提高。这是因为"1. 单纯由于利息率的下降,结果,地租按更贵的价格出售,因此,资本化的地租,土地价格,就增长了;2. 因为投入土地的资本的利息增长了。"③ 如果地租因此提高了,土地价格就必然随之而提升。

因此,地租不变,地价和利息率成反比。利息率不变,地价和地租成正比。

第三节 需要研究的若干问题

一 关于虚假的社会价值

(一)什么是虚假的社会价值

关于什么是虚假的社会价值,马克思在第三卷第 39 章第 744—745 页里讲了。因为农产品的市场生产价格是由最劣土地生产的产品的个别生产价格决定的,所以,农产品的市场生产价格的总和,总是大于农产品个别生产价格的总和。这个超过额,马

---

① 《资本论》第三卷,人民出版社 2004 年版,第 913 页。
② 《资本论》第三卷,人民出版社 2004 年版,第 878 页。
③ 《资本论》第三卷,人民出版社 2004 年版,第 878 页。

克思称为"虚假的社会价值",也就是提供级差地租的那部分价值。

(二) 虚假的社会价值是怎样形成的

马克思在本卷第39章中写道:"10夸特的实际生产价格是240先令;但它们要按600先令的价格出售,贵250%。实际平均价格是每夸特24先令;但市场价格是60先令,也贵250%。"①那么,这么多的虚假社会价值是怎样形成的呢?马克思说:"这是由在资本主义生产方式基础上通过竞争而实现的市场价值所决定的;这种决定产生了一个虚假的社会价值。这种情况是由市场价值规律造成的,土地产品受这个规律支配。产品(也包括土地产品)市场价值的决定,是一种社会行为,虽然这是一种不自觉的、无意的行为。这种行为必然是以产品的交换价值为依据,而不是以土地及其肥力的差别为依据。"② 接着马克思展望了未来社会的情形,提出了很重要的见解。他说:"如果我们设想社会的资本主义形式已被扬弃,社会已被组成为一个自觉的、有计划的联合体,10夸特就会只代表一定量的独立的劳动时间,而和240先令内所包含的劳动时间相等。因此,社会就不会按产品内所包含的实际劳动时间的二倍半来购买这种土地产品;这样,土地所有者阶级存在的基础就会消失。"③

市场价值规律和价值规律的区别和联系是怎样的呢?

总的来说,它们都是商品经济的客观规律,而且都是确定商品价值量的规律,所以可看作同一个规律。但二者也有区别:

第一,价值规律决定商品的社会价值,市场价值规律决定商品的市场价值。

第二,价值规律更具有理论上的意义;而市场价值规律是现

---

① 《资本论》第三卷,人民出版社2004年版,第744页。
② 《资本论》第三卷,人民出版社2004年版,第744—745页。
③ 《资本论》第三卷,人民出版社2004年版,第745页。

实的，例如，它可以决定虚假的社会价值。

那么，个别劳动时间决定商品的个别价值，这是由价值规律决定的还是由市场价值规律决定的？这是需要深入探讨的问题，我们初步认为，应由价值规律来决定。

（三）工业中有没有虚假的社会价值

农业中的社会生产价格是因为在资本主义生产方式下，农产品的市场价格是由最劣地生产的产品的个别生产价格决定的，各级土地的农产品都按照由最劣土地生产的产品的个别生产价格决定的社会生产价格来出售。

工业品的市场价值在特定的供求条件下，虽然也可以由劣等条件下生产的产品的个别劳动时间作为社会必要劳动时间从而决定商品的价值，这就是所谓"低位决定"，但低位产品在社会总产品中往往占据不了较大比重，这是因为工业中资本可以自由转移，而农业中因存在资本主义经营垄断就妨碍了资本的转移和竞争。所以，工业中一般不存在虚假的社会价值。

（四）虚假的社会价值是价值决定问题还是价值实现问题

关于虚假的社会价值是价值决定问题还是价值实现问题，我们看看马克思是怎样认定的。

马克思写道："被当作消费者来看的社会在土地产品上过多支付的东西，社会劳动时间实现在农业生产上时形成负数的东西，现在对社会上的一部分人即土地所有者来说却成了正数。"[①] 由此应该认为，虚假的社会价值，既是价值决定问题，也是价值实现问题。

（五）虚假社会价值的来源是什么

虚假社会价值是来源于农业工人的劳动吗？不是。是农产品价值的一部分吗？名义上是。所以级差地租被称为农产品社会生

[①] 《资本论》第三卷，人民出版社2004年版，第745页。

产价格超过个别生产价格的余额。但实际上不然，而是社会劳动者所创造的价值的再分配，是由农产品购买者支付的。所以，从全社会来看，并不存在虚假的社会价值。有价值就必然有劳动凝结。马克思正是坚持劳动价值论才提出虚假的社会价值问题的。

（六）虚假的社会价值在什么条件下会消失

马克思展望了未来社会的情形，发表了很重要的看法。他说："如果我们设想社会的资本主义形式已被扬弃，社会已被组成为一个自觉的、有计划的联合体，10夸特就会只代表一定量的独立的劳动时间，而和240先令内所包含的劳动时间相等。因此，社会就不会按产品内所包含的实际劳动时间的二倍半来购买这种土地产品；这样，土地所有者阶级存在的基础就会消失。"①

接下来马克思又说："如果说，维持现在的生产方式，但假定级差地租转归国家，土地产品的价格在其他条件相同时会保持不变，当然是正确的；但如果说，在资本主义生产由联合体代替以后，产品的价值还依旧不变，却是错误的。"②

根据马克思的论述，我们可以肯定，在土地私有制被消灭、级差地租已收归国家时，虚假的社会价值就会消失。

二 如何理解另一种意义的社会必要劳动时间

马克思在本篇第37章写道："事实上价值规律所影响的不是个别商品或物品，而总是各个特殊的因分工而互相独立的社会生产领域的总产品，因此，不仅在每个商品上只使用必要的劳动时间，而且在社会总劳动时间中，也只把必要的比例量使用在不同类的商品上。这是因为条件仍然是使用价值。但是，如果说个别商品的使用价值取决于该商品是否满足一种需要，那么，社会产品量的使用价值就取决于这个量是否符合社会对每种特殊产品的

---

① 《资本论》第三卷，人民出版社2004年版，第745页。
② 《资本论》第三卷，人民出版社2004年版，第745页。

第十七章 《资本论》第三卷第六篇"超额利润转化为地租"

量上一定的需要,从而劳动是否根据这种量上一定的社会需要按比例地分配在不同的生产领域。……只有当全部产品是按必要的比例生产时,它们才能卖出去。社会劳动时间可分别用在各个特殊生产领域的份额的这个数量界限,不过是价值规律本身进一步展开的表现,虽然必要劳动时间在这里包含着另一种意义。为了满足社会需要,只有如许多的劳动时间才是必要的。"①

第一种含义的社会必要劳动时间是,"社会必要劳动时间是在现有的社会正常的生产条件下,在社会平均的劳动熟练程度和劳动强度下制造某种使用价值所需要的劳动时间"②。接着马克思又说:"只是社会必要劳动量,或生产使用价值的社会必要劳动时间,决定该使用价值的价值量。"③

那么,第二种含义的社会必要劳动时间和商品价值量是什么关系?

大体有以下三种意见。

第一种意见:只和价值实现有关系,而不决定价值。因为在第一种社会必要劳动时间下,明明是有价值的商品,由于生产量超过社会需要却卖不出去。这应是价值没有得到实现。

第二种意见:第二种含义的社会必要劳动时间同样决定价值。原因是使用价值是价值的物质承担者。①第一种"必要"是对使用价值的生产,第二种"必要"是对使用价值的需要。②第一种"必要"是从个别商品来说,使用价值是价值的物质承担者;第二种"必要"是从全社会来看,仍然是使用价值是价值的物质承担者。

疑难之处在于:使用价值是价值的物质承担者是绝对量还是相对量?供过于求,可以说是一部分商品对社会来说没有使用价

---

① 《资本论》第三卷,人民出版社2004年版,第716—717页。
② 《资本论》第一卷,人民出版社2004年版,第52页。
③ 《资本论》第一卷,人民出版社2004年版,第52页。

值了。在求过于供的情况下,能否说少量的使用价值等于多量的使用价值呢?这个问题还难以说清。

第三种意见:两种社会必要劳动时间共同决定商品价值。即在按比例分配社会总劳动时,每种商品的价值由生产这一商品的社会必要劳动时间决定;在不按比例分配社会总劳动时,可以卖出去的商品的价值的大小,就由两种社会必要劳动时间共同决定,而以第一种社会必要劳动时间决定为基础。

疑难之处在于:以第一种含义的社会必要劳动时间为基础、以第二种社会必要劳动时间进行修正的商品价值和商品价格有何区别?也可以说,这里所决定的是市场价值而不是社会价值,但市场价值也是价值而非价格。

应该认识到,第二种含义的社会必要劳动时间可以决定价值,很有实践意义,有利于提高经济的计划性,有利于提高社会经济效益。在社会主义市场经济条件下,要按第二种含义的社会必要劳动时间来发展国民经济,就必须强化宏观调控。

三 关于两种垄断地租

马克思说:"我们必须加以区别,究竟是因为产品或土地本身有一个与地租无关的垄断价格,所以地租才由垄断价格产生,还是因为有地租存在,所以产品才按垄断价格出售。"[①]

这两种垄断地租的共同点都是同农产品的垄断价格相联系,不过前一种垄断价格是由于少数具有特别优异的自然条件产生的,而后一种垄断价格则是"由于土地所有权对在未耕地上进行不付地租的投资造成限制,以致谷物不仅要高于它的生产价格出售,而且还要高于它的价值出售,那么,地租就会造成垄断价格"[②]。

二者不同之处在于:

---

① 《资本论》第三卷,人民出版社 2004 年版,第 876 页。
② 《资本论》第三卷,人民出版社 2004 年版,第 877 页。

（1）前一种垄断地租是垄断的结果，后一种垄断地租是垄断价格的原因。

（2）前一种垄断地租是少数条件优越的土地才能提供的，后一种垄断地租是一切出租的土地都必须提供的。

（3）前一种垄断地租是垄断少数特优土地的结果，后一种垄断地租是土地私有权垄断的结果。

四　关于分成制

在《资本论》第三卷第47章第5节中，马克思论证了一个重要问题。他说："分成制可以看成是由地租的原始形式到资本主义地租的过渡形式，在这种形式下，经营者（租地农民）除了提供劳动（自己的或别人的劳动），还提供经营资本的一部分，土地所有者除了提供土地，还提供经营资本的另一部分（例如牲畜），产品则按一定的、不同国家有所不同的比例，在租地人和土地所有者之间进行分配。在这里，从一方面说，租地农民没有足够的资本去实行完全的资本主义经营。从另一方面说，土地所有者在这里所得到的部分并不具有纯粹的地租形式。它可能实际上包含他所预付的资本的利息和一个超额地租。它也可能实际上吞并了租地农民的全部剩余劳动，或者从这个剩余劳动中留给租地农民一个或大或小的部分。但重要的是，地租在这里已不再表现为剩余价值一般的正常形式。一方面，只使用本人劳动或者也使用别人劳动的租地人，不是作为劳动者，而是作为一部分劳动工具的所有者，作为他自己的资本家，要求产品的一部分。另一方面，土地所有者也不只是根据他对土地的所有权，并且也作为资本的贷放者，要求得到自己的一份。"①

由上可知，在分成制中，各方的所有和所得关系比较复杂。

---

① 《资本论》第三卷，人民出版社2004年版，第907—908页。

中华人民共和国成立前，中国农村也有类似的分成制，所以，很值得研究。

五 关于土地收益递减规律

土地收益递减规律是替剥削阶级掠夺土地肥力进行辩护的一种谬论。其观点是，如果在同一块土地上追加投资，超过一定限度以后，增加的收益就会依次递减。

耕地是有肥力的土壤。肥力有自然肥力、人工肥力之分。人工肥力与自然肥力相融合而形成经济肥力。人们只要努力就可以培育出经济肥力较好的肥沃土壤。马克思说："这种投资，和一般单纯的耕作一样……会改良土地。"①

人们只要注意既耕地又养地，土地肥力就可递增。但在资本主义制度下，土地所有权和土地经营权分离，结果谁也不注意改良土壤。马克思说："资本主义农业的任何进步，都不仅是掠夺劳动者的技巧的进步，而且是掠夺土地的技巧的进步。"② 但马尔萨斯为了替资本主义制度辩护，虚构了一条"土地肥力递减规律"：人口愈多，对土地的要求愈多，土地就愈贫瘠。李嘉图在他的级差地租理论中也混杂有这种谬论。19世纪中叶德国农业化学专家尤斯图斯·冯·李比希（1803—1873年）受这种谬论的影响也提出过"土壤养分不能按植物摄取量比例归还论。"马克思说："已耕地的肥力，首先取决于它的自然肥力。……已耕地的肥力的另一部分则是依靠耕种、依靠投资的人工产物。"③ 19世纪末至20世纪初俄国立宪民主党人谢·布尔加柯夫又喧嚷土地肥力递减规律。列宁批判道："这个论据是一个毫无内容的抽象概念，它抛开

---

① 《资本论》第三卷，人民出版社2004年版，第699页。
② 《资本论》第一卷，人民出版社2004年版，第579页。
③ 《马克思恩格斯全集》第二十六卷第二册，人民出版社1973年版，第152页。

了技术水平和生产力状况这些最重要的东西。"①

资本主义国家出现土地肥力递减现象，并非土地本身造成的，而是资本主义制度带来的恶果。马克思说："一旦土地的耕种是在国家的监督下并为了国家的利益进行，由于个人任意经营而引起的农产品减少的现象，自然就不可能发生了。"②

---

① 《列宁全集》第五卷，人民出版社1959年版，第87页。
② 《马克思恩格斯全集》第十八卷，人民出版社1964年版，第65页。

第十八章

《资本论》第三卷第七篇"各种收入及其源泉"教学大纲

第一节 《资本论》第三卷第七篇学习提示

一 本篇的研究对象

本篇的篇名为"各种收入及其源泉"。这一篇不仅是对第三卷的总结,而且是对《资本论》全书理论部分的总结。它是以批判的方式对资本主义生产总过程进行总结的。恩格斯1895年3月15日,在给维克多·阿德勒的信中说:"第七篇很精彩,遗憾的是只有一个骨架,而且叙述还带有失眠症的明显痕迹。"[①] 这一篇的研究对象是,资本主义社会的各种收入及其源泉以及资本主义的分配关系和生产关系之间的关系。

马克思在全书理论部分的最后一篇,分析资本主义社会各种收入及其源泉,是为了进一步揭露资本主义生产关系的神秘性。

资本主义社会的各种收入,都是雇佣工人的劳动所创造的新价值转化而来的。雇佣工人在为自己劳动的部分,创造出补偿劳动力价值的价值,这就是工资。在剩余劳动部分,创造出剩余价值,并且转化为利润、利息、企业主收入和地租。总的来说,资本主义社会三大基本阶级(雇佣工人、资本家和大土地所有者)

---

① 《马克思恩格斯全集》第三十九卷,人民出版社1974年版,第415页。

的各种收入的源泉，只能是雇佣劳动者一年内所创造的新价值，即年价值产品 v＋m。

但是，资产阶级经济学家见物不见人，他们把资本所有权看作生产资料；把土地所有权看作土地；把雇佣劳动看作一般的劳动或劳动一般，从而出现了一个所谓"三位一体公式"。认为利润是由资本生出，地租是由土地生出，工资则是雇佣工人的劳动的价值或价格。这就掩盖了资本主义生产关系的实质。

本篇就是通过揭露"三位一体公式"的外衣，阐明资本主义分配关系和生产关系之间的关系，对资本主义生产关系的神秘性进行总的揭露。证明资本主义分配关系决定于它的生产关系，并且和生产关系一样，具有历史的过渡性或者说历史的暂时性。

二 本篇的体系结构

本篇共 5 章，即第 48—52 章，大体可分为两部分：第一部分，包括第 48—50 章，阐述资本主义生产关系的总过程，批判资产阶级经济学的分配理论。第二部分，包括第 51—52 章，是《资本论》的总结论，主要说明分配关系决定于生产关系，而生产关系和分配关系都表现为阶级关系，都具有历史性。恩格斯说："第七篇的手稿是完整的，不过也只是初稿。"[①] 更使人感到遗憾的是，题为"阶级"的一章，还只是刚刚开始撰写就中断了，所以这一篇的全文并未完成。

具体来说，本篇各章之间的联系是这样的：第 48 章，马克思首先批判了资产阶级经济学的"三位一体公式"，因为这是当时最流行的也是最庸俗的分配理论。这个分配理论包含社会生产过程的一切秘密，于是就在第 49 章进行"关于生产过程的分析"。在进行这一分析时，又必须排除竞争所造成的干扰，所以第 50 章的

[①] 《资本论》第三卷，人民出版社 2004 年版，第 11 页。

任务就是揭露"竞争的假象"。我们知道，资本主义的分配关系是由资本主义的生产关系决定的，明确这一点，就可以进一步认清"三位一体公式"的荒谬性，于是第51章就专门阐述"分配关系和生产关系"的相互关系。当然这里所说的生产关系是指狭义的生产关系，是不包括分配关系在内的生产关系。揭露"三位一体公式"的荒谬性正是本篇的研究对象。第52章题为"阶级"，是本篇的最后一章。恩格斯说："最后一章只有一个开头。在这一章，同地租、利润、工资这三大收入形式相适应的发达资本主义社会的三大阶级，即大土地所有者、资本家、雇佣工人，以及由他们的存在所必然产生的阶级斗争，应该当作资本主义时期的实际存在的结果加以论述。这种结论性的总结，马克思通常总要留到快付印的时候再作最后的加工，因为那时最新的历史事件会按照永不失效的规律性为他的理论阐述提供最恰当的现实例证。"①可惜，马克思未能来得及写完这一章。

第二节 《资本论》第三卷第七篇基本原理

一 "三位一体公式"的实质

（一）什么是"三位一体公式"

"三位一体公式"是法国资产阶级庸俗经济学家萨伊（1767—1832年）首先提出来的。

马克思说："资本——利润（企业主收入加上利息），土地——地租，劳动——工资，这就是把社会生产过程的一切秘密都包括在内的三位一体的形式。"②他又说："因为正如以前已经指出的那样，利息表现为资本所固有的、独特的产物，与此相反，企业主收入则表现为不以资本为转移的工资，所以，上述三位一体的形式可

---

① 《资本论》第三卷，人民出版社2004年版，第11页。
② 《资本论》第三卷，人民出版社2004年版，第921页。

以进一步归结为：资本—利息，土地—地租，劳动—工资；在这个形式中，利润，这个体现资本主义生产方式的独特特征的剩余价值形式，就幸运地被排除了。"[1]

马克思说："庸俗经济学所做的事情，实际上不过是对于局限在资产阶级生产关系中的生产当事人的观念，当作教义来加以解释、系统化和辩护。因此，我们并不感到奇怪的是，庸俗经济学恰好对于各种经济关系的异化的表现形式——在这种形式下，各种经济关系显然是荒谬的，完全矛盾的；如果事物的表现形式和事物的本质会直接合而为一，一切科学就都成为多余的了——感到很自在，而且各种经济关系的内部联系越是隐蔽，这些关系对普通人的观念来说越是习以为常，它们对庸俗经济学来说就越显得是不言自明的。因此，庸俗经济学丝毫没有想到，被它当作出发点的这个三位一体：土地—地租，资本—利息，劳动—工资或劳动价格，是三个显然不可能组合在一起的部分。"[2] "它们互相之间的关系，就像公证人的手续费、甜菜和音乐之间的关系一样。"[3]

由上述可知，所谓"三位一体公式"，就是资产阶级庸俗经济学家把一些经济现象拉扯在一起，以便为资本主义剥削制度辩护的卑劣之作。

（二）"三位一体公式"的要害是以物与物的关系掩盖了人与人的关系

马克思说："资本主义生产过程是社会生产过程一般的一个历史地规定的形式。而社会生产过程既是人类生活的物质生存条件的生产过程，又是一个在特殊的、历史的和经济的生产关系中进行的过程，是生产和再生产着这些生产关系本身，因而生产和再

---

[1] 《资本论》第三卷，人民出版社2004年版，第921—922页。
[2] 《资本论》第三卷，人民出版社2004年版，第925页。
[3] 《资本论》第三卷，人民出版社2004年版，第922页。

生产着这个过程的承担者、他们的物质生存条件和他们的互相关系即他们的一定的经济的社会形式的过程。"①

"三位一体公式"正是把资本主义生产过程只看作"人类生活的物质生存条件的生产过程",而没有看作"一个历史地规定的形式"。因此,"资本表现为劳动资料的自然形式,从而表现为纯粹物的性质和由劳动资料在一般劳动过程中的职能所产生的性质。因此,资本和生产出来的生产资料就变成了同义词。同样,土地和被私有权垄断的土地也变成了同义词。因此,天然就是资本的劳动资料本身也就成了利润的源泉,土地本身则成了地租的源泉"②。

"劳动本身,就它作为有目的的生产活动这个简单的规定性而言,不是同作为社会形式规定性的生产资料发生关系,而是同作为物质实体、作为劳动材料和劳动资料的生产资料发生关系。……因此,如果劳动和雇佣劳动合而为一,那种使劳动条件和劳动对立起来的一定的社会形式也就会和劳动条件的物质存在合而为一。这样,劳动资料本身就是资本,土地本身也就是土地所有权了。"③

因此,在"三位一体公式"中,资本主义生产关系的拜物教已经形成。马克思说:"资本主义生产方式的神秘化,社会关系的物化,物质的生产关系和它们的历史社会规定性的直接融合已经完成:这是一个着了魔的、颠倒的、倒立着的世界。在这个世界里,资本先生和土地太太,作为社会的人物,同时又直接作为单纯的物,在兴妖作怪。"④

(三)"三位一体公式"是为剥削阶级服务的

资产阶级庸俗经济学的任务,就是把资本主义生产当事人的

---

① 《资本论》第三卷,人民出版社 2004 年版,第 926—927 页。
② 《资本论》第三卷,人民出版社 2004 年版,第 934 页。
③ 《资本论》第三卷,人民出版社 2004 年版,第 934—935 页。
④ 《资本论》第三卷,人民出版社 2004 年版,第 940 页。

观念加以发挥、辩护和系统化，直至把它变成教条。按照他们的观点，利润、地租和工资"它们好像是一棵长生树上或者不如说三棵长生树上的每年供人食用的果实，它们形成三个阶级即资本家、土地所有者和工人的逐年收入"①。

因此，"这个公式也是符合统治阶级的利益的，因为它宣布统治阶级的收入源泉具有自然的必然性和永恒的合理性，并把这个观点推崇为教条"②。用这个教条来看问题，就会认为既然各个阶级都是依靠本身的条件获得收入，各得其所、各乐其业，因而也就应该相安无事，不必进行什么阶级斗争了。可见，庸俗经济学的"三位一体公式"，完全掩盖了资本主义的矛盾，美化了资本主义的剥削制度，正像马克思曾经尖锐地揭露的那样："在庸俗经济学中，想把资产阶级世界看成是可能有的最美好世界的善良愿望，代替了爱好真理和致力于科学研究的一切必要。"③

我们知道，土地和资本本身都不能创造价值和剩余价值，一切剥削收入都来自雇佣工人的剩余劳动。利润、利息和地租都不过是剩余价值的转化形式，工人所得到的工资只是他们所创造的全部价值的很小部分。利润和利息的获得者是资产阶级，地租的获得者是大土地所有者阶级，它们都是剥削阶级；工资的获得者则是被剥削的雇佣劳动者，是无产阶级。

马克思指出，如果硬要把资本、土地、劳动说成收入的源泉，那么，"它们从下述意义上讲确实是收入的源泉：对资本家来说，资本是一台汲取剩余劳动的永久的抽水机；对土地所有者来说，土地是一块永久的磁石，它会把资本所汲取的剩余价值的一部分吸引过来；最后，劳动则是一个不断更新的条件和不断更新的手

---

① 《资本论》第三卷，人民出版社2004年版，第930页。
② 《资本论》第三卷，人民出版社2004年版，第941页。
③ 《资本论》第三卷，人民出版社2004年版，第956页。

段,使工人在工资的名义下取得他所创造的一部分价值"①。可见,作为"抽水机"的资本也好,作为"磁石"的土地也好,它们所能抽取的和吸取的只是工人提供的剩余价值。工人是真正的自食其力的劳动者,资本家和大土地所有者不过是靠工人的剩余劳动为生的剥削者。

马克思说:"庸俗经济学无非是对实际的生产当事人的日常观念进行教学式的、或多或少教义式的翻译,把这些观念安排在某种有条理的秩序中。因此,它会在这个消灭了整个内部联系的三位一体中,为自己的浅薄的妄自尊大,找到自然的不容怀疑的基础,这也同样是自然的事情。同时,这个公式也是符合统治阶级的利益的,因为它宣布统治阶级的收入源泉具有自然的必然性和永恒的合理性,并把这个观点推崇为教条。"② 所以,"三位一体公式"是一个不折不扣地为剥削阶级辩护的谬论,它具有很大的欺骗性。

二 关于分配关系和生产关系的关系

这个问题马克思是在第三卷第51章论述的,内容十分重要。主要包括以下几个要点。

(一)分配关系和生产关系同样具有历史的暂时性

资产阶级经济学家通常把分配关系看作自然关系,抹杀它从属于生产关系的历史性质,或者虽然承认分配关系的历史性质,但又认为生产关系本身是不变的,具有永恒的性质。

马克思认为,资本主义生产方式是一种特殊的历史的生产方式,与这种生产方式相适应的生产关系也具有特殊的历史的暂时的性质;因而从属于生产关系的分配关系也具有历史的暂时性。

资本主义的生产关系决定了与之相适应的分配关系,而且,

---

① 《资本论》第三卷,人民出版社2004年版,第931页。
② 《资本论》第三卷,人民出版社2004年版,第941页。

资本主义的再生产不仅再生产物质产品，再生产资本主义生产关系，还会再生产分配关系。

（二）资本主义生产方式的两个特征

马克思说："资本主义生产方式一开始就有两个特征。第一，它生产的产品是商品。使它和其他生产方式相区别的，不在于生产商品，而在于，成为商品是它的产品的占统治地位的、决定的性质。这首先意味着，工人自己也只是表现为商品的出售者，因而表现为自由的雇佣工人，这样，劳动就表现为雇佣劳动。……这种生产方式的主要当事人，资本家和雇佣工人，本身不过是资本和雇佣劳动的体现者，人格化，是由社会生产过程加在个人身上的一定的社会性质，是这些一定的社会生产关系的产物。"①

马克思说："从上述两种性质，即产品作为商品的性质，或商品作为按资本主义方式生产出来的商品的性质，就会得出全部价值决定和价值对全部生产的调节作用。……在这里，价值规律不过作为内在规律，对单个当事人作为盲目的自然规律起作用，并且是在生产的偶然波动中，实现着生产的社会平衡。"② 这表明在资本主义商品经济中，由于价值规律的盲目作用，社会经济严重失衡，平衡发展只是偶然现象。

"其次，在商品中，特别是在作为资本产品的商品中，已经包含着作为整个资本主义生产方式的特征的社会生产规定的物化和生产的物质基础的主体化。"③ 说明在资本主义商品经济中存在严重的商品拜物教。人与人的关系被物化，物质基础被主体化、神化。

"资本主义生产方式的第二个特征是，剩余价值的生产是生产的直接目的和决定动机。资本本质上是生产资本的，但只有生产

---

① 《资本论》第三卷，人民出版社2004年版，第995—996页。
② 《资本论》第三卷，人民出版社2004年版，第996页。
③ 《资本论》第三卷，人民出版社2004年版，第996—997页。

剩余价值，它才生产资本。在考察相对剩余价值时，进而在考察剩余价值转化为利润时，我们已经看到，在这上面怎样建立起资本主义时期所特有的一种生产方式，这是劳动社会生产力发展的一种特殊形式，不过，这种劳动社会生产力是作为与工人相对立的资本的独立力量而发展的，并因而直接与工人本身的发展相对立。"①

由于剩余价值是商品价值中的一部分，要攫取剩余价值，就必须生产出价值。这种为了价值和剩余价值而进行的生产，包含一种客观要求，即把商品的价值缩减到当时的社会平均水平以下，这一点就成了提高劳动生产力的最有力的杠杆。不过在资本主义条件下，劳动的生产力的提高只是表现为资本的生产力的提高。资本家在直接生产过程中取得的权威，同建立在奴隶生产和农奴生产基础上的权威不同，它只是作为同劳动力相对立的劳动条件的人格化，而不是像以前以政治统治者或神权统治者的资格得到这种权威。这样说来，在资本家的企业内部可以是有组织的，整个社会生产却是极端无政府状态的。

由于劳动采取雇佣劳动的形式，生产资料采取资本的形式，价值的一部分就必然表现为剩余价值；这个剩余价值又进一步表现为利润和地租；资本家不断地把剩余价值的一部分作为新的追加资本，因而整个再生产过程的扩大就表现为资本主义的积累过程。劳动作为雇佣劳动对整个资本主义生产的性质起着决定作用，但雇佣劳动并不决定价值，决定价值的是社会一般劳动；这一点又同劳动作为雇佣劳动和生产资料作为资本是有关的，因为只有在此基础上，商品生产在资本主义条件下才成为普遍形式。

（三）分配关系是生产关系的表现并且反作用于生产关系

利润，它是资本主义生产的结果，但利润的一部分必须资本

---

① 《资本论》第三卷，人民出版社2004年版，第997页。

化，因而利润又是一种支配再生产的关系，并且资本主义生产过程由平均利润来调节。

平均利润分割为利息和企业主收入两部分，这是同一收入的分配，这种分割之所以会发生，是资本主义生产方式发展的结果。但这种分割又发展了信用和信用制度，出现了股份公司，因而也发展了生产形式。

至于地租，也是这样，看起来它好像只是一种分配形式，实际上它也是资本主义生产关系的一种表现。

可见，分配关系是由生产关系产生并与之相适应的。这些分配关系的历史性质就是生产关系的历史性质，分配关系不过是代表生产关系的一个方面。资本主义的分配不同于各种由其他生产方式产生的分配形式。而"每一种分配形式，都会随着它由以产生并且与之相适应的一定的生产形式的消失而消失"①。

（四）生产关系一定要适合生产力发展的要求

马克思说："劳动过程的每个一定的历史形式，都会进一步发展这个过程的物质基础和社会形式。这个一定的历史形式达到一定的成熟阶段就会被抛弃，并让位给较高级的形式。分配关系，从而与之相适应的生产关系的一定的历史形式，同生产力，即生产能力及其要素的发展这两个方面之间的矛盾和对立一旦有了广度和深度，就表明这样的危机时刻已经到来。这时，在生产的物质发展和它的社会形式之间就发生冲突。"② 这表明革命的时机已经成熟，新的更高级的生产关系就要诞生。所以，生产关系一定要适合生产力发展的要求是一条不以人的意志为转移的客观规律，它适用于人类历史的全过程。

---

① 《资本论》第三卷，人民出版社2004年版，第1000页。
② 《资本论》第三卷，人民出版社2004年版，第1000页。

三　资本主义社会的阶级关系

"什么事情形成阶级？"这是马克思在《资本论》这部伟大著作的最后一章的最后一页里，留下的一个重要问题。

在《资本论》的最后一章"阶级"里，马克思是要在全书大量的周详的经济分析的基础上得出一个重要的政治结论——资本主义社会三大阶级的存在以及它们之间相互斗争的必然性。可惜的是，这一论述刚开始，手稿就中断了。但是，我们不能因此就认为马克思在《资本论》中没有给我们留下有关资本主义社会阶级和阶级斗争的理论遗产。其实，从《资本论》第一卷起，准确地说从第一卷的第4章起，就开始分析资本主义社会无产阶级和资产阶级的矛盾了，而后随着经济研究的步步深入，对阶级矛盾的揭露也在步步加深，直到第一卷第24章提出了"无产阶级是资本主义制度掘墓人"的光辉论断。到了第三卷又分析了资产阶级内部所出现的商业资本家、借贷资本家、银行资本家和农业资本家等各具不同面貌的资本家集团，以及他们怎样在相互矛盾中共同剥削工人阶级；并且结合地租理论的阐述，又分析了独立于资产阶级之外的资本主义社会里的另一个阶级——大土地所有者阶级。这样，资本主义社会三大阶级：工人阶级、资产阶级和大土地所有者阶级就都得到了剖析，对于他们之所以形成不同的阶级，以及他们之间的关系都作了充分的阐述。

那么，在第三卷的最后一章里为什么还要提出"什么事情形成阶级"的问题呢？这是因为资产阶级经济学的"三位一体公式"扰乱了人们的视线，因而在这个从总体上揭露资本主义生产关系神秘性的最后一篇里，马克思就有必要作为总结进一步明确一下这个不容忽视的问题。

在提出这个问题之后，马克思首先否定了收入和收入源泉的同一性是形成阶级的根据的看法。如果说工资和工资的"源泉"

劳动力形成了工人阶级，利润和利润的"源泉"资本形成了资产阶级，地租和地租的"源泉"土地所有权形成了大土地所有者阶级，那么，"从这个观点来看，例如，医生和官吏似乎也形成两个阶级，因为他们属于两个不同的社会集团，其中每个集团的成员的收入都来自同一源泉"①。显然这是十分荒谬的。所以，绝不能从所谓收入和收入源泉的同一性来划分阶级。但是，"什么事情形成阶级"呢？马克思并没有给我们留下手稿。

列宁继承了马克思的思想，给出了马克思没有来得及写出的答案。他说："所谓阶级，就是这样一些大的集团，这些集团在历史上一定社会生产体系中所处的地位不同，对生产资料的关系（这种关系大部分是在法律上明文规定了的）不同，在社会劳动组织中所起的作用不同，因而领得自己所支配的那份社会财富的方式和多寡也不同。所谓阶级，就是这样一些集团，由于它们在一定社会经济结构中所处的地位不同，其中一个集团能够占有另一个集团的劳动。"② 因此，无产阶级要摆脱被剥削、被压迫的阶级地位，就必须消灭资产阶级和大土地所有者阶级的生产资料私有制，为此，就必须进行无产阶级革命，砸烂资产阶级的国家政权，建立无产阶级专政，用社会主义代替资本主义，这是《资本论》这部伟大的科学巨著的全部分析所必然得出的革命性结论。

第三节　需要研究的若干问题

一　怎样理解马克思下面这段话

"在资本主义生产方式消灭以后，但社会生产依然存在的情况下，价值决定仍会在下述意义上起支配作用：劳动时间的调节和社会劳动在不同的生产类别之间的分配，最后，与此有关的簿记，

---

① 《资本论》第三卷，人民出版社2004年版，第1002页。
② 《列宁选集》第四卷，人民出版社1972年版，第10页。

将比以前任何时候都更重要。"①

马克思的上述论断提出并回答了未来社会发展中一个十分重要的问题，即在未来的非商品经济社会里，既然价值只是作为计算工具而存在，作为价值规律的价值已不存在，那么社会经济将遵循何种规律来发展？对此马克思曾有明确的指示："时间的节约，以及劳动时间在不同的生产部门之间有计划的分配，在共同生产的基础上仍然是首要的经济规律。这甚至在更加高得多的程度上成为规律。然而，这同用劳动时间计量交换价值（劳动或劳动产品）有本质区别。"② 这就是说，商品经济消失以后，调节社会生产和分配的规律，将是劳动时间的节约及有计划分配规律。而且为了运用和实施这一规律，必须加强簿记，也就是说对社会经济的运行和发展，必须进行严格的统计、核算和精准的调研及必要的调节，否则社会经济的运行和发展还会出现不协调、不平衡、不可持续的现象。

二 如何理解"必然王国"和"自由王国"的关系

"必然王国"指的是物质生产领域中的客观规律，"自由王国"指的是人们对客观规律的自觉认识、掌握和运用。因此，人们要进入"自由王国"，就必须有学习和研究客观规律的时间，于是工作日就要缩短。要理解"必然王国"和"自由王国"的关系，就必须认真研读马克思在《资本论》第三卷第 48 章中的一段论述："自由王国只是在必要性和外在目的规定要做的劳动终止的地方才开始；因而按照事物的本性来说，它存在于真正物质生产领域的彼岸。像野蛮人为了满足自己的需要，为了维持和再生产自己的生命，必须与自然搏斗一样，文明人也必须这样做；而且在一切社会形式中，在一切可能的生产方式中，他都必须这样做。

---

① 《资本论》第三卷，人民出版社 2004 年版，第 965 页。
② 《马克思恩格斯全集》第四十六卷上册，人民出版社 1979 年版，第 120 页。

这个自然必然性的王国会随着人的发展而扩大，因为需要会扩大；但是，满足这种需要的生产力同时也会扩大。这个领域内的自由只能是：社会化的人，联合起来的生产者，将合理地调节他们和自然之间的物质变换，把它置于他们的共同控制之下，而不让它作为一种盲目的力量来统治自己；靠消耗最小的力量，在最无愧于和最适合于他们的人类本性的条件下来进行这种物质变换。但是，这个领域始终是一个必然王国。在这个必然王国的彼岸，作为目的本身的人类能力的发挥，真正的自由王国，就开始了。但是，这个自由王国只有建立在必然王国的基础上，才能繁荣起来。工作日的缩短是根本条件。"①

三　如何理解《资本论》中的异化理论

"异化"是个哲学概念，它是德文"enfrmdung"的意译。在哲学上认为，在一定的历史条件下，把自己的素质和力量转化为跟自己对立、支配自己的素质和力量，就是"异化"。它是一个既表示转化的过程又表示转化的结果的概念。18世纪法国启蒙思想家、哲学家和教育家让－雅克·卢梭最早提出"异化"概念，但在德国古典哲学中"异化"才得到充分论述。马克思在《1844年经济学哲学手稿》中原则上肯定了费尔巴哈关于人的本质的异化论述的唯物主义性质。马克思对劳动异化的辩证法作了唯物主义的发挥，由此揭示了资本主义生产方式的内在矛盾。

《资本论》第三卷中使用"异化"概念较多。关于资本主义经济中的异化现象，马克思针对资产阶级经济学家把地租不是看作来自工人的劳动，而是看作来自土地，他批判道："剩余价值的一部分好像不是直接和社会关系联系在一起，而是直接和一个自然要素即土地联系在一起，所以剩余价值的不同部分互相异化和

---

① 《资本论》第三卷，人民出版社2004年版，第928—929页。

硬化的形式就完成了，内部联系就最终割断了，剩余价值的源泉就完全被掩盖起来了。"①

关于社会关系的异化，马克思针对资本表现为一种社会权力后所引起的社会矛盾写道："资本越来越表现为社会权力，这种权力的执行者是资本家，它和单个人的劳动所能创造的东西不再发生任何可能的关系；但是资本表现为异化的、独立化了的社会权力，这种权力作为物，作为资本家通过这种物取得的权力，与社会相对立。"②

关于劳动的异化，马克思针对资本主义制度下雇佣工人与资本家阶级的矛盾提出："在工人即活劳动的承担者这一方和他的劳动条件的经济的，即合理而节约的使用这另一方之间，存在着异化和毫不相干的现象。资本主义生产方式按照它的矛盾的、对立的性质，还把浪费工人的生命和健康，压低工人的生存条件本身，看作不变资本使用上的节约，从而看作提高利润率的手段。"③

马克思在《资本论》中还使用了一些与异化相近或相关的概念，如神秘化、人格化、物化、虚拟化等，都应进一步研究。

对《资本论》理论部分即前三卷的讲解到此就告一段落了，笔者自知解析得过于粗略、不深刻、不透彻，但愿有志于认真研读马克思这部科学巨著的广大读者，以期今后能够更深入、更精细、更系统地来钻研，使蕴含在这部"工人阶级圣经"里的科学真理能够在广阔的大地上，为中国特色社会主义现代化建设、为人类命运共同体的构建助力！

---

① 《资本论》第三卷，人民出版社2004年版，第940页。
② 《资本论》第三卷，人民出版社2004年版，第293—294页。
③ 《资本论》第三卷，人民出版社2004年版，第101页。

附录　《资本论》名句、名段集录

第一卷

（1）法文版序言和跋："在科学上没有平坦的大道，只有不畏劳苦沿着陡峭山路攀登的人，才有希望达到光辉的顶点。"（《资本论》第一卷，人民出版社2004年版，第24页）

（2）第一版序言："我要在本书研究的，是资本主义生产方式以及和它相适应的生产关系和交换关系。"（《资本论》第一卷，人民出版社2004年版，第8页）

（3）第一版序言："分析经济形式，既不能用显微镜，也不能用化学试剂。二者都必须用抽象力来代替。"（《资本论》第一卷，人民出版社2004年版，第8页）

（4）第二版跋："叙述方法必须与研究方法不同。研究必须充分地占有材料，分析它的各种发展形式，探寻这些形式的内在联系。只有这项工作完成以后，现实的运动才能适当地叙述出来。这点一旦做到，材料的生命一旦在观念上反映出来，呈现在我们面前的就好像是一个先验的结构了。"（《资本论》第一卷，人民出版社2004年版，第21—22页）

（5）第一卷第1章："资本主义生产方式占统治地位的社会的财富，表现为'庞大的商品堆积'，单个的商品表现为这种财富的元素形式。因此，我们的研究就从分析商品开始。"（《资本论》第一卷，人民出版社2004年版，第47页）

（6）第一卷第1章："社会必要劳动时间是在现有的社会正常的生产条件下，在社会平均的劳动熟练程度和劳动强度下制造某种使用价值所需要的劳动时间。"（《资本论》第一卷，人民出版社2004年版，第52页）

（7）第一卷第1章："商品中包含的劳动的这种二重性，是首先由我批判地证明的。这一点是理解政治经济学的枢纽。"（《资本论》第一卷，人民出版社2004年版，第54—55页）

（8）第一卷第1章："一切劳动，一方面是人类劳动力在生理学意义上的耗费；就相同的或抽象的人类劳动这个属性来说，它形成商品价值。一切劳动，另一方面是人类劳动力在特殊的有一定目的的形式上的耗费；就具体的有用的劳动这个属性来说，它生产使用价值。"（《资本论》第一卷，人民出版社2004年版，第60页）

（9）第一卷第1章："设想有一个自由人联合体，他们用公共的生产资料进行劳动，并且自觉地把他们许多个人劳动力当作一个社会劳动力来使用。……这个联合体的总产品是一个社会产品。这个产品的一部分重新用作生产资料。这一部分依旧是社会的。而另一部分则作为生活资料由联合体成员消费。因此，这一部分要在他们之间进行分配。这种分配的方式会随着社会生产有机体本身的特殊方式和随着生产者的相应的历史发展程度而改变。仅仅为了同商品生产进行对比，我们假定，每个生产者在生活资料中得到的份额是由他的劳动时间决定的。这样，劳动时间就会起双重作用。劳动时间的社会的有计划的分配，调节着各种劳动职能同各种需要的适当的比例。另一方面，劳动时间又是计量生产者在共同劳动中个人所占份额的尺度，因而也是计量生产者在共同产品的个人可消费部分中所占份额的尺度。在那里，人们同他们的劳动和劳动产品的社会关系，无论在生产上还是在分配上，都是简单明了的。"（《资本论》第一卷，人民出版社2004年版，

第 96—97 页）

（10）第一卷第 4 章："资本不能从流通中产生，又不能不从流通中产生。它必须既在流通中又不在流通中产生。"（《资本论》第一卷，人民出版社 2004 年版，第 193 页）

（11）第一卷第 4 章："我们把劳动力或劳动能力，理解为一个人的身体即活的人体中存在的、每当他生产某种使用价值时就运用的体力和智力的总和。"（《资本论》第一卷，人民出版社 2004 年版，第 195 页）

（12）第一卷第 5 章："货币转化为资本的这整个过程，既在流通领域中进行，又不在流通领域中进行。它是以流通为中介，因为它以在商品市场上购买劳动力为条件。它不在流通中进行，因为流通只是为价值增殖过程作准备，而这个过程是在生产领域中进行的。"（《资本论》第一卷，人民出版社 2004 年版，第 227 页）

（13）第一卷第 5 章："劳动过程，就我们在上面把它描述为它的简单的、抽象的要素来说，是制造使用价值的有目的的活动，是为了人类的需要而对自然物的占有，是人和自然之间的物质变换的一般条件，是人类生活的永恒的自然条件，因此，它不以人类生活的任何形式为转移，倒不如说，它为人类生活的一切社会形式所共有。因此，我们不必来叙述一个劳动者与其他劳动者的关系。一边是人及其劳动，另一边是自然及其物质，这就够了。"（《资本论》第一卷，人民出版社 2004 年版，第 215 页）

（14）第一卷第 5 章："作为劳动过程和价值形成过程的统一，生产过程是商品生产过程；作为劳动过程和价值增殖过程的统一，生产过程是资本主义生产过程，是商品生产的资本主义形式。"（《资本论》第一卷，人民出版社 2004 年版，第 229—230 页）

（15）第一卷第 8 章："在平等的权利之间，力量就起决定作用。所以，在资本主义生产的历史上，工作日的正常化过程表现为规定工作日界限的斗争，这是全体资本家即资本家阶级和全体

工人即工人阶级之间的斗争。"(《资本论》第一卷，人民出版社 2004 年版，第 272 页)

（16）第一卷第 10 章："我把通过延长工作日而生产的剩余价值，叫作绝对剩余价值；相反，我把通过缩短必要劳动时间、相应地改变工作日的两个组成部分的量的比例而生产的剩余价值，叫作相对剩余价值。"(《资本论》第一卷，人民出版社 2004 年版，第 366 页)

（17）第一卷第 14 章："资本主义生产不仅是商品的生产，它实质上是剩余价值的生产。工人不是为自己生产，而是为资本生产。因此，工人单是进行生产已经不够了。他必须生产剩余价值。只有为资本家生产剩余价值或者为资本的自行增殖服务的工人，才是生产工人。"(《资本论》第一卷，人民出版社 2004 年版，第 582 页)

（18）第一卷第 14 章："把工作日延长，使之超出工人只生产自己劳动力价值的等价物的那个点，并由资本占有这部分剩余劳动，这就是绝对剩余价值的生产。绝对剩余价值的生产构成资本主义制度的一般基础，并且是相对剩余价值生产的起点。……绝对剩余价值的生产只同工作日的长度有关；相对剩余价值的生产使劳动的技术过程和社会组织发生彻底的革命。……劳动对资本的这种形式上的从属，又让位于劳动对资本的实际上的从属。"(《资本论》第一卷，人民出版社 2004 年版，第 583 页)

（19）第一卷第 14 章："绝对剩余价值和相对剩余价值之间的区别似乎完全是幻想的。相对剩余价值是绝对的，因为它以工作日超过工人本身生存所必要的劳动时间的绝对延长为前提。绝对剩余价值是相对的，因为它以劳动生产率发展到能够把必要劳动时间限制为工作日的一个部分为前提。但是，如果注意一下剩余价值的运动，这种表面上的同一性就消失了。"(《资本论》第一卷，人民出版社 2004 年版，第 584 页)

（20）第一卷第 14 章："资本的祖国不是草木繁茂的热带，而是温带。……良好的自然条件始终只提供剩余劳动的可能性，从而只提供剩余价值或剩余产品的可能性，而决不能提供它的现实性。"（《资本论》第一卷，人民出版社 2004 年版，第 587—588 页）

（21）第一卷第 14 章："这些资产阶级经济学家实际上具有正确的本能，懂得过于深入地研究剩余价值的起源这个爆炸性问题是非常危险的。"（《资本论》第一卷，人民出版社 2004 年版，第 590 页）

（22）第一卷第 17 章："为什么劳动力的价值和价格转化为工资形式，即转化为劳动本身的价值和价格，具有决定性的重要意义。这种表现形式掩盖了现实关系，正好显示出它的反面。工人和资本家的一切法的观念，资本主义生产方式的一切神秘性，这一生产方式所产生的一切自由幻觉，庸俗经济学的一切辩护遁词，都是以这个表现形式为依据的。"（《资本论》第一卷，人民出版社 2004 年版，第 619 页）

（23）第一卷第 21 章："一个社会不能停止消费，同样，它也不能停止生产。因此，每一个社会生产过程，从经常的联系和它不断更新来看，同时也就是再生产过程。生产的条件同时也就是再生产的条件。"（《资本论》第一卷，人民出版社 2004 年版，第 653 页）

（24）第一卷第 21 章："罗马的奴隶是由锁链，雇佣工人则由看不见的线系在自己的所有者手里。"（《资本论》第一卷，人民出版社 2004 年版，第 662 页）

（25）第一卷第 21 章："资本主义生产过程，在联系中加以考察，或作为再生产过程加以考察时，不仅生产商品，不仅生产剩余价值，而且还生产和再生产资本关系本身：一方面是资本家，另一方面是雇佣工人。"（《资本论》第一卷，人民出版社 2004 年版，第 666—667 页）

（26）第一卷第22章："把剩余价值当作资本使用，或者说，把剩余价值再转化为资本，叫作资本积累。"（《资本论》第一卷，人民出版社2004年版，第668页）

（27）第一卷第22章："资本一旦合并了形成财富的两个原始要素——劳动力和土地，它便获得了一种扩张的能力。"（《资本论》第一卷，人民出版社2004年版，第697页）

（28）第一卷第23章："我把由资本技术构成决定并且反映技术构成变化的资本价值构成，叫作资本的有机构成。凡是简单地说资本构成的地方，始终应当理解为资本的有机构成。"（《资本论》第一卷，人民出版社2004年版，第707页）

（29）第一卷第23章："生产剩余价值或赚钱，是这个生产方式的绝对规律。"（《资本论》第一卷，人民出版社2004年版，第714页）

（30）第一卷第23章："由于资本积累而提高的劳动价格，实际上不过表明，雇佣工人为自己铸造的金锁链已经够长够重，容许把它略微放松一点。"（《资本论》第一卷，人民出版社2004年版，第714页）

（31）第一卷第23章："社会的财富即执行职能的资本越大，它的增长的规模和能力越大，从而无产阶级的绝对数量和他们的劳动生产力越大，产业后备军也就越大。可供支配的劳动力同资本的膨胀力一样，是由同一些原因发展起来的。因此，产业后备军的相对量和财富的力量一同增长。但是同现役劳动军相比，这种后备军越大，常备的过剩人口也就越多，他们的贫困同他们所受的劳动折磨成反比。最后，工人阶级中贫苦阶层和产业后备军越大，官方认为需要救济的贫民也就越多。这就是资本主义积累的绝对的、一般的规律。"（《资本论》第一卷，人民出版社2004年版，第742页）

（32）第一卷第23章："由于社会劳动生产率的增进，花费越来越少的人力可以推动越来越多的生产资料，这个规律在不是工人使用劳动资料，而是劳动资料使用工人的资本主义的基础上表现为：劳动生产力越高，工人对他们就业手段的压力就越大，……这一规律制约着同资本积累相适应的贫困积累。因此，在一极是财富的积累，同时在另一极，即在把自己的产品作为资本来生产的阶级方面，是贫困、劳动折磨、受奴役、无知、粗野和道德堕落的积累。"（《资本论》第一卷，人民出版社2004年版，第743—744页）

（33）第一卷第24章："事实上，原始积累的方法决不是田园诗式的东西。……而对他们的这种剥夺的历史是用血和火的文字载入人类编年史的。……在原始积累的历史中，……对农业生产者即农民的土地的剥夺，形成全部过程的基础。"（《资本论》第一卷，人民出版社2004年版，第821—823页）

（34）第一卷第24章："货币'来到世间，在一边脸上带着天生的血斑'，那么，资本来到世间，从头到脚，每个毛孔都滴着血和肮脏的东西。"（《资本论》第一卷，人民出版社2004年版，第871页）

（35）第一卷第24章注（250）："资本害怕没有利润或利润太少，就像自然界害怕真空一样。一旦有适当的利润，资本就胆大起来。如果有10%的利润，它就保证到处被使用；有20%的利润，它就活跃起来；有50%的利润，它就铤而走险；为了100%的利润，它就敢践踏一切人间法律；有300%的利润，它就敢犯任何罪行，甚至冒绞首的危险。如果动乱和纷争能带来利润，它就会鼓励动乱和纷争。走私和贩卖奴隶就是证明。"（托·约·邓宁《工联和罢工》1860年伦敦版第35、36页）（《资本论》第一卷，人民出版社2004年版，第871页）

（36）第一卷第24章："生产资料的集中和劳动的社会化，达到了同它们的资本主义外壳不能相容的地步。这个外壳就要炸毁了。资本主义私有制的丧钟就要响了。剥夺者就要被剥夺了。"（《资本论》第一卷，人民出版社 2004 年版，第 874 页）

（37）第一卷第 24 章："从资本主义生产方式产生的资本主义占有方式，从而资本主义的私有制，是对个人的、以自己劳动为基础的私有制的第一个否定。但资本主义生产由于自然过程的必然性，造成了对自身的否定。这是否定的否定。这种否定不是重新建立私有制，而是在资本主义时代的成就的基础上，也就是说，在协作和对土地及靠劳动本身生产的生产资料的共同占有的基础上，重新建立个人所有制。"（《资本论》第一卷，人民出版社 2004 年版，第 874 页）

第二卷

（1）第二卷第 1 章："资本在不同阶段所具有的不同形式，它在反复循坏中时而采取时而抛弃的不同形式……。现在它们就成为研究的直接对象了。"（《资本论》第二卷，人民出版社 2004 年版，第 32 页）

（2）第二卷第 1 章："G—A 是货币资本转化为生产资本的一个具有特征性质的因素，因为它是以货币形式预付的价值得以实际转化为资本，转化为生产剩余价值的价值的本质条件。"（《资本论》第二卷，人民出版社 2004 年版，第 36 页）

（3）第二卷第 1 章："G—A 一般被看作是资本主义生产方式的特征。"（《资本论》第二卷，人民出版社 2004 年版，第 36 页）

（4）第二卷第 1 章："不论生产的社会的形式如何，劳动者和生产资料始终是生产的因素。但是，二者在彼此分离的情况下只在可能性上是生产因素。凡要进行生产，它们就必须结合起来。实行这种结合的特殊方式和方法，使社会结构区分为各个不同的经济时期。"（《资本论》第二卷，人民出版社 2004 年版，第 44 页）

（5）第二卷第 1 章："货币资本的循环决不能从 G′开始（虽

然 G′现在是作为 G 执行职能），而只能从 G 开始；就是说，决不能作为资本关系的表现，而只能作为资本价值的预付形式。"（《资本论》第二卷，人民出版社 2004 年版，第 54 页）

（6）第二卷第 1 章："资本的循环，只有不停顿地从一个阶段转入另一个阶段，才能正常进行。……另一方面，理所当然的是，循环本身又要求资本在各个循环阶段中在一定的时间内固定下来。"（《资本论》第二卷，人民出版社 2004 年版，第 63 页）

（7）第二卷第 1 章："货币资本的循环，是产业资本循环的最片面、从而最明显和最典型的表现形式；产业资本的目的和动机——价值增殖，赚钱和积累——表现得最为醒目（为贵卖而买）。"（《资本论》第二卷，人民出版社 2004 年版，第 70 页）

（8）第二卷第 4 章："连续性是资本主义生产的特征，是由资本主义生产的技术基础所决定的，虽然这种连续性并不总是可以无条件地达到的。"（《资本论》第二卷，人民出版社 2004 年版，第 118 页）

（9）第二卷第 4 章："资本作为整体是同时地、在空间上并列地处在它的各个不同阶段上。……因此，这些形式都是流动的形式，它们的同时性是以它们的相继进行为中介的。每一种形式都跟随在另一种形式之后，而又发生在它之前，因而，一个资本部分回到一种形式，是由另一个资本部分回到另一种形式而决定的。"（《资本论》第二卷，人民出版社 2004 年版，第 121 页）

（10）第二卷第 4 章："资本作为自行增殖的价值，不仅包含着阶级关系，包含着建立在劳动作为雇佣劳动而存在的基础上的一定的社会性质。它是一种运动，是一个经过各个不同阶段的循环过程，这个过程本身又包含循环过程的三种不同的形式。因此，它只能理解为运动，而不能理解为静止物。"（《资本论》第二卷，人民出版社 2004 年版，第 121—122 页）

（11）第二卷第 5 章："资本在生产领域停留的时间是它的生

产时间，资本在流通领域停留的时间是它的流通时间。所以，资本完成它的循环的全部时间，等于生产时间和流通时间之和。"（《资本论》第二卷，人民出版社 2004 年版，第 138 页）

（12）第二卷第 6 章："过程越是按社会的规模进行，越是失去纯粹个人的性质，作为对过程的监督和观念上的总括的簿记就越是必要；因此，簿记对资本主义生产，比对手工业和农民的分散生产更为必要，对公有生产，比对资本主义生产更为必要。但是，簿记的费用随着生产的积聚而减少。"（《资本论》第二卷，人民出版社 2004 年版，第 152 页）

（13）第二卷第 6 章："没有商品储备，就没有商品流通。"（《资本论》第二卷，人民出版社 2004 年版，第 163 页）

（14）第二卷第 7 章："一定资本的总流通时间，等于它的流通时间和它的生产时间之和。这就是从资本价值以一定的形式预付时起，直到处在过程中的资本价值以同一形式返回时止的一段时间。"（《资本论》第二卷，人民出版社 2004 年版，第 171 页）

（15）第二卷第 7 章："资本主义生产的决定目的，总是预付价值的增殖。"（《资本论》第二卷，人民出版社 2004 年版，第 171 页）

（16）第二卷第 7 章："正如工作日是劳动力职能的自然计量单位一样，年是处在过程中的资本的周转的自然计量单位。这个计量单位的自然基础是，在温带这个资本主义生产的祖国，最重要的农产品都是一年收获一次。"（《资本论》第二卷，人民出版社 2004 年版，第 174 页）

（17）第二卷第 8 章："牲畜作为役畜，是固定资本；作为肥育的牲畜，则是原料，它最后会作为产品进入流通，因此不是固定资本，而是流动资本。"（《资本论》第二卷，人民出版社 2004 年版，第 181 页）

（18）第二卷第 8 章："资本家为使用劳动力而支付给工人的

货币，实际上只是工人必要生活资料的一般等价形式。就这一点说，可变资本在物质上是由生活资料构成的。但是在这里，在我们考察周转时，问题却在于形式。资本家购买的，不是工人的生活资料，而是工人的劳动力本身。"（《资本论》第二卷，人民出版社 2004 年版，第 185 页）

（19）第二卷第 8 章："如果生产场所扩大了，就是在外延上扩大；如果生产资料效率提高了，就是在内涵上扩大。这种规模扩大的再生产，不是由积累——剩余价值转化为资本——引起的，而是由从固定资本的本体分出来，以货币形式和它分离的价值再转化为追加的或效率更大的同一种固定资本而引起的。"（《资本论》第二卷，人民出版社 2004 年版，第 192 页）

（20）第二卷第 8 章："固定资本的维持，部分地是依靠劳动过程本身；固定资本不在劳动过程内执行职能，就会损坏。……这种在劳动过程中通过使用而得到的保存，是活劳动的无偿的自然恩惠。"（《资本论》第二卷，人民出版社 2004 年版，第 193 页）

（21）第二卷第 9 章："在周期性的危机中，营业要依次通过松弛、中等活跃、急剧上升和危机这几个时期。虽然资本投入的那段期间是极不相同和极不一致的，但危机总是大规模新投资的起点。因此，就整个社会考察，危机又或多或少地是下一个周转周期的新的物质基础。"（《资本论》第二卷，人民出版社 2004 年版，第 207 页）

（22）第二卷第 13 章："生产期间和劳动期间的不一致（后者仅仅是前者的一部分）怎样成为农业和农村副业相结合的自然基础。"（《资本论》第二卷，人民出版社 2004 年版，第 269 页）

（23）第二卷第 13 章："漫长的生产时间（只包含比较短的劳动时间），从而其漫长的周转期间，使造林不适合私人经营，因而也不适合资本主义经营。资本主义经营本质上就是私人经营，

即使由联合的资本家代替单个资本家，也是如此。"（《资本论》第二卷，人民出版社 2004 年版，第 272 页）

（24）第二卷第 16 章："我们设想一个社会不是资本主义社会，而是共产主义社会，那么首先，货币资本会完全消失，因而，货币资本所引起的交易上的伪装也会消失。问题就简单地归结为：社会必须预先计算好，能把多少劳动、生产资料和生活资料用在这样一些产业部门而不致受任何损害，这些部门，如铁路建设，在一年或一年以上的较长时间内不提供任何生产资料和生活资料，不提供任何有用效果，但会从全年总生产中取走劳动、生产资料和生活资料。相反，在资本主义社会，社会的理智总是事后才起作用，因此可能并且必然会不断发生巨大的紊乱。"（《资本论》第二卷，人民出版社 2004 年版，第 349 页）

（25）第二卷第 18 章："社会总资本的循环却包括那种不属于单个资本循环范围内的商品流通，即包括那些不形成资本的商品的流通。"（《资本论》第二卷，人民出版社 2004 年版，第 392 页）

（26）第二卷第 18 章："货币形式的资本或货币资本作为每一个新开办的企业的第一推动力和持续的动力。"（《资本论》第二卷，人民出版社 2004 年版，第 393 页）

（27）第二卷第 18 章："撇开自然物质不说，各种不费分文的自然力，也可以作为要素，以或大或小的效能并入生产过程。它们发挥效能的程度，取决于不花费资本家分文的各种方法和科学进步。"（《资本论》第二卷，人民出版社 2004 年版，第 394 页）

（28）第二卷第 20 章："尽管是规模不变的再生产，但危机——生产危机——还是会发生。"（《资本论》第二卷，人民出版社 2004 年版，第 524 页）

29. 第二卷第 21 章："在这种生产的自发形式中，平衡本身就是一种偶然现象。"（《资本论》第二卷，人民出版社 2004 年版，第 557 页）

第三卷

（1）第三卷第1章："商品价值的这个部分，即补偿所消耗的生产资料价格和所使用的劳动力价格的部分，只是补偿商品使资本家自身耗费的东西，所以对资本家来说，这就是商品的成本价格。商品使资本家耗费的东西和商品的生产本身所耗费的东西，无疑是两个完全不同的量。商品价值中由剩余价值构成的部分，不需要资本家耗费什么东西，因为它耗费的只是工人的无酬劳动。"（《资本论》第三卷，人民出版社2004年版，第30页）

（2）第三卷第1章："剩余价值，作为全部预付资本的这样一种观念上的产物，取得了利润这个转化形式。"（《资本论》第三卷，人民出版社2004年版，第43—44页）

（3）第三卷第2章："应当从剩余价值率到利润率的转化引出剩余价值到利润的转化，而不是相反。"（《资本论》第三卷，人民出版社2004年版，第51页）

（4）第三卷第5章："生产排泄物和消费排泄物的利用，随着资本主义生产方式的发展而扩大。……人的自然排泄物和破衣碎布等等，是消费排泄物。消费排泄物对农业来说最为重要。在利用这种排泄物方面，资本主义经济浪费很大。"（《资本论》第三卷，人民出版社2004年版，第115页）

（5）第三卷第6章："我们把资本的束缚理解为：当生产要按照原有的规模继续进行时，产品总价值中的一定部分必须重新转化为不变资本或可变资本的各种要素。我们把资本的游离理解为：当生产要在原有规模的限度内继续进行时，产品总价值中一个一直必须再转化为不变资本或可变资本的部分，现在成为可以自由支配和多余的了。资本的这种游离或束缚和收入的游离或束缚不同。"（《资本论》第三卷，人民出版社2004年版，第126页）

（6）第三卷第6章："一个普遍规律：在其他条件相同时，利

润率和原料价值的高低成反比。"(《资本论》第三卷，人民出版社 2004 年版，第 127 页)

(7) 第三卷第 6 章："利润率等于产品价值的余额和全部预付资本价值的比率。"(《资本论》第三卷，人民出版社 2004 年版，第 129 页)

(8) 第三卷第 6 章："让'价格'去调节供给。"(《资本论》第三卷，人民出版社 2004 年版，第 136 页)

(9) 第三卷第 6 章："历史的教训（这个教训从另一角度考察农业时也可以得出）是：资本主义制度同合理的农业相矛盾，或者说，合理的农业同资本主义制度不相容（虽然资本主义制度促进农业技术的发展），合理的农业所需要的，要么是自食其力的小农的手，要么是联合起来的生产者的控制。"(《资本论》第三卷，人民出版社 2004 年版，第 137 页)

(10) 第三卷第 6 章："副视察员贝克在 1851 年 4 月的报告中，在谈到利兹和布拉德福德的情况时说：'……我想，我们不久就会认识到……在纱锭的生产能力、原料的数量和人口的增加之间没有保持比例。'（第 52 页）"(《资本论》第三卷，人民出版社 2004 年版，第 139 页)

(11) 第三卷第 8 章："不管所生产的价值和剩余价值多么不同，成本价格对投在不同部门的等量资本来说总是一样的。成本价格的这种等同性，形成各个投资竞争的基础，而平均利润就是通过这种竞争确定的。"(《资本论》第二卷，人民出版社 2004 年版，第 172 页)

(12) 第三卷第 9 章："不同生产部门中占统治地位的利润率，本来是极不相同的。这些不同的利润率，通过竞争而平均化为一般利润率，而一般利润率就是所有这些不同利润率的平均数。按照这个一般利润率归于一定量资本（不管它的有机构成如何）的利润，就是平均利润。"(《资本论》第三卷，人民出版社 2004 年

版，第 177 页）

（13）第三卷第 9 章："商品的生产价格，等于商品的成本价格加上依照一般利润率按百分比计算应加到这个成本价格上的利润，或者说，等于商品的成本价格加上平均利润。"（《资本论》第三卷，人民出版社 2004 年版，第 177 页）

（14）第三卷第 9 章："如果把社会当作一切生产部门的总体来看，社会本身所生产的商品的生产价格的总和等于它们的价值的总和。"（《资本论》第三卷，人民出版社 2004 年版，第 179 页）

（15）第三卷第 9 章："一般利润率取决于两个因素：

"1. 不同生产部门的资本的有机构成，从而各个部门的不同的利润率；

"2. 社会总资本在这些不同部门之间的分配，即投在每个特殊部门因而有特殊利润率的资本的相对量；也就是，每个特殊生产部门在社会总资本中所吸收的相对份额。"（《资本论》第三卷，人民出版社 2004 年版，第 182 页）

（16）第三卷第 9 章："生产价格的变化显然总是要由商品的实际的价值变动来说明。"（《资本论》第三卷，人民出版社 2004 年版，第 186 页）

（17）第三卷第 10 章："市场价值，一方面，应看作一个部门所生产的商品的平均价值，另一方面，又应看作是在这个部门的平均条件下生产的并构成该部门的产品很大数量的那种商品的个别价值。"（《资本论》第三卷，人民出版社 2004 年版，第 199 页）

（18）第三卷第 10 章："竞争首先在一个部门内实现的，是使商品的不同的个别价值形成一个相同的市场价值和市场价格。但只有不同部门的资本的竞争，才能形成那种使不同部门之间的利润率平均化的生产价格。"（《资本论》第三卷，人民出版社 2004 年版，第 201 页）

（19）第三卷第 10 章："要理解供求之间的不平衡，以及由此引起的市场价格同市场价值的偏离，是再容易不过的了。真正的困难在于确定，供求一致究竟是指什么。

"如果供求之间的比例，使某个生产部门的商品总量能够按照它们的市场价值出售，既不高，也不低，供求就是一致的。这是我们听到的第一点。

"第二点是：如果商品都能够按照它们的市场价值出售，供求就是一致的。"（《资本论》第三卷，人民出版社 2004 年版，第 210—211 页）

（20）第三卷第 10 章："最低限度要按照那个会提供平均利润的价格，即生产价格来出售商品。在这种形式上，资本就意识到自己是一种社会权力，每个资本家都按照他在社会总资本中占有的份额而分享这种权力。"（《资本论》第三卷，人民出版社 2004 年版，第 217 页）

（21）第三卷第 10 章："我们在这里得到了一个像数学一样精确的证明：为什么资本家在他们的竞争中表现出彼此都是假兄弟，但面对整个工人阶级却结成真正的共济会团体。"（《资本论》第三卷，人民出版社 2004 年版，第 220 页）

（22）第三卷第 12 章："每个特殊资本都只作为总资本的一部分，每个资本家事实上都作为总企业的一个股东，按照各自资本股份的大小比例来分享总利润。"（《资本论》第三卷，人民出版社 2004 年版，第 232 页）

（23）第三卷第 13 章："一般利润率日益下降的趋势，只是劳动的社会生产力的日益发展在资本主义生产方式下所特有的表现。……在资本主义生产方式的发展中，一般的平均的剩余价值率必然表现为不断下降的一般利润率。因为所使用的活劳动的量，同它所推动的对象化劳动的量相比，同生产中消费掉的生产资料的量相比，不断减少，所以，这种活劳动中对象化为剩余价值的无酬部分同所使用的总资本的价值量相比,也必然不断减少。而剩余价值量和所使用的总资本价值的比率就是利润率,因而利润率必然不断下降。"(《资本论》第三卷,人民出版社 2004 年版,第 237 页)

(24)第三卷第 13 章:"利润率不断下降的规律,或者说,所占有的剩余劳动同活劳动所推动的对象化劳动的量相比相对减少的规律,决不排斥这样的情况:社会资本所推动和所剥削的劳动的绝对量在增大,因而社会资本所占有的剩余劳动的绝对量也在增大;同样也决不排斥这样的情况:单个资本家所支配的资本支配着日益增加的劳动量,从而支配着日益增加的剩余劳动量,甚至在这些资本所支配的工人人数并不增加的时候,也支配着日益增加的剩余劳动量。"(《资本论》第三卷,人民出版社 2004 年版,第 241 页)

(25)第三卷第 13 章:"利润率因生产力的发展而下降,同时利润量却会增加,这个规律也表现为:资本所生产的商品的价格下降,同时商品所包含的并通过商品出售所实现的利润量却会相对增加。"(《资本论》第三卷,人民出版社 2004 年版,第 251 页)

(26)第三卷第 14 章:"必然有某些起反作用的影响在发生作用,来阻挠和抵消这个一般规律的作用,使它只有趋势的性质,因此,我们也就把一般利润率的下降叫作趋向下降。"(《资本论》第三卷,人民出版社 2004 年版,第 258 页)

(27)第三卷第 15 章:"危机永远只是现有矛盾的暂时的暴力的解决,永远只是使已经破坏的平衡得到瞬间恢复的暴力的爆发。"(《资本论》第三卷,人民出版社 2004 年版,第 277 页)

(28)第三卷第 15 章:"资本主义生产的真正限制是资本自身,这就是说:资本及其自行增殖,表现为生产的起点和终点,表现为生产的动机和目的;生产只是为资本而生产,而不是反过来生产资料只是生产者社会的生活过程不断扩大的手段。以广大生产者群众的被剥夺和贫穷化为基础的资本价值的保存和增殖，只能在一定的限制以内运动，这些限制不断与资本为它自身的目的而必须使用的并旨在无限制地增加生产，为生产而生产，无条件地发展劳动社会生产力的生产方法相矛盾。"（《资本论》第三卷，人民出版社2004年版，第278—279页）

（29）第三卷第15章："资本的这种过剩是由引起相对过剩人口的同一些情况产生的，因而是相对过剩人口的补充现象，虽然二者处在对立的两极上：一方面是失业的资本，另一方面是失业的工人人口。"（《资本论》第三卷，人民出版社2004年版，第279页）

（30）第三卷第15章："只要为了资本主义生产目的而需要的追加资本＝0，那就会有资本的绝对生产过剩。"（《资本论》第三卷，人民出版社2004年版，第280页）

（31）第三卷第15章："资本的目的不是满足需要，而是生产利润，因为资本达到这个目的所用的方法，是按照生产的规模来决定生产量，而不是相反。"（《资本论》第三卷，人民出版社2004年版，第285页）

（32）第三卷第15章："资本主义生产方式的限制表现在：

"1. 劳动生产力的发展使利润率的下降成为一个规律，这个规律在某一点上和劳动生产力本身的发展发生最强烈的对抗，因而必须不断地通过危机来克服。

"2. 生产的扩大或缩小，不是取决于生产和社会需要即社会地发展了的人的需要之间的关系，而是取决于无酬劳动的占有以及这个无酬劳动和对象化劳动之比，或者按照资本主义的说法，取决于利润以及这个利润和所使用的资本之比，即一定水平的利润率。……资本主义生产不是在需要的满足要求停顿时停顿，而是在利润的生产和实现要求停顿时停顿。"（《资本论》第三卷，人民出版社2004年版，第287—288页）

（33）第三卷第 15 章："资本主义生产不是绝对的生产方式，而只是一种历史的、和物质生产条件的某个有限的发展时期相适应的生产方式。"（《资本论》第三卷，人民出版社 2004 年版，289 页）

（34）第三卷第 15 章："由资本形成的一般的社会权力和资本家个人对这些社会生产条件拥有的私人权力之间的矛盾，越来越尖锐地发展起来，并且包含着这种关系的解体，因为它同时包含着把生产条件改造成为一般的、公共的、社会的生产条件。这种改造是由生产力在资本主义生产条件下的发展和实现这种发展的方式决定的。"（《资本论》第三卷，人民出版社 2004 年版，第 294 页）

（35）第三卷第 15 章："在资本主义生产方式内发展着的、与人口相比惊人巨大的生产力，以及虽然不是与此按同一比例的、比人口增加快得多的资本价值（不仅是它的物质实体）的增加，同这个惊人巨大的生产力为之服务的、与财富的增长相比变得越来越狭小的基础相矛盾，同这个不断膨胀的资本的价值增殖的条件相矛盾。危机就是这样发生的。"（《资本论》第三卷，人民出版社 2004 年版，第 296 页）

（36）第三卷第 16 章，"商人资本或商业资本分为两个形式或亚种，即商品经营资本和货币经营资本。"（《资本论》第三卷，人民出版社 2004 年版，第 297 页）

（37）第三卷第 16 章："只要处在流通过程中的资本的这种职能作为一种特殊资本的特殊职能独立起来，作为一种由分工赋予特殊一类资本家的职能固定下来，商品资本就成为商品经营资本或商业资本。"（《资本论》第三卷，人民出版社 2004 年版，第 298 页）

（38）第三卷第 16 章："只要商人资本没有超过它的必要的比例，那就必须承认：

"1. 由于分工，专门用于买卖的资本（……），小于产业资本家在必须亲自从事他的企业的全部商业活动时所需要的这种资本。

"2. 因为商人专门从事这种业务，所以，不仅生产者可以把他的商品较早地转化为货币，而且商品资本本身也会比它处在生产者手中的时候更快地完成它的形态变化。

"3. 就全部商人资本同产业资本的关系来看，商人资本的一次周转，不仅可以代表一个生产部门许多资本的周转，而且可以代表不同生产部门若干资本的周转。"（《资本论》第三卷，人民出版社2004年版，第307页）

（39）第三卷第16章："商人预付的货币资本的流通速度取决于：1. 生产过程更新的速度和不同生产过程互相衔接的速度；2. 消费的速度。"（《资本论》第三卷，人民出版社2004年版，第309页）

（40）第三卷第17章："商人的出售价格之所以高于购买价格，并不是因为出售价格高于总价值，而是因为购买价格低于总价值。"（《资本论》第三卷，人民出版社2004年版，第319页）

（41）第三卷第17章："（此外，本来还应当研究：第一，只有必要劳动才加入商品价值这个规律，在流通过程中是如何起作用的；第二，积累在商人资本上是怎样表现的；第三，商人资本在实际的社会总再生产过程中是怎样执行职能的。）"（《资本论》第三卷，人民出版社2004年版，第322页）

（42）第三卷第18章．"内部的依赖性和外部的独立性会使商人资本达到这样一点：内部联系要通过暴力即通过一次危机来恢复。

"因此，在危机中发生这样的现象：危机最初不是在和直接消费有关的零售业中暴露和爆发的，而是在批发商业和向它提供社会货币资本的银行中暴露和爆发的。"（《资本论》第三卷，人民出版社2004年版，第339页）

（43）第三卷第 18 章："薄利快销，特别对零售商人来说是他原则上遵循的一个原则。"（《资本论》第三卷，人民出版社 2004 年版，第 349 页）

（44）第三卷第 21 章："以后凡是说到一般利润率或平均利润时，要注意我们总是就后一种意义而言，即只是就平均利润率的完成形态而言。因为这种利润率现在对产业资本和商业资本来说是相同的，所以，在只考察这个平均利润的时候，就不再需要区分产业利润和商业利润了。"（《资本论》第三卷，人民出版社 2004 年版，第 377 页）

（45）第三卷第 21 章："利息不外是一部分利润的一个特殊名称，一个特殊项目；执行职能的资本不能把这部分利润装进自己的腰包，而必须把它支付给资本的所有者。"（《资本论》第三卷，人民出版社 2004 年版，第 379 页）

（46）第三卷第 21 章："我们先来考察生息资本的特有的流通。然后第二步再来研究它作为商品出售的独特方式，即它是贷放，而不是永远出让。"（《资本论》第三卷，人民出版社 2004 年版，第 380 页）

（47）第三卷第 21 章："一切借贷资本，不管它的形式如何，也不管它的偿还会怎样受它的使用价值性质的影响，都始终只是货币资本的一个特殊形式。"（《资本论》第三卷，人民出版社 2004 年版，第 385 页）

（48）第三卷第 21 章："贷出者把他的货币作为资本放出去；他让渡给另一个人的价值额是资本，因此，这个价值额会流回到他那里。……预付的价值额要作为资本流回，就必须在运动中不仅保存自己，而且增殖自己，增大自己的价值量，也就是必须带着一个剩余价值，作为 $G + \Delta G$ 流回。在这里，这个 ΔG 是利息，或者说平均利润中不是留在执行职能的资本家手中，而是落到货币资本家手中的部分。"（《资本论》第三卷，人民出版社 2004 年

版，第 392 页）

（49）第三卷第 21 章："如果价格表示商品的价值，那么，利息则表示货币资本的增殖，因而表现为一个为货币资本而支付给贷出者的价格。"（《资本论》第三卷，人民出版社 2004 年版，第 397 页）

（50）第三卷第 22 章："一般利润率越高，总利润和利息之间的绝对差额就越大，……反过来，情况也就相反。"（《资本论》第三卷，人民出版社 2004 年版，第 402 页）

（51）第三卷第 22 章："利息是由利润调节的，确切些说，是由一般利润率调节的。并且，这种调节利息的方法，甚至也适用于利息的平均水平。"（《资本论》第三卷，人民出版社 2004 年版，第 403 页）

（52）第三卷第 22 章："利息率即使完全不以利润率的变动为转移，也具有下降的趋势。"（《资本论》第三卷，人民出版社 2004 年版，第 405 页）

（53）第三卷第 22 章："一个国家中占统治地位的平均利息率，——不同于不断变动的市场利息率，——不能由任何规律决定。"（《资本论》第三卷，人民出版社 2004 年版，第 406 页）

（54）第三卷第 23 章："为什么总利润分为利息和企业主收入这种分割，一旦转变为质的分割，就会对整个资本和整个资本家阶级保持这个质的分割的性质，现在理由变得很简单了。"（《资本论》第三卷，人民出版社 2004 年版，第 421—422 页）

（55）第三卷第 23 章："生息资本就它本身来说，不是以雇佣劳动为自己的对立面，而是以执行职能的资本为自己的对立面；借贷资本家就他本身来说，直接与在再生产过程中实际执行职能的资本家相对立，而不是与正是在资本主义生产基础上被剥夺了生产资料的雇佣工人相对立。生息资本是作为所有权的资本与作为职能的资本相对立的。但是，资本在它不执行职能的时候，不剥削工人,也不是同劳动处于对立之中。……企业主收入也不与雇佣劳动形成对立,而只与利息形成对立。"(《资本论》第三卷,人民出版社 2004 年版,第 425—426 页)

(56) 第三卷第 23 章:"凡是直接生产过程具有社会结合过程的形态,而不是表现为独立生产者的孤立劳动的地方,都必然会产生监督和指挥的劳动。不过它具有二重性。一方面,……这是一种生产劳动,是每一种结合的生产方式中必须进行的劳动。另一方面,——完全撇开商业部门不说,——凡是建立在作为直接生产者的劳动者和生产资料所有者之间的对立上的生产方式中,都必然会产生这种监督劳动。这种对立越严重,这种监督劳动所起的作用也就越大。因此,它在奴隶制度下所起的作用达到了最大限度。但它在资本主义生产方式下也是不可缺少的,因为在这里,生产过程同时就是资本家消费劳动力的过程。这完全同在专制国家中一样,在那里,政府的监督劳动和全面干涉包括两方面:既包括由一切社会的性质产生的各种公共事务的执行,又包括由政府同人民大众相对立而产生的各种特有的职能。"(《资本论》第三卷,人民出版社 2004 年版,第 431—432 页)

(57) 第三卷第 23 章:"资本主义生产本身已经使那种完全同资本所有权分离的指挥劳动比比皆是。因此,这种指挥劳动就无须资本家亲自进行了。一个乐队指挥完全不必就是乐队的乐器的所有者;……合作工厂提供了一个实例,证明资本家作为生产上的执行职能的人员已经成为多余的了,就像资本家自己发展到最成熟时,认为大地主是多余的一样。"(《资本论》第三卷,人民出版社 2004 年版,第 434—435 页)

(58) 第三卷第 25 章:"资本主义生产方式的发展,信用制度的这个自然基础也在扩大、普遍化、发展。大体说来,货币在这里只是充当支付手段,也就是说,商品不是为取得货币而卖,而是为取得定期支付的凭证而卖。为了简便起见,我们可以把这种支付凭证概括为票据这个总的范畴。这种票据直到它们期满，支付日到来之前，本身又会作为支付手段来流通；它们形成真正的商业货币。就这种票据由于债权和债务的平衡而最后互相抵消来说，它们是绝对地作为货币来执行职能的，因为在这种情况下，它们已无须最后转化为货币了。就像生产者和商人的这种互相预付形成信用的真正基础一样，这种预付所用的流通工具，票据，也形成真正的信用货币如银行券等等的基础。真正的信用货币不是以货币流通（不管是金属货币还是国家纸币）为基础，而是以票据流通为基础。"（《资本论》第三卷，人民出版社2004年版，第450—451页）

（59）第三卷第27章："建立在社会生产方式的基础上并以生产资料和劳动力的社会集中为前提的资本，在这里直接取得了社会资本（即那些直接联合起来的个人的资本）的形式，而与私人资本相对立，并且它的企业也表现为社会企业，而与私人企业相对立。这是作为私人财产的资本在资本主义生产方式本身范围内的扬弃。"（《资本论》第三卷，人民出版社2004年版，第494—495页）

（60）第三卷第27章："把股份制度——它是在资本主义体系本身的基础上对资本主义的私人产业的扬弃；随着它的扩大和侵入新的生产部门，它也在同样的程度上消灭着私人产业——撇开不说，信用为单个资本家或被当作资本家的人，提供在一定界限内绝对支配他人的资本，他人的财产，从而他人的劳动的权利。"（《资本论》第三卷，人民出版社2004年版，第497页）

（61）第三卷第27章："工人自己的合作工厂，是在旧形式内对旧形式打开的第一个缺口，虽然它在自己的实际组织中，当然到处都再生产出并且必然会再生产出现存制度的一切缺点。但是，资本和劳动之间的对立在这种工厂内已经被扬弃，虽然起初只是在下述形式上被扬弃，即工人作为联合体是他们自己的资本家，也就是说，他们利用生产资料来使他们自己的劳动增殖。这种工厂表明，在物质生产力和与之相适应的社会生产形式的一定的发展阶段上，一种新的生产方式怎样会自然而然地从一种生产方式中发展并形成起来。没有从资本主义生产方式中产生的工厂制度，合作工厂就不可能发展起来；同样，没有从资本主义生产方式中产生的信用制度，合作工厂也不可能发展起来。信用制度是资本主义的私人企业逐渐转化为资本主义的股份公司的主要基础，同样，它又是按或大或小的国家规模逐渐扩大合作企业的手段。资本主义的股份企业，也和合作工厂一样，应当被看作是由资本主义生产方式转化为联合的生产方式的过渡形式，只不过在前者那里，对立是消极地扬弃的，而在后者那里，对立是积极地扬弃的。"（《资本论》第三卷，人民出版社2004年版，第499页）

（62）第三卷第27章："信用制度加速了生产力的物质上的发展和世界市场的形成；使这二者作为新生产形式的物质基础发展到一定的高度，是资本主义生产方式的历史使命。同时，信用加速了这种矛盾的暴力的爆发，即危机，因而促进了旧生产方式解体的各要素。

"信用制度固有的二重性质是：一方面把资本主义生产的动力——用剥削他人劳动的办法来发财致富——发展成为最纯粹最巨大的赌博欺诈制度，并且使剥削社会财富的少数人的人数越来越减少；另一方面，造成转到一种新生产方式的过渡形式。"（《资本论》第三卷，人民出版社2004年版，第500页）

（63）第三卷第36章："信用制度和银行制度把社会上一切可用的、甚至可能的、尚未积极发挥作用的资本交给产业资本家和商业资本家支配，以致这个资本的贷放者和使用者，都不是这个资本的所有者或生产者。因此，信用制度和银行制度扬弃了资本的私人性质，从而自在地，但也仅仅是自在地包含着资本本身的扬弃。银行制度从私人资本家和高利贷者手中夺走了资本的分配这样一种特殊营业,这样一种社会职能。但是这样一来,银行和信用同时又成了使资本主义生产超出它本身界限的最有力的手段,也是引起危机和欺诈行为的一种最有效的工具。"(《资本论》第三卷,人民出版社 2004 年版,第 686 页)

(64)第三卷第 36 章:"银行制度同时也提供了社会范围的公共簿记和生产资料的公共分配的形式,但只是形式而已。"(《资本论》第三卷,人民出版社 2004 年版,第 686 页)

(65)第三卷第 36 章:"在由资本主义的生产方式向联合起来劳动的生产方式过渡时,信用制度会作为有力的杠杆发生作用;但是,它仅仅是和生产方式本身的其他重大的有机变革相联系的一个要素。"(《资本论》第三卷,人民出版社 2004 年版,第 686—687 页)

(66)第三卷第 37 章:"为了全面起见,必须指出,在这里,只要水流等等属于一个所有者,是土地的附属物,我们也把它作为土地来理解。"(《资本论》第三卷,人民出版社 2004 年版,第 694—695 页)

(67)第三卷第 37 章:"土地所有权的前提是,一些人垄断一定量的土地,把它当作排斥其他一切人的、只服从自己私人意志的领域。"(《资本论》第三卷,人民出版社 2004 年版,第 695 页)

(68)第三卷第 37 章:"真正的地租是为了使用土地本身而支付的,不管这种土地是处于自然状态,还是已被开垦。"(《资本论》第三卷,人民出版社 2004 年版,第 699 页)

(69)第三卷第 37 章:"资本化的地租表现为土地价格或土地价值,……土地价格无非是出租土地的资本化的收入。"(《资本论》第三卷,人民出版社 2004 年版,第 704—705 页)

(70)第三卷第 37 章:"不论地租的特殊形式是怎样的,它的一切类型有一个共同点:地租的占有是土地所有权借以实现的经济形式,而地租又是以土地所有权,以某些个人对某些地块的所

有权为前提。"(《资本论》第三卷,人民出版社 2004 年版,第 714 页)

(71)第三卷第 37 章:"事实上价值规律所影响的不是个别商品或物品,而总是各个特殊的因分工而互相独立的社会生产领域的总产品;因此,不仅在每个商品上只使用必要的劳动时间,而且在社会总劳动时间中,也只把必要的比例量使用在不同类的商品上。这是因为条件仍然是使用价值。但是,如果说个别商品的使用价值取决于该商品是否满足一种需要,那么,社会产品量的使用价值就取决于这个量是否符合社会对每种特殊产品的量上一定的需要,从而劳动是否根据这种量上一定的社会需要按比例地分配在不同的生产领域。(我们在论述资本在不同的生产领域的分配时,必须考虑到这一点。)在这里,社会需要,即社会规模的使用价值,对于社会总劳动时间分别用在各个特殊生产领域的份额来说,是有决定意义的。但这不过是已经在单个商品上表现出来的同一规律,也就是:商品的使用价值是商品的交换价值的前提,从而也是商品的价值的前提。这一点只有在这种比例的破坏使商品的价值,从而使其中包含的剩余价值不能实现的时候,才会影响到必要劳动和剩余劳动之比。……只有当全部产品是按必要的比例生产时,它们才能卖出去。社会劳动时间可分别用在各个特殊生产领域的份额的这个数量界限,不过是价值规律本身进一步展开的表现,虽然必要劳动时间在这里包含着另一种意义。为了满足社会需要,只有如许多的劳动时间才是必要的。"(《资本论》第三卷,人民出版社 2004 年版,第 716—717 页)

(72)第三卷第 38 章:"首先应该归功于一种自然力,瀑布的推动力。瀑布是自然存在的,它和把水变成蒸汽的煤不同。煤本身是劳动的产品,所以具有价值,必须用一个等价物来支付,需要一定的费用。瀑布却是一种自然的生产要素,它的产生不需要任何劳动。"(《资本论》第三卷,人民出版社 2004 年版,第 724 页)

（73）第三卷第38章："自然力不是超额利润的源泉，而只是超额利润的一种自然基础，因为它是特别高的劳动生产力的自然基础。"（《资本论》第三卷，人民出版社2004年版，第728页）

（74）第三卷第39章："土地的价格当然不外是资本化的地租。"（《资本论》第三卷，人民出版社2004年版，第753页，相关论述还可参见第704—705、913页）

（75）第三卷第47章："超过劳动者个人需要的农业劳动生产率，是全部社会的基础，并且首先是资本主义生产的基础。"（《资本论》第三卷，人民出版社2004年版，第888页）

（76）第三卷第47章："分成制可以看成是由地租的原始形式到资本主义地租的过渡形式，在这种形式下，经营者（租地农民）除了提供劳动（自己的或别人的劳动），还提供经营资本的一部分，土地所有者除了提供土地，还提供经营资本的另一部分（例如牲畜），产品则按一定的、不同国家有所不同的比例，在租地人和土地所有者之间进行分配。"（《资本论》第三卷，人民出版社2004年版，第907页）

（77）第三卷第48章："如果事物的表现形式和事物的本质会直接合而为一，一切科学就都成为多余的了。"（《资本论》第三卷，人民出版社2004年版，第925页）

（78）第三卷第48章："资本家只是人格化的资本，……资本的文明面之一是，它榨取这种剩余劳动的方式和条件，同以前的奴隶制、农奴制等形式相比，都更有利于生产力的发展，有利于社会关系的发展，有利于更高级的新形态的各种要素的创造。"（《资本论》第三卷，人民出版社2004年版，第927—928页）

（79）第三卷第48章："自由王国只是在必要性和外在目的规定要做的劳动终止的地方才开始；因而按照事物的本性来说，它存在于真正物质生产领域的彼岸。……这个领域内的自由只能是：社会化的人，联合起来的生产者，将合理地调节他们和自然之间的物质变换，把它置于他们的共同控制之下，而不让它作为一种盲目的力量来统治自己；靠消耗最小的力量，在最无愧于和最适合于他们的人类本性的条件下来进行这种物质变换。但是，这个领域始终是一个必然王国。在这个必然王国的彼岸，作为目的本身的人类能力的发挥，真正的自由王国，就开始了。但是，这个自由王国只有建立在必然王国的基础上，才能繁荣起来。工作日的缩短是根本条件。"（《资本论》第三卷，人民出版社2004年版，第928—929页）

（80）第三卷第48章："在资本—利润（或者，更恰当地说是资本—利息），土地—地租，劳动—工资中，在这个表示价值和财富一般的各个组成部分同其各种源泉的联系的经济三位一体中，资本主义生产方式的神秘化，社会关系的物化，物质的生产关系和它们的历史社会规定性的直接融合已经完成：这是一个着了魔的、颠倒的、倒立着的世界。在这个世界里，资本先生和土地太太，作为社会的人物，同时又直接作为单纯的物，在兴妖作怪。"（《资本论》第三卷，人民出版社2004年版，第940页）

（81）第三卷第49章："在资本主义生产方式消灭以后，但社会生产依然存在的情况下，价值决定仍会在下述意义上起支配作用：劳动时间的调节和社会劳动在不同的生产类别之间的分配，最后，与此有关的簿记，将比以前任何时候都更重要。"（《资本论》第三卷，人民出版社2004年版，第965页）

（82）第三卷第51章："资本主义生产方式一开始就有两个特征。

"第一，它生产的产品是商品。……

"资本主义生产方式的第二个特征是，剩余价值的生产是生产的直接目的和决定动机。资本本质上是生产资本的，但只有生产剩余价值，它才生产资本。"（《资本论》第三卷，人民出版社2004年版，第995—997页）

（83）第三卷第51章："劳动过程的每个一定的历史形式，都会进一步发展这个过程的物质基础和社会形式。这个一定的历史形式达到一定的成熟阶段就会被抛弃，并让位给较高级的形式。分配关系，从而与之相适应的生产关系的一定的历史形式，同生产力，即生产能力及其要素的发展这两个方面之间的矛盾和对立一旦有了广度和深度，就表明这样的危机时刻已经到来。这时，在生产的物质发展和它的社会形式之间就发生冲突。"（《资本论》第三卷，人民出版社2004年版，第1000页）

（84）第三卷第52章："雇佣工人、资本家和土地所有者，形成建立在资本主义生产方式基础上的现代社会的三大阶级。……首先要解答的一个问题是：是什么形成阶级？这个问题自然会由另外一个问题的解答而得到解答"。（《资本论》第三卷，人民出版社2004年版，第1001—1002页）

（《资本论》全三卷收录150条，共20117言）

后　　记

摆在读者面前的这本书——《〈资本论〉教学与研究述要》是在我多年来于中国社会科学院大学马克思主义学院为博士生讲授"《资本论》精读"课讲稿的基础上修编而成的。

"《资本论》精读"课和一般的《资本论》讲授课在深度和广度上有所不同，一是"精读"课在一定程度上应和《资本论》创造史相联系；二是在一定程度上要和《资本论》传播史相联系；三是在个别情况下还涉及《资本论》的版本考究；四是精读课不仅要注重《资本论》原文的释义，还要注重《资本论》方法论的研究，以及对相关理论问题的探讨。对于"《资本论》精读"课的特殊要求我做得还很不够，远未达到应有的深度或水平，但是能够探索出一条大体的路径，供他人作参考，也算是一个收获。

本书作为一种讲稿汇集又与一般的学术专著有所不同，一是它注重知识的系统性，本书就是按《资本论》的篇章体系逐一论述的。二是它注重对经济范畴和历史典故的阐释。三是它注重对疑难问题的探讨。上述诸方面的特点，虽然在本书撰写中注意到了，但仍然不够深入不够透彻。

限于年龄，今后我就不再承担"《资本论》精读"课的教学任务了。因此，我决定把我的"《资本论》精读"课讲稿汇编成书，交付出版，奉献给社会，敬请《资本论》研读者与教学工作者参考和指正！

必须说明，本书的编排、校订和出版得到了中国社会科学院大学马克思主义学院在读博士生张洋刚同学的无私参与和积极助力，宋一平同学也承担了本书部分校订工作。还必须提到我的女儿中国社会科学院数量经济与技术经济研究所李青研究员对本书编撰出版的热情关注和积极协助。可以说，有了他们的倾心相助，这本书的编撰和出版才得以圆满完成。因此，在这里，我要由衷地感谢他们！并祝愿他们今后在《资本论》的研究和传播方面继续奉献辛劳！

最后，我想借本书出版之际，再次向学术界呼吁建立"《资本论》学"的倡议。大家知道"敦煌学""《红楼梦》学""洛阳学"的形成和传播都在国内外产生了重大影响。马克思的科学巨著《资本论》完全有条件支撑"《资本论》学"的形成。这门学问不仅应包含《资本论》原著的释义，还应该包含《资本论》方法论、创作史、传播史、版本学及其产生的背景等多元的内容，因此它需要学术界特别是经济学界团结一致、同心协力，共同完成这一重大的学术重任！"《资本论》学"的形成必将扩大和增强马克思主义在中国和世界的影响力和辐射力，"《资本论》学"的形成还将促进马克思主义中国化和时代化的发展，"《资本论》学"的形成定能有助于中国特色社会主义政治经济学的创立。因此，我深信，"《资本论》学"形成的一天一定会到来！我期待"《资本论》学"的创建使马克思主义的科学理论在中国特色社会主义现代化建设和人类命运共同体构建中释放更加辉煌的光彩！

李成勋

2023 年 3 月 9 日

于京城方庄